생활 속의 법의 이해

최병록 지음

박영사

머리말

우리는 매일 다른 사람들과 사회생활관계를 맺고 살아간다. 사회생활관계는 인간관계, 호의관계 및 법률관계로 구성되어 있다. 이 중에 법률관계는 당연히 법에 의한 지배, 법의 적용을 받는 사회생활관계를 말한다.

우리는 매일 법의 지배를 받으면서도 법은 법률전문가들이나 다루는 것이고, 일반 시민에게는 매우 까다롭고 어렵다는 생각을 가지고 있다. 매일 아침과 저녁으로 교통수단을 이용하고(운송계약), 날마다 음식이나 생활용품을 구입하며(매매계약), 다른 사람에게 주택을 빌려서 살고 있거나(주택임대차계약) 회사에 출근하는(근로계약) 등 일상생활의 대부분이 법률관계이다. 따라서 법에 대한 올바른 이해와 법률지식의 습득은 법률분쟁을 사전에 예방하고, 권리를 침해당하였을 때 제대로 구제를 받을 수 있는 길잡이가 될 것이다.

본서는 대학생활에서 교양과목으로 개설된 「법의 이해」를 강의하기 위하여 필요한 교재로 쓴 것이다. 법에 대한 기초지식을 함양시켜 법의 무지와 기피로 인하여 사회생활에서 피해를 보는 일이 없도록 돕고자 하는 '예방법학'의 측면에서 쓴 '법학입문서'이기도 하다. 대학생활에서 단순히 교양지식으로 이해하는 데 필요할 뿐만 아니라 각종 공무원시험이나 자격증 취득시험에서도 도움이 되는 내용이다. 나아가 사회로 진출하여 자영업을 하거나 기업에서 일하는 데에도 도움이 될 것으로 생각된다.

본서로 인하여 교양과목의 학점취득이나 법학 관련 학과(경찰행정학과, 소방행정학과, 사회교육과 등)에서 4년간 공부하게 되는 전공과목의 이해에 기초가 되기를 기대하며, 법률적 분쟁을 예방하는 데 도움을 얻게 되거나 법적 분쟁에 휘말리게 되더라도 이를 지혜롭게 해결하는 데 작은 도움이라도 얻었다는 학생들이 있다면 더 바랄 것도 없이 다행으로 여길 뿐이다.

끝으로 어려운 여건에서도 출판에 도움을 주신 박영사 대표님을 비롯한 임직원 여러분께 깊이 감사드립니다.

2022년 2월

저자 **최병록**

차례

제1장
법이란 무엇인가

생활 속의 법의 이해

제1절 법의 개념

우리의 일상생활을 지배하고 있는 법을 한마디로 정의하는 것은 매우 어렵다. 법(法)이라는 한자를 분해하면 물 수[氵(水)]와 갈 거(去)로 구성되어 있어서 "물이 흘러간다."라고 하여 법을 순리라고 이야기하기도 한다.

로마 법학자는 "모든 정의(定義)는 위험하다."라고 하여 안일한 정의(定義)는 법의 본질, 실체에 대한 이해를 그르칠 염려가 있다고 지적하였다. 또한 칸트도 "법학자들은 오늘도 법의 개념을 탐구하고 있다."라고 하여 법을 정의(定義)하는 것이 매우 어렵다는 것을 말하고 있다. 이처럼 법을 한마디로 정의(定義)하는 것은 무척 어렵다고 할 수 있다. 성 토마스는 '법이란 공동사회의 복지를 위임받은 자가 제정하고 공포한 공동선을 목적으로 하는 어떤 이성적인 규범'이라고 정의(定義)하기도 하였다.

우리의 일상생활을 살펴보면 하루도 법과 관련된 사회생활을 맺지 않는 경우가 없을 만큼 법적 생활이라고 할 수 있다. 버스를 비롯한 운송수단을 이용하거나 물건을 사고 음식을 사먹는 등 이러한 행동양식은 모두 계약이라는 법적인 관계를 맺고 있다.

1. 사회와 법

인간은 자기혼자 생활할 수 없고 여러 사람들과 사회생활관계를 맺으면서 생활을 하게 된다. 사회생활관계는 법이 규율하는 법률관계도 있지만, 호의관계나 인간관계도 있다. 그리스의 철학자 아리스토텔레스(Aristoteles, B.C. 384~322)는 "인간은 사회적 동물이다."라고 함으로써 인간은 둘 이상 모여 사회적 존재로 서로 관계를 가지면서 살게 되어 있음을 설파하였다. 이는 인간은 사회를 떠나서 혼자서 살아갈 수 없는 존재라는 것을 의미하고 그 곳에 사회가 형성되고 인간의 상호간의 사회공동생활을 하게 된다는 것이다.

기에르케(Gierke) 또한 "사람이 사람다운 점은 사람과 사람과의 결합에 있다."라고 하여 인간과 사회의 불가분적인 관계를 웅변하여 주고 있다.

인간이 생활하기 위해서는 재화와 용역(서비스)을 구입하여야 한다. 그러나 인간의 욕망은 무한하지만 사회에는 한정된 재화와 용역이 있기 때문에 분쟁이 발생하게 된다. 영국의 철학자 홉스(Thomas Hobbes, 1588~1679)는 이러한 사회에서 자기의 이익만을 추구하는 것을 가리켜서 '만인의 만인에 대한 투쟁' 상태라고 하고 인간사회가 긴장과 투쟁의 관계로 변화되기도 한다고 하였다.

따라서 "사회가 있는 곳에 법이 있다."(ubi societas ibi ius)라고 하는 법격언도 있듯이 사회생활의 질서를 유지하기 위해서는 일정한 행동의 규범이 필요하다. 사회구성원은 누구나 함께 사회적 활동을 하면서 다소의 제약을 받지 않을 수 없고 규범에 복종(服從)하지 않으면 아니 되는 것이다. 말하자면 사람은 사회를 떠나서 존재할 수 없고, 사회규범을 벗어나서 존재할 수 없는 것이다.[1]

사실 규범질서는 모든 종류의 사회에도 있었고 심지어 원시사회에도 있었다. 사회규범은 크게 1차 사회규범과 2차 사회규범으로 나눌 수 있다. 종교규범이나 도덕규범, 관습 등은 1차 사회규범에 속하고, 사회규범 중에서 조직화된 국가의 권력에 의하여 뒷받침되는 법규범은 2차 사회규범에 속한다.

2. 법의 의의

가. 법의 규범성

법은 사회구성원에게 어떤 일을 '하여야 한다(명령규범)', '하지 못한다(금지규범)'라고 하여 행위의 기준을 제시하고 있다. 물론 명령도 금지도 아닌 규정도 있다. 민법 제4조(성년) "사람은 19세로 성년에 이르게 된다."라는 규정[2]은 명령도 금지도 아니다. 그러나 이 규정도 엄밀하게 살펴보면 만 19세가 되지 못한 미성년자가 법률행위를 할 때는 법정대리인의 동의가 필요하다는 것을 규정하여 간접적으로 강제하고 있다.

나. 법의 외면성

법은 외면에 나타난 사람의 행동을 규율하지만 내면에 대하여는 원칙적으로 관여하지 않는다. 물론 내심의 고의나 과실, 선의·악의가 문제되는 경우도 있다. 그러나 이 경우에도 외부적인 행위가 있을 때에 문제를 삼게 된다.

---

1) 김효진, 법학입문, 박영사, 2016년; 옥필훈, 생활법률, 박영사, 2020년; 이연갑 외, 법학입문, 박영사, 2021년; 전경근, 생활법률(제5판), 박영사, 2018년 참조.

2) 이 규정은 2011. 3. 7. 개정되어 2013. 7. 1.부터 시행되고 있다.

다. 국가에 의하여 승인된 규범

법은 국가 구성원의 공동사회를 유지하기 위해 존재하기 때문에 위반해서는 안 된다. 비록 구성원의 정의감이나 도의심에 배치되더라도 그 법이 법으로서 당해 사회의 인정을 받고 있으면-사회질서유지의 기능을 하고 있다면-무질서보다는 낫다는 것이다. 괴테는 "부정의로운 법도 무질서보다는 낫다."라고 하여 이를 잘 대변해 주고 있다.

소크라테스는 "악법도 법이다."라고 설파하였는데 이는 국가에 의하여 승인된 규범이라는 성질을 잘 말해주고 있다. 다만, 이러한 악법은 개정 내지 폐지될 운명에 놓여있다고 할 수 있다.

법과 유사한 용어의 구별
○ 법률: 국가제정법을 말하며, 또한 헌법상 절차에 의해 국회에서 제정된 것(좁은 의미)을 말한다.
○ 법규: 법규범을 말하며 제정법을 가리키기도 한다.
○ 법질서: 개개의 법을 체계적인 전체로 본 경우를 말한다.

라. 법의 강제규범성

규범은 반드시 지켜져야 할 것을 그 기본 속성으로 하고 있다. 강제하는 방법은 규범에 따라 차이가 있다. 종교규범을 위반하면 신으로부터 벌을 받지 않을까 하는 두려움을 갖게 되고, 도덕규범을 위반하면 양심의 가책을 느끼게 되며, 관습규범을 위반하면 이웃의 비난 등을 받게 된다.

법규범은 정치적으로 조직된 국가 속에서 강제성이라는 가장 강력한 수단을 가지고 있는 규범이다. 예컨대 형법상 범죄를 지으면 형벌이 주어지며, 민사상 불법행위를 한 자에게는 손해배상의 제재가 가해지는 것이다. 또한 돈을 빌린 채무자가 돈을 갚지 않으면 국가의 도움을 받아서 압류하여 받을 수 있게 한다.

예링(Jhering; 1818~1892)은 "법적 강제가 없는 법규는 그 자체가 모순이며, 타지 않는 불, 비치지 않는 등불과 같다."라고 하여 법의 강제규범성을 강조하고 있다. 물론 법규정 중에는 순수 기술적인 규정, 조직규범, 관습법 등 강제성이 없는 것도 있다. 예를 들어 도로교통법 제8조 제4항 "보행자는 보도에서는 우측통행을 원칙으로 한다."라는 규정은 강제성이 없다.

제2절 법규범과 다른 규범의 구별

1. 법과 도덕

법은 도덕과 비교할 때 강제성을 가지고 있다는 것이 가장 크게 다른 점이다. 법과 도덕은 다 같이 우리들이 지켜야할 행위의 준칙이며, 내용에 있어서도 상당 부분 일치하고 있다. 예를 들어 살인죄나 민법상 불법행위규정은 법과 도덕 모두 금지되어 있다.

도덕이 법과 다른 특징은 도덕에는 사회성이 있다는 점이다. 법은 국가라는 조직적인 권력단체에 의하여 승인되고 그 실현이 보장되지만, 도덕은 강제되지 않고 다만 사회적 비난이 따를 뿐이다. 또한 법은 내용이 다른 것이 동시에 존재하는 것이 불가능하지만(일반법과 특별법의 적용순위), 도덕은 동일한 사회에서 사회구조가 중복되는 경우에는 모순되는 두 가지 이상의 도덕률이 성립하는 것이 가능하다는 점이다.

도덕은 내면성을 중시한다. 도덕의 목적은 선을 실현시켜 인간과 사회의 완성을 추구하는데 있으며, 이를 위해 각자의 양심에 호소한다. 그러나 법의 목적은 최소한의 사회질서의 유지에 있으며, 이를 위해 법률적인 제재를 가한다.

2. 법과 종교

종교는 사회규범성을 가지고 있다. 종교에서 추구하는 것은 인간이 무력하고 불완전함을 자각하고 신이나 절대자에게 의존함으로써 고뇌를 제거하는 데 있다. 그러나 종교도 순전히 개인적이고, 내면적인 존재에 그치는 것이 아니라 종교단체를 구성하고 교의가 성립하며, 거기에는 질서가 이루어져서 사회생활을 규율하게 된다.

종교규범은 내면성을 그 본질로 한다. 외면성도 전혀 무시하는 것은 아니지만 내면성을 중시하고 있어서 '마음속의 간음'(마태복음 7장)처럼 내면도 비난받게 된다. 그러나 법에서는 간음이 외부의 행위로 나타났을 때 재판상 이혼의 원인이 되고, 현재는 간통죄가 위헌[3]으로 폐지되었지만 한때에는 형사처벌도 받았었다.

---

3) 1953년 제정된 형법 제241조 간통죄(姦通罪)에 대하여 헌법재판소가 2015년 2월 26일 17건의 간통죄 위헌 심판 사건에 대하여 재판관 7대 2의 의견으로 위헌(違憲) 결정을 내렸다. 앞서 헌재는 1990년부터 2008년까지 네 차례에 걸쳐 간통죄에 대해 합헌(合憲) 결정을 내렸었다.

종교는 사회성을 가지고 있다. 또한 종교는 비강제성을 가지고 있다. 그러나 근대이전이나 제정일치사회에서는 종교권력이 막강하였다.

3. 법과 관습

관행이란 사회 내부에서 오랜 세월에 걸쳐 계속·반복됨으로써 널리 승인되어 있는 사실적인 행위양식을 말한다. 이것을 행위의 측면에서 보면 관행이 되지만, 규범의 측면에서 보면 관습이 된다. 관행에까지 이르지 아니하였으나 얼마간 계속·반복된 사례를 관례라고 한다.

관습은 가족, 민족 또는 사회공동체와 같은 자연적, 역사적인 집단 속에서 사람이 서로 모방(동일관행의 반복)함으로써 자연히 형성되는 사실로써 생활준칙에 불과하다. 관행에 의하여 관습법이 성립하므로 관행이 없으면 관습법이 성립할 수 없는 것이다. 관습은 국가가 승인하여야 관습법화 되어 강제력을 가지게 된다.

제3절 법의 이념(목적)

법은 결코 맹목적으로 존재하는 것이 아니며 무엇인가의 이념과 가치를 실현하기 위하여 존재하는 것이다. 법 그 자체는 사회생활에 있어서 인간행동의 기준이지만 법 그 자체는 사법 자체가 가지는 목적은 있을 수 없고, 다만 법의 목적은 그것을 통하여 실현하려는 인간의 목적에 기여하는 것이다. 그렇다면 인간의 목적은 무엇인가. 특히 법을 통해서 이루려는 목적은 무엇인가.

도덕적으로 보면 선의 극치이며, 벤담이 말한 '최대다수의 최대행복의 실현'도 인간의 목적이라고 할 수 있다. 사회질서의 유지도 인간이 달성하려는 목적이다. 이러한 사회질서의 유지는 인간사회에서 안정성과 상호교섭의 최저기준이며, 인간번영이나 문화건설의 출발점이라고 할 수 있다.

사회질서는 인간번영의 기초조건이므로 질서는 법이 받들어야 하는 기본이념이라고 할 수 있다. 이러한 질서는 정의나 선의 기준에서 올바르다고 판단되어야 할 것이다. 따라서 법이념이란 개개의 법에 표시된 목적이 아니라, 모든 법의 일정한 표준이 될 수 있는 공통의 법이념으로 법의 궁극적이 목적을 의미하는 것이다.

일반적으로 법의 목적으로서는 통설로 받아들여지고 있는 법학자 라드브루흐(G. Radbruch)가 제시한 것을 들고 있다. 즉, 법이 추구하는 목적 내지 이념으로 정의의 실현, 합목적성 그리고 법적 안정성의 세 가지 들고 있다.

1. 정의(正義)

정의(justice)가 무엇인가를 한마디로 정의하는 것은 매우 어렵다. 정의는 법의 이념이자 법에 가치를 주는 것이다. 정의란 개개인이 이성의 올바른 사용에 의하여 지켜야 할 덕목으로 주관적 정의와 사회질서 전체가 이상적 형태로 지향해 나갈 하나의 보편적·일반적 가치기준으로 객관적 정의로 나누어 볼 수 있다.

칸트는 "정의가 실현되지 아니한 때에는 인류는 이미 지상에서 생존할 가치가 없다."라고 하여 정의의 실현을 법의 종국적인 목적이라고 하였다. 또한 형벌도 정의실현을 위한 응보라고 강조하고 있다.

로마의 법률가 울피아누스(Ulpianus)는 "정의란 각인에게 그의 것을 귀속시키는 항구적인 의사이다."라고 정의하였다.

그리스의 철학자들은 정의가 개인적인 덕성에서 출발하는 것으로 보았다. 플라톤은 덕을 예지, 용기, 절도로 나누고 3가지 덕의 조화를 정의라고 하였다. 정의야말로 최고의 덕이라고 하면서 "자기의 본분을 지켜라."는 명제를 제시하였다.

철학자 아리스토텔레스(Aristoteles)는 각자가 실현하여야 할 사회적인 덕이라고 하면서 개인적인 덕과 구별하였다. 그는 정의를 일반적 정의(법적 정의)와 특수적 정의로 나누고 있다. 일반적 정의는 개인이 공동체의 일반원칙에 따르는 것으로 합법성 그 자체를 의미한다. 특수적 정의는 평등을 그 본질로 하며 과다와 과소의 중간을 이루는 정당한 배분을 의미하고 있다. 특수적 정의는 다시 평균적 정의(平均的 正義)와 배분적 정의(配分的 正義)로 나누어진다.

가. 일반적 정의(법적 정의)

인간의 심정과 행동을 공동생활의 일반원칙에 적합하도록 하는 것을 말한다. 예컨대 개인이 단체에 대한 관계(국가), 개인이 단체의 일원으로서 그가 단체에 대하여 지는 의무로서 법에 명시되어 있기 때문에 지켜야 하는 것, 국가에 충성하고 순직하는 것을 의미한다.

나. 평균적 정의

개인 상호간의 급부와 반대급부의 균형, 기득권의 존중, 자연인으로서의 개인의 권리에 대한 상호간의 존중 등을 내용으로 하는 절대적인 평등을 의미한다. 예를 들면 매매, 노동에 대한 급부에 상응하는 대가의 지급을 요하는 것, 절도·상해 등에 의한 손해배상을 물리는 것을 말하며, 이는 사법에서의 평등을 말한다.

다. 배분적 정의

임금지급에 있어서 성과급에 의하는 것, 훈장을 그의 공적에 의해 주는 것, 부자에게는 세금을 높이고, 능력이 있는 자에게는 봉급을 올려주는 것처럼 비례적 평등 또는 실질적인 평등을 가져오는 말한다. 이는 공법상의 평등을 말한다.

2. 합목적성(合目的性)

합목적성이라 함은 가치관이나 목적에 구체적으로 합치하는 것을 말한다. '어느 국가의 법질서가 어떠한 표준과 가치관에 의하여 구체적으로 제정·실시되는 원리'라고 정의할 수 있다. 정의는 일반화시키는 경향이 있어서 같은 것을 같게, 다른 것을 다르게 취급하라는 형식적 이념에 불과하므로 같은 것과 같지 않은 것을 구별할 표준을 다른 곳에서 찾지 않을 수 없다.

그러나 합목적성은 개별화시키는 경향이 있다. 즉, 법제도와 법규정은 항상 일정한 목적이 전제되어 있는 것이며 실정법규는 그러한 목적을 위해 합목적으로 제정된다는 것이다. 법은 정의의 실현만이 아니고 복지국가의 요청에 있어서와 같이 합목적인 것, 즉 기술적인 것도 그 내용으로 하고 있다.

국가의 유지발전을 위해서 때로는 개인의 자유와 권리가 제한을 받게 되고 개인의 행복도 공공의 복리와 조화됨으로써 이루어지는데 이 역시 법의 합목적성을 통해 가능한 것이다.

3. 법적 안정성(法的 安定性)

법적 안정성은 법에 따라 안심하고 생활할 수 있는 것을 말한다. 법은 사회전체의 질서를 형성하며 사회질서를 유지하는 것이 법의 목적이며 동시에 이상이라고 할 수 있다.

법은 살인·절도 등으로부터의 안정과 같이 사회질서의 안정성도 의미하지만 법 자체의 안정으로 이해하기도 한다. 법의 안정성이 보장되면 사회질서의 안정도 보장되는 것이 원칙이다. 왜냐하면 법이란 행위규범인 동시에 재판규범이기 때문에 그것이 빈번하게 변경되어서는 국민이 행동의 지침을 잃게 되고 사회도 안정되지 않는다.

어떤 사실 상태가 계속되는 경우 법적 안정성의 원칙에 따라 그 상태를 인정하여 기존 사실화하는 경우가 있다. 소멸시효, 취득시효, 선의취득, 범죄의 공소시효등과 같은 제도가 그 예이다.

법적 안정성의 요청은 질서유지와도 직결된다. 질서에는 윤리질서, 사회질서와 국가질서가 있다. 형벌은 개인·사회·국가법익을 침해하는 행위를 처벌함으로써 시민·사회·국가질서를 유지하게 된다.

민법과 상법은 재산권을 보존하고, 거래질서를 유지하며, 가족생활을 안정시키는 기능을 하게 된다. 헌법도 국가안전보장과 질서유지를 중요목적의 하나로 규정하고 있다.

그러면 법적 안정성을 위한 전제조건은 무엇인가. 첫째, 법의 내용이 명확하여야 한다. 둘째, 법은 쉽게 변경되어서는 안 된다는 점이다. 이는 입법자의 자의를 금지하는데 있다. 셋째, 법은 실제로 집행이 가능해야 한다. 넷째, 법은 시민의 법의식과 일치하여야 한다는 네 가지를 들 수 있다.

4. 정의, 합목적성 및 법적 안정성의 상호관계

법의 이념으로서 정의, 합목적성 및 법적 안전성의 이념은 상호모순의 입장에 있으면서 상호보완의 관계가 있다고 할 수 있다. 우리 헌법 제37조에는 "국민의 자유와 권리는 국가의 안전보장, 질서유지 또는 공공복리를 위하여 필요한 경우에 한하여 제한할 수 있으며 제한하는 경우에도 자유와 권리의 본질적인 내용을 침해할 수 없다."라고 선언하고 있다. 이는 우리헌법이 정의, 합목적성, 법적안정성이 충돌하는 경우에 이의 조화적인 조정을 원칙으로 한다는 것을 의미한다. 궁극적으로는 정의의 원칙인 인간의 자유와 권리가 우선함을 이해해야 한다.

제4절 법의 효력

법의 효력이란 법은 사회생활을 규율하는 규범이며, 그 규범력을 법의 효력이라고 한다.

1. 실질적 효력

법의 실질적인 효력을 파악하기 위해서는 규범면과 사실면의 양면을 고려해야한다. 첫째, 법이 실정법으로 규정되어 준수를 요구하는 것을 말하며, 법의 타당성을 의미한다. 이것은 규범면에서의 효력을 파악한 것이다. 둘째, 법이 현실적으로 사회에서 시행되고 사실상 준수되고 있는 것을 말하며 이는 법의 실효성을 의미한다. 이것은 사실면에서의 효력을 파악한 것이다.

법은 법으로서 효력을 갖기 위해서는 두 가지 효력, 즉 타당성과 실효성을 가져야 한다. 예컨대 북한에 대해서는 타당성이 있으나 실효성이 없다고 할 수 있다.

2. 형식적 효력

실정법이 시간적, 공간적 및 인적으로 한정된 범위 내에서 효력을 가지는 것을 말한다.

가. 시간적 효력

(1) 법의 시행

제정법은 시행일로부터 폐지일까지 그 효력이 계속된다. 이것을 시행기간 또는 유효기간이라고 한다. 법의 공포는 시행의 전제조건이다. 공포 후 일정한 주지기간이 지나서 효력이 생기는 것이 상례이다. 법령의 시행일에 관하여 부칙이나 시행령 등에 직접 정하여 시행하고 있으나 그런 규정이 없으면 공포한 날로부터 20일이 경과함으로써 효력이 발생한다. 공포는 관보에 게재함으로써 한다.

(2) 법의 폐지

법의 폐지에는 명시적 폐지와 묵시적 폐지가 있다. 명시적 폐지에는 법이 미리 시행기간을 정하였을 때 시행기간이 만료됨으로써 폐지되는 경우(한시법)와 신법에 의해 구법이 폐지되는 두 가지 경우가 있다. 묵시적 폐지에는 동일한 사항에 관하여 구법의 효력이 신법에 저촉되는 경우('신법은 구법을 개폐한다.'라는 법원칙이 있다)와 목적사항의 소멸로 법이 폐지되는 경우가 있다.

법의 적용원칙에 특별법은 일반법에 우선 적용된다는 원칙이 있어서 일반법의 변경에 의하여 특별법은 영향을 받지 않는다.

(3) 법률불소급의 원칙

법은 원칙적으로 그 시행 전에 발생한 사항에 대하여는 소급하여 적용되지 않는다. 소급효가 인정되면 국민의 법적 안정감이 동요되고, 법질서의 혼란이 우려되기 때문이다.

헌법 제13조 제1항에서 "모든 국민은 행위시의 법률에 의하여 범죄를 구성하지 아니하는 행위에 대하여 소추되지 아니하며…"라고 규정하고, 제2항에서는 "모든 국민은 소급입법에 의하여 참정권의 제한 또는 재산권의 박탈을 받지 아니한다."라고 규정하여 헌법적인 "법률불소급의 원칙"을 천명하고 있다.

또한 형법 제1조 제1항에서도 "범죄의 성립과 처벌은 행위시의 법률에 의한다."라고 명시하고 있다.

그러나 이 원칙은 절대적인 것은 아니며, 국민의 정의·형평의 요구가 있을 때 이익이 되는 경우에는 소급효를 인정해도 된다는 점이다. 또한 기득권불가침의 원칙도 있는데 이는 소급효를 인정하지 않음으로써 구법으로 발생한 기득권은 신법의 시행으로 말미암아 변경되거나 소멸되지 않는다는 것을 말한다. 구법시대에 발생한 사항이 신법시대에까지 계속하여 진행되고 있는 경우에 어느 법을 적용할 것인가를 규정하기 위해 부칙에 경과규정을 둔다.

나. 법의 인적 효력

법의 인적 효력을 정하는 기준에는 두 가지가 있는데, 속인주의와 속지주의로 나눌 수 있다. 우리나라에서는 속지주의 우선의 원칙을 규정하고 있다. 이는 국가의 영역 내에 있는 사람이면 내외국민을 불문하고 그 국가의 법을 적용하는 주의를 말한다.

그러나 이러한 속지주의 원칙에는 예외가 몇 가지 있다. 첫째, 공법상 권리나 의무인 참정권, 청원권, 병역의무 등은 속인적인 것으로 본국법이 적용된다. 둘째,

치외법권자인 국가원수, 외교사절, 그 가족, 수행원, 군함의 승무원도 제외된다. 셋째, 대통령, 국회의원은 형사상 특권이 부여되어 있다. 대통령은 내란·외환의 죄를 제외하고 재직 중에 형사상 소추를 받지 않는다. 국회의원도 현행범인 경우를 제외하고 회기 중 국회의 동의 없이 체포·구금되지 않는다. 이는 직무수행의 안전을 위해 정치적으로 배려하고 있는 것이다. 그러나 이것이 평등의 원칙에 위배되는 것은 아닌가 하는 의문도 있다. 넷째, 일정한 신분을 소지하고 있는 공무원이나 군인은 국가공무원법이나 군인법이 우선 적용하게 된다.

다. 법의 장소적 효력

법은 그 국가의 영역 전체에 적용된다. 국가의 주권이 미치는 범위로는 영토, 영해, 영공이 있으며, 내외국인을 불문하고 모두 적용한다. 영역 외에는 미치지 않는다. 예외적으로 치외법권자는 타국에 있더라도 자국법이 적용되며, 타국 영해에 있는 자국의 군함, 공선, 군용의 항공기는 자국법이 적용된다.

제5절 법의 존재형식(法의 淵源)

법원(法源)이란 '법의 원천' 또는 '법의 연원'이라고도 부르며, 로마법의 '법의 원천'이라는 말에서 유래한다. 법의 존재형식 또는 법의 연원을 어떻게 이해할 것인가. 실질적 의미에서의 법원이라 함은 법의 타당근거 또는 법의 객관적 존재형식을 말한다. 형식적 의미에서의 법원이라 함은 법이 존재하는 형식, 즉 법을 인식하는 수단 내지 자료를 말한다.

오늘날 널리 사용되고 있는 법원의 의미는 법의 존재형식을 의미하는 것이며, 법은 그 존재형식에 따라서 성문법과 불문법으로 나눌 수 있다.

1. 성문법(成文法)

성문법은 문자로 쓰여 지고 문장의 형식을 갖춘 법을 말한다. 국가의 입법 작용에 의하여 제정하는 것이므로 이를 '제정법'이라고도 한다.

성문법주의의 장점을 들면 ① 법률의 내용을 명확히 하고 ② 인간의 의사에 기하여 합목적적으로 제정되어지는 것이므로 법의 이념이 구체화되며, ③ 일국의 법률을 통일, 정비할 수 있다는 점이다.

한편 성문법주의의 단점으로는 ① 법률의 내용이 경화되어 변화하는 사회에 빨리 적응하지 못하고, ② 입법이 복잡하고 기술적이어서 일반 국민이 이해하기 곤란한 점이 있다.

우리 민법 제1조에서는 "민사에 관하여 법률에 규정이 없으면 관습법에 의하고 관습법이 없으면 조리에 의한다."라고 규정하여 성문법주의를 명백히 하고 있다.

법원으로서 성문법에는 헌법(성문헌법) · 법률 · 명령 · 자치법규(조례와 규칙) · 조약 등이 있는데, 현대 문화국가의 법은 대체로 성문법으로 되어 있으며, 성문법은 법원으로서 가장 중요한 지위를 차지하고 있다. 불문법국가로서 대표적인 영국에 있어서도 근래에는 많은 특별법을 성문법화하는 경향이 있다. 성문법을 법 단계별로 살펴보면 다섯 단계가 있다.

첫째, 최고 상위법인 헌법은 국가의 조직과 통치 작용에 관한 기본법이다.

둘째, 법률은 국회의 의결을 거쳐 공포된 법을 말한다. 법이라 함은 일반적으로 법률 · 명령 · 규칙 · 조례 · 판례 · 관습법 등 망라하여 일컫는다.

셋째, 명령이 있는데 이는 법률의 위임을 받아 행정부가 발하는 것으로서 집행명령과 위임명령으로 나누어진다.

넷째, 자치법규가 있는데 조례와 규칙을 말한다. 조례는 지방자치단체가 지방의회의 의결을 거쳐 법령의 범위 내에서 제정하는 것이며, 규칙은 지방자지단체장이 법령, 조례에서 위임받은 범위 안에서 그 권한에 속하는 사항을 정한 것을 말한다.

다섯째, 국제법의 주요한 법원으로 조약과 일반적으로 승인된 국제법규를 들 수 있다. 조약은 국가와 국가와의 사이의 문서에 의한 합의를 말하는데, 국가 사이의 권리 · 의무에 관한 국가 간의 계약이며, 이는 협약 · 협정 · 헌장 등이 있다. 우리나라 헌법 제6조 제1항에는 "헌법에 의하여 체결 · 공포된 조약과 일반적으로 승인된 국제법규는 국내법과 같은 효력을 가진다."라고 하여 국내 법률과 동일한 효력을 부여하고 있다.

일반적으로 승인된 국제법규란 국제관습법과 우리나라가 당사자가 아닌 조약으로 국제사회에서 그 규범성이 일반적으로 승인된 것을 말한다.

2. 불문법(不文法)

불문법이라 함은 성문화하지 아니한 법을 말한다. 즉, 성문법과 같이 그 내용이 문서로 작성되어 일정한 절차와 형식에 의하여 공포된 법 이외의 법을 말한다. 불문법에는 대표적으로 관습법, 판례법, 조리가 있다.

가. 관습법

관습법은 사실인 관습이 사회의 법적 확신에 이르게 되어 국가기관인 법원이 승인한 법규범을 말한다.

그러면 관습법은 어떻게 발생하는가. 인간은 그의 사회생활에서 항상 생활조건을 유리·유익한 방향을 경험적으로 모색하기 마련이다. 인간의 본성은 다 같이 합리적인 것이므로 그가 추구하는 방향도 다를 수 없다는 점이다. 일정한 행동 유형이 모아지고 세대에 이어짐으로써 관습이 형성되게 되는 것이다.

이러한 관습법이 어떻게 법으로서 효력을 가지는가. 여기에 대하여 관습법이 법으로서 효력을 가지는 근거에 관하여 관습설, 법적 확신설 및 국가승인설 등의 견해가 나누어지고 있다.

첫째, 관습설은 동일한 행위가 오랫동안 관행되었다는 사실을 관습법 성립의 기초로 보는 설이다. 이 견해는 사실인 관행을 곧 법이라고 보므로 사실인 관습과 관습법을 혼동하는 단점이 있다.

둘째, 법적 확신설은 사회 다수인이 어떤 관습에 복종하는 것을 권리·의무로 확신하는 것, 즉 관습의 내용을 법이라고 확신하는 것에 기초를 두는 설이다. 그러나 이 견해도 관습법이나 성문법 어느 것도 법으로서 구속력을 가지려면 국가에 의하여 법으로 인정받아야 한다는 점을 간과하고 있다.

셋째, 국가 승인설은 국가가 어느 관습의 내용을 법으로 승인함으로써 관습법이 성립한다는 설로서 통설이다. 법은 원래 국가에 의하여 승인되고 국가권력이 그 위반에 대하여 제재를 가함으로써 그의 준수를 강요하는 규범이므로 그러한 규범의 내용은 성문법이나 관습법이거나 법으로서는 다를 바 없다고 할 수 있다.

관습법의 성립요건을 살펴보면 ① 관습이 오랜 세월을 두고 반복하여 존재하여야 하고, ② 관습이 공서양속에 반하지 않아야 한다. 공서라 함은 공공의 사회질서를 말하며, 양속이라 함은 선량한 풍속을 말한다. 선량한 풍속이란 사회의 일반적 도덕관념을 의미하는 것이고, 사회질서란 국가사회의 일반적 이익을 의미하는 것이다. ③ 관습의 내용이 법적 가치가 있어야 한다. 다시 말해 국민 일반이 법규범으로서 의식하고 있는 경우를 말한다.

관습법의 효력과 관련하여 사실인 관습과의 관계가 문제된다. 그러나 사실인 관습은 당사자의 의사가 분명한 때에만 법적인 효력을 가지고 있으며 관습법은 법이므로 당사자 의사와 관계없이 효력이 있다는 점에서 구별된다.

또한 관습법과 성문법과의 관계에서 효력의 우열이 문제되는 경우가 있다. 민법 제1조는 "민사에 관하여 법률에 규정이 없으면 관습법에 의하고 관습법이 없으면 조리에 의한다."라고 하여 민사관습법에 대하여 성문민법을 보충하는 효력(관습법의 보충적 효력)을 인정하고 있다. 그러나 상법 제1조에서는 "상사에 관하여 본법에 규정이 없으면 상관습법에 의하고 상관습법이 없으면 민법에 의한다."라고 하여 상관습법에 대하여 성문상법을 보충하는 효력을 인정하고, 아울러 성문민법에 우선하는 효력을 인정하고 있다.

나. 판례법

판례법이라는 것은 재판을 담당하는 사법기관인 법원(法院)이 일정한 법률문제에 관하여 같은 취지의 판결을 되풀이하여 내림으로써 성립되는 법규범을 말한다. 이는 재판의 선례로서 정립된 법규범을 말하며, 일정한 법률문제에 동일취지의 판결이 반복됨으로써 방향이 대체로 확정된 경우에 성문법화되지 않고 법적 규범이 되는 법이다. 영미법계 국가에서는 동일 또는 유사한 사건의 판결이 선례로서 구속력을 갖는 '선례구속의 원칙'에 의하여 판례는 법원성을 갖는다.

우리나라와 대륙법계(독일이나 프랑스)의 성문법주의 국가에서는 최고법원이 자기의 판례를 변경할 수 있으며, 최고법원의 판례는 하급법원을 구속하는 법적 효력을 가지지 아니하고 있어서 판례 그 자체로서의 법원성을 부인하고 있다.

우리나라 법원조직법 제8조(상급심 재판의 기속력)에서는 "상급법원 재판에서의 판단은 해당 사건에 관하여 하급심(下級審)을 기속(羈束)한다."라고 규정하고 있을 뿐이며, 상급법원의 판결이 하급심을 일반적으로 구속하는 제도는 아니다. 그러나 해당 사건이 아니더라도 유사한 사건에서 하급심 법원이 대법원의 판례와 배치되는 판결을 할 경우, 상고를 하면 파기될 가능성이 있으므로 대법원 판례는 하급심 법원에 대한 사실상의 구속력을 가짐으로써 판례의 법원성이 어느 정도 힘을 가질 수는 있다.

다. 조리(條理)

조리라 함은 법의 모든 체계에 일관하여 내재하고 있는 객관적인 정의, 공평의 관념, 이성 또는 양식에 의하여 인식되는 사물필연의 도리이며 법의 흠결이 있는 경우에 법원(法院)에 의하여 정립된 법을 말한다.

사회생활의 현상은 복잡다단하고 부단히 변화하고 있는데 이에 대처하기에는 성문법·관습법의 발달로는 미흡하다는 것이다. 어떤 구체적 사건을 재판하는 경우에 적용할 법이 없을 때 법관은 법의 흠결을 이유로 재판을 거절할 수 없는 것이므로, 이 때에는 부득이 조리에 의하여 재판할 수밖에 없다.

조리에 대하여 오스트리아 민법 제7조에서는 '자연법적 원리'라고 정의하고 있으며, 스위스 민법 제1조에서는 '입법자로서 제정하여야 할 법규'라고 규정하고 있다.

우리 민법 제1조에서 "민사에 관하여 법률에 규정이 없으면 관습법에 의하고 관습법이 없으면 조리에 의한다."라고 하여 조리의 법원성을 명문으로 인정하고 있다. 조리는 성문법 및 관습법을 개폐하는 효력은 없지만, 성문법·관습법·판례법 등이 없는 경우에 보충적으로 법원이 될 수 있다는 것이다.

그러나 형사사건은 죄형법정주의 원칙상 형법에 범죄로 규정한 명문규정이 없을 경우에는 범죄를 구성하지 않으므로 조리에 의하여 처벌할 수는 없다는 점이 전혀 다르다.

제6절 법의 분류

앞 절에서 법의 존재형식에 따라 성문법과 불문법으로 구분되는 것을 살펴보았다. 여기서는 다른 분류기준에 따라 구분되는 것을 살펴본다.

1. 국내법과 국제법

입법권의 소재에 따라 분류하면 국내법과 국제법으로 구분할 수 있다. 국내법은 자국의 입법권에 의해 정립된 법률이며 자국의 영토 내와 자국민에 대하여 적용되는 법률을 말한다. 국가와 국민 또는 국민 상호간의 권리·의무관계를 규정하고 있다.

국제법은 다수의 국가에 의하여 승인되고 그 국가 간에 적용되는 법률을 말한다. 국가 간의 조약 내지 협정에 의하거나 그 조약 또는 협정에 가맹함으로써 성립되는 성문법과 오랜 국제생활에서 생성되는 국제관습법이 있다.

헌법 제6조 제1항에서 "이 헌법에 의하여 체결·공포된 조약과 일반적으로 승인된 국제법규는 국내법과 같은 효력을 가진다."라고 하여 국제법이 국내법과 같은 효력이 있음을 규정하고 있다.

한 국가 안에서 국민과 외국인과의 사법적인 생활관계에서 생기는 법률관계를 해결하기 위한 법인 국제사법(섭외사법)은 국내법으로 보는 것이 지배적인 통설이다.

2. 고유법과 계수법

성립유래에 따라 분류하면 고유법과 계수법으로 나눌 수 있다. 고유법이라 함은 그 국가 안에서 생성되고 발달한 법을 말한다. 계수법은 외국법을 계수한 법을 말하며, 계수하게 된 모범이 된 법을 모법이라고 한다.

법을 계수하게 되는 경우는 로마법계수처럼 그 법의 우월성과 보편성에 기인하는 경우가 있는 반면에 공산권 국가에서 이루어지고 있는 것처럼 국가 간의 정치적 관계에 기인하는 경우도 있다.

3. 공법과 사법

로마법은 일찍부터 법을 공법과 사법으로 구별하여 체계화하였다. 공법·사법의 구별이 부각된 것은 자본주의가 생성된 18, 19세기의 개인주의·자유주의적 사회경제체제 아래에서였다. 이런 체제에서는 인간의 사적 자치가 최대한 인정되고 국가는 최소한으로 개인생활에 간섭을 해야 하는 것으로 생각되었다. 이리하여 법질서도 국가적 공법질서 외에 개인적 사법질서라는 것이 엄연히 존재하는 것으로 인식되었다. 그러나 자본주의의 고도화에 따라 여러 가지 사회병리현상이 속출하게 되었으며 부익부·빈익빈의 부조리가 사적 자치라는 미명하에 이루어져 이런 자본주의의 병폐를 제거하기 위해 국가의 적극적인 약자 보호의 법적 조치가 이루어져야 했다.

이것을 사법의 공법화 경향이라 하고 제3의 법 영역으로서 사회법이 등장하게 되었다. 사회법은 근로자들에게 인간다운 생존의 보장, 소비자 등의 약자를 보호하기 위해 사법 중에서 일부를 특별히 분리하여 발전시켜 온 것이다. 아래 〈그림 1〉 법의 체계에서 보는 것처럼 경제법, 노동법, 사회보장법 등이 사회법의 범주에 포함된다.

〈그림 1〉 법의 체계

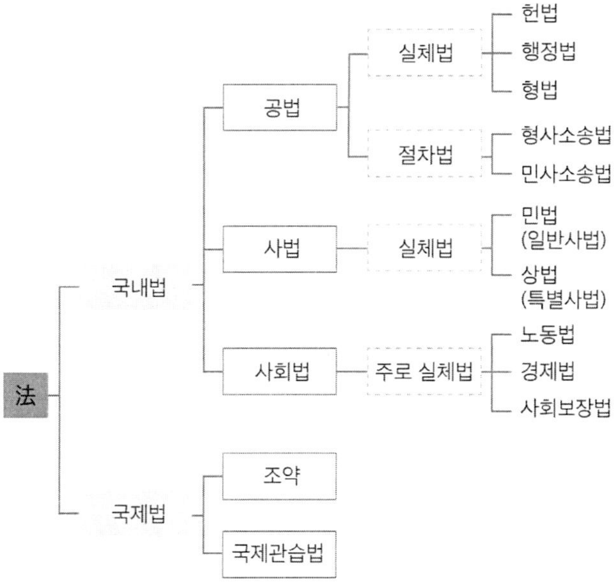

공법과 사법을 어떠한 표준에 의하여 구별할 것인가에 대하여는 학설이 여러 가지로 나누어진다.

가. 이익설(목적설, 법익설)

법이 보호하려고 하는 이익에 대하여 공익의 보호를 목적으로 하는 것을 공법, 사익의 보호를 목적으로 하는 것을 사법이라고 한다.

원래 법은 국가사회생활에 관한 것이므로 일면 국가적 이익을 보호하면서 타면 개인적 이익을 보호하는 것이 사실이다. 예를 들어 헌법은 공법의 대표로 알려지고 있으나 헌법이 보장하는 각종의 자유권은 국가적 이익과 불가분의 관계가 있고 개인적 이익의 기본이 된다. 또한 민법상의 등기제도, 친족·상속 등에 관한 법규는 개인적 이익의 보호에 관한 것인 동시에 국가적 이익에도 깊은 관련이 있다.

따라서 공·사법의 구별을 공익과 사익의 구분에 의해 설명하는 것은 결국 공익이냐 사익이냐 하는 것 자체가 불명확하므로 곤란한 점이 있다.

나. 주체설

법률관계의 주체를 표준으로 하여 국가 기타 공공단체 상호간의 관계 또는 이들과 개인과의 관계를 규율하는 법이 공법이며, 개인 상호간의 관계를 규율하는 법을 사법이라고 구분하는 것이 주체설이다.

그러나 국가나 공공단체가 사인과 같은 자격으로 개인과 매매, 임대차 등의 사적인 계약을 체결하는 것은 일반적으로 민법의 규정에 의하여 규율되는 것으로 인정되지만 주체설에 의하면 공법관례로 보므로 부당한 점이 있다. 이 경우에 예외를 인정하고 있으나 구별의 표준이 이원적이라는 비난을 받는다.

다. 법률관계설(성질설, 효력설)

법이 규율하는 법률관계가 평등관계이냐 아니냐를 표준으로 불평등관계, 즉 권력·복종관계(수직관계)를 규율하는 법이 공법, 평등·대등의 관계(수평관계)를 규율하는 법을 사법으로 분류하는 학설이다.

그러나 국제법은 공법에 속하는 것이 전통적인 견해인데 국가는 서로 평등하므로 국제법을 사법에 속한다고 하는 모순이 있다. 또한 민법의 친족관계, 특히 부모와 자와의 관계는 불평등관계이므로 공법이라고 해야 하는 모순도 나타나고 있다.

라. 생활관계설

사람의 생활관계를 표준으로 하여 국민으로서의 생활관계를 규율하는 법이 공법, 인류로서의 생활관계를 규율하는 법이 사법이라는 것이다. 인류로서의 생활관계는 국가라는 조직이 없더라도 인류로서 영위하여야 할 생활관계를 말한다. 그러나 이 견해도 무엇이 국가생활이냐 사회생활이냐의 구별이 어렵다는 비판이 있다.

4. 일반법과 특별법

법의 적용영역을 표준으로 하여 일반법은 법의 적용범위에 한정이 없는 일반적인 법규범을 말하고 특별법은 법의 효력범위가 특별히 제한되고 있는 법규범을 말한다.

첫째, 인적인 적용범위와 관련하여 일반법은 법의 적용범위에 한정이 없는 일반적인 법규범이며, 특별법은 특정의 직업, 신분, 지위를 가진 자에게만 적용되는 법규범을 말한다. 예를 들면 의사법, 변호사법 등이 여기에 해당된다.

둘째, 장소적인 적용범위와 관련하여 일반법은 국가의 영토 전체에 통일적으로 적용되는 법규범을 말한다. 예컨대 헌법, 형법, 민법 등을 들 수 있다. 특별법은 영토의 일부분에만 적용되는 법규범으로서 도 조례나 도시계획법 등을 들 수 있다.

셋째, 적용되는 법률관계와 관련하여 모든 법률관계에 일반적으로 적용되는 일반법과 특정한 법률관계에 우선 적용되는 특별법이 있다. 민법은 개인과 개인의 법률관계에 적용되는 일반법인데 반하여 상법이나 증권거래법 등은 특정한 상사거래 또는 증권거래라는 특정한 법률관계에 적용되는 특별법이다. 이러한 구별실익은 "특별법은 일반법에 우선한다."는 원칙이 적용되는 데 있다.

5. 강행법과 임의법

법적용의 강행성이 있는지 여부에 따라 강행법과 임의법으로 구분하기도 한다.

강행법은 선량한 풍속 기타 사회질서와 관계있는 규정으로서, 사인의 의사표시로 당사자 의사에 관계없이 사회질서의 유지를 위해 그 실현이 강제되어야 하는 사항을 내용으로 하는 법규를 말한다. 공서양속, 공익·공공의 복지, 기타 사회적·정치적 정책의 실현을 위한 법규가 여기에 해당된다.

임의법은 당사자의 의사자치를 우선시키는 법으로서 당사자의 의사표시가 없거나 불분명할 때 보충하는 법규를 말한다. 민법 제473조에 "변제비용은 다른 의사표시가 없으면 채무자의 부담으로 한다."라고 규정하고 있는데 이는 당사자 의사가 우선임을 규정하는 임의법이다. 민법·상법에는 임의법이 많고 특히 채권법에 많다.

6. 실체법과 절차법

법의 규정내용을 표준으로 실체법과 절차법으로 나누고 있다.

실체법은 권리·의무의 발생·변경·소멸에 관한 사항을 규정한 법을 말하며 민법·상법, 형법, 헌법, 노동법 등이 여기에 속한다.

절차법은 실체법의 실현을 위한 운용절차에 관한 법을 말하며, 민사소송법, 형

사소송법, 부동산등기법, 가족관계의 등록 등에 관한 법률, 경매법, 파산법 등이
여기에 속한다.

제7절 법의 해석과 적용

1. 법의 해석

원래 법규는 사회생활관계에 있어서의 분쟁을 유형화하여 제정되는 것이므로
각개의 조문은 추상적·기술적으로 표현되고 있다. 따라서 법규를 구체적 사실에
적용하려면 먼저 추상적이고 기술적인 법규의 내용을 구체적으로 이해할 필요가
생긴다.

법의 해석이란 일반적이고 추상적인 법규를 구체적 사건에 적용하기 위하여
구체화·개별화하는 것을 말한다. 이것은 재판과정에서 보다 명확하게 표시된다.

예를 들면 형법 제329조(절도)에서는 "타인의 재물을 절취한 자는 6년 이하의
징역 또는 1천만원 이하의 벌금에 처한다."라고 규정하고 있다. 여기서 형법상 절
도죄를 구성하려면 재물이 무엇인지 해석하여야 한다. 재물을 해석하려면 민법의
제98조(물건의 정의) "본법에서 물건이라 함은 유체물 및 전기 기타 관리할 수 있
는 자연력을 말한다."라는 민법상 물건에 관한 규정을 원용하여 해석하여야 한다.
물건은 '유체물 및 전기 기타 관리할 수 있는 자연력'이라는 규정에서 유체물 및
전기는 쉽게 이해할 수 있는데, 기타 관리할 수 있는 자연력이 무엇인지 알기 위
해서는 해석하여야 하는데, 일반적으로 전기, 열, 광, 음향, 향기, 에너지 등을 의
미한다.

가. 유권해석(공권적 해석)

유권해석(有權解釋)이란 법의 의미와 내용을 국가의 권한 있는 기관에 의하여
확정하는 것으로 공적 구속력을 갖는 해석을 말한다. 유권해석에는 해석하는 국가
기관에 따라 입법해석, 사법해석, 행정해석으로 나눌 수 있다.

입법해석은 법을 제정할 때 법문으로 어떤 용어의 뜻을 확정하는 것을 말한다.
위에서도 살펴본 민법 제98조에서 "본법에서 물건이라 함은 유체물 및 전기 기타
관리할 수 있는 자연력을 말한다."라고 규정하고 있는 것이 대표적인 입법해석의

예이다.

사법해석은 법원의 판결을 통해서 내려지는 해석을 말하며, 이는 재판해석이라고도 한다. 백화점에서 사기세일을 한 것을 사기죄로 형사처벌한 것은 법원의 해석에 의하여 이루어진 것이다.

행정해석은 상급행정관청이 법령의 집행에 관하여 하급관청에 대하여 그 의의를 해석하여 훈령으로 내리고 하급관청의 신청 또는 질의에 대하여 회답·훈령·지령의 형식을 내리는 해석을 말한다. 행정관청의 해석은 최종적인 것이 아니고 사법부에서 시비를 가려야 한다는 점에서 다른 해석과 비교되는 특징이 있다.

나. 학리해석(무권해석, 사해석)

학리해석은 학리(학설)에 의하여 법규의 의미를 확정하는 것을 말한다. 국가의 권한 있는 기관에 의하여 확정하는 유권해석과는 달리 학자들이 하는 해석이므로 이는 권한 없는 해석으로서 무권해석이라고도 한다. 학리해석에는 문리해석과 논리해석으로 나눌 수 있다.

문리해석은 법규의 문자 및 문장의 의미를 하나하나 밝힌 후에 다시 법조문 전체의 문장을 검토하여 그 의미와 내용을 파악하는 해석방법을 말한다.

논리해석은 문리해석을 기초로 하여 법질서 전체와의 논리, 입법의 목적, 합리성 등을 고려하여 논리적 법칙에 따라 법규의 의미를 확정하는 것을 말한다. 논리해석에는 확장해석, 축소해석, 반대해석, 물론해석, 보정해석, 비교해석, 목적해석, 유추해석 등의 방법이 동원된다.

(1) 확장해석이란 법규의 문자나 문장의 언어적 표현의 의미보다 확장하여 해석하는 것이다. 즉 문리해석에 의한 법문의 단순한 해석으로 법문의 의미를 확장하여 해석하는 것이다. 예컨대 형법 제257조의 상해는 신체의 생리적 기능에 장해를 일으키는 것을 말하는 것이지만, 여성의 두발을 절단함으로써 외관상 손상을 초래하는 것도 포함하는 것으로 해석하는 것은 확장해석에 따른 것이다.

(2) 축소해석이란 법규의 문자나 문자의 언어적 표현의 의미보다 축소하여 해석하는 것이다. 즉, 분리해석에 의한 법문의 해석으로서는 너무 광범위하여 법규의 진정한 의도를 실현할 수 없는 경우에 합리적 방법으로 법문의 의미를 축소하여 해석하는 것이다. 예컨대 형법 제329조의 절도죄의 객체인 재물에는 부동산이 포함되지 아니한다고 해석하는 것이다.

(3) 반대해석이란 법문에 명시되어 있지 아니한 경우에는 그와 반대로 해석하는 것이다. 예컨대 민법 제832조에 부부의 일방이 일상의 가사에 관하여 부담한 채무에 대하여 다른 일방은 연대책임을 진다고 규정하고 있는 것으로부터 딸이 일상의 가사에 관하여 부담한 채무에 대하여는 부모가 책임을 지지 아니한다고 해석하는 것이다.

(4) 물론해석이란 유추해석이나 확정해석으로도 상식적으로 명백하고 당연한 것으로 생각되는 경우를 말한다. 예컨대 교량붕괴의 위험으로 인하여 우마차의 통행금지라는 표시(정찰)가 있는 경우에는 자전거나 탱크도 통행할 수 없다는 것이다.

(5) 보정해석이란 법규의 문자나 문장이 법규의 의도에 명백히 반하는 경우에 문자나 문장을 보정하여 그 법규의 진의에 맞도록 해석하는 것이다.

(6) 연혁해석이란 법제정의 연혁·법안·이유서·입안자 의견·의사록 등의 자료에 따라 법규의 의미내용을 보충하여 그 법문의 진의를 해석하는 것이다.

(7) 유추해석이란 법령에 규정이 없는 사항에 관하여 이와 성질이 유사한 다른 사항의 법령을 적용하는 것이다. 예컨대 권리능력이 없는 사단의 법률관계에 관하여는 민법에 규정이 없으므로 민법의 법인에 관한 규정을 유추적용하여야 한다고 해석하는 것을 말한다. 유추를 인정하는 것은 동일한 법이유가 존재하는 사항은 동일한 법적 취급을 받는 것이 타당하기 때문이다.

2. 법의 적용

법의 적용이라 함은 법의 보편적이고 추상적인 내용을 구체적 사실에 실현시키는 것을 말한다. 법의 적용은 적용될 추상적 법규를 대전제로 하고, 사회에서 일어난 구체적 사건을 소전제로 하여 판결이라는 결론을 도출하는 3단 논법의 논리과정을 통하여 이루어지게 된다. 법을 적용하는 기관은 법원이다.

법 적용의 과정을 살펴보면 사실의 인정-사실의 입증(주장·입증책임)-사실의 추정-사실의 의제(간주, 본다)를 통해 이루어진다.

사실을 인정할 증거나 증인이 있다면 그것으로 사실관계를 확정하면 되지만 실제 사회에서는 증명(입증)하는 것이 쉽지 않다. 따라서 당사자의 입증부담의 경감을 위하여 둔 것이 추정이나 간주라는 제도이다.

추정은 잠정적인 결정에 불과하며, 이와 다른 사실을 주장하는 자가 반증을 들어 언제나 이 효과를 전복시킬 수 있다. 민법 제30조(동시사망) 「2인 이상이 동일한 위난으로 사망한 경우에는 동시에 사망한 것으로 추정한다.」라는 규정을 예로 들 수 있다.

　간주란 법적 사실에 대한 증명이 확실히 나타나지 않은 경우라고 하더라도, 일반적인 사실의 개연성이 매우 높은 경우에 법률이 그러한 사실에 기초한 효과를 발생시키는 것을 말한다. 간주는 '의제', '～로 본다'와 같은 의미이다. 여기에 해당하는 것으로는 민법 제28조(실종선고의 효과) 「실종선고를 받은 자는 전조의 기간이 만료한 때에 사망한 것으로 본다.」와 민법 제826의2(성년의제) 「미성년자가 혼인을 한 때에는 성년자로 본다.」라는 규정이 있다.

제2장
권리와 의무

생활 속의 법의 이해

제1절 권리·의무와 법률관계

우리들의 사회생활관계는 여러 가지 관계로 구성되는데 크게 법률관계와 인간관계, 호의관계를 들 수 있다. 그중에 법에 의하여 규율되는 생활관계를 법률관계라고 한다.

인간관계는 가족, 애정, 우의, 예의관계와 같은 생활관계로서 원칙적으로 법의 규율을 받지 않고 관습, 도덕, 종교의 규율을 받는다. 예를 들면 아버지가 아들에게 공부를 잘하면 컴퓨터를 사주기로 약속한 경우를 들 수 있다. 인간관계와 법률관계를 구별할 실익은 법의 보호를 줄 이익이 있는가에 의하여 나타난다.

호의관계는 호의에 의하여 어떤 이익을 주고받는 생활관계로서 법률관계와는 존재의 평면을 달리하지만 호의관계에 수반하여 손해가 발생한 경우에는 법률문제화 된다. 예를 들어 후진하는 자동차를 보고 지나가던 행인이 신호를 보내다가 행인의 잘못으로 사고가 일어난 경우가 여기에 해당된다. 호의관계와 법률관계의 구별실익은 당사자의 의사에서 찾아야 한다.

법률관계는 당사자를 중심으로 보면 사람과 사람과의 관계이며 이는 법으로 구속을 받는 자의 지위는 의무이고 옹호 받는 자의 지위는 권리이기 때문에 권리 · 의무관계로 표현되고 있다.

20세기 이전에는 권리본위사상이 지배하였지만 점차 의무본위사상으로 다소 수정되어 왔으며, 20세기 이후에는 의무를 강조하고 있다.

제2절 권리·의무의 개념

1. 권리의 개념

권리의 본질이 무엇이냐에 관해서는 학자들 사이에 논란이 많다.

가. 의사설

권리를 법에 의하여 주어진 의사의 힘 또는 의사의 지배라고 하는 견해이다. 권리자가 자기의사를 자유롭게 펴놓을 수 있는 힘을 법이 인정한 것이 권리라는 것이다.

나. 이익설

권리를 법에 의하여 보호되는 이익이라고 보는 견해이다. 그러나 이익은 권리의 목적이며 권리 자체는 아니라는 비난이 있다.

다. 권리법력설

권리는 일정한 이익을 향수케하기 위하여 법이 인정하는 힘이라고 보는 견해로서 다수설이다.

의사설은 의사능력이 없는 자(유아, 정신병자)도 권리를 가지는 이유를 설명하지 못하고, 이익설은 권리자에게 아무런 이익이 없는 권리(친권)도 있음을 설명할 수 없는 단점이 있다.

2. 의무의 개념

의무는 법률상의 구속을 말하며, 의무자의 의사 여하와는 관계없이 반드시 따라야 하는 것으로 법에 의하여 강요되는 것(작위의무, 부작위의무)이다. 권리와 의무는 마치 하나의 물건의 양면인 것처럼 서로 대응하는 것이 보통이다. 채권·채무관계에서 대표적으로 나타나는데 매매계약에서 채권자가 대금지급청구권을 가지는데 대하여 채무자는 대금지급의무를 가지는 것을 볼 수 있다.

그러나 권리에 대응하지 않는 의무도 있다. 예를 들면 신의성실의 의무, 법인 해산시의 청산인의 채권신고공고의 의무, 책임무능력자의 감독자의 감독의무 등이 여기에 속한다.

또한 권리인 동시에 의무인 경우도 있다. 헌법상 교육을 받을 권리·의무, 근로의 권리·의무 및 민법상 친권자가 가진 친권은 미성년자에 대한 보호·양육의 권리·의무 등이 여기에 속한다.

의무는 반드시 이행하여야 한다. 이행하지 않으면 의무위반으로 인한 형벌, 강제집행, 손해배상책임 등 불이익을 받게 된다.

권리와 유사한 용어의 구별
○ 권한: 타인을 위하여 그 자에 대하여 일정한 법률효과를 발생하게 하는 행위를 할 수 있
는 법률상의 자격을 말한다. 예컨대 대리인의 대리권, 이사의 대표권을 들 수 있다.
○ 권능: 권리의 내용을 이루는 각개의 법률상의 힘을 말한다. 소유권은 권리이지만 소유권
의 내용인 사용권, 수익권, 처분권은 권능에 속한다.
○ 반사적 이익: 법 규정의 결과로 각 사람이 저절로 받게 되는 이익을 말한다. 예를 들면,
교통법규에 의하여 안전하게 왕래할 수 있는 것을 말한다.

제3절 권리의 분류

권리를 분류할 때 기본적으로 공법·사법의 구분에 따라 공법상의 권리를 공
권이라 하고 사법상의 권리를 사권이라고 한다. 또한 여러 가지 기준에 따라 권리
를 분류할 수 있다.

1. 공권(公權)

공법상의 권리인 공권은 다시 국가적 공권과 국민적 공권으로 나눈다. 국가적
공권은 국가·공공단체가 국민에 대하여 가지는 권리를 말한다. 예를 들면 입법, 사
법, 행정권, 조직권, 군정권, 경찰권, 재정권, 징세·징병·형벌권 등을 들 수 있다.
국민적 공권은 국민이 국가·공공단체에 대하여 가지는 권리를 말하며, 국민의
기본적 인권에 속한다. 예를 들면 인간의 존엄과 가치 및 행복추구권, 평등권, 자
유권, 생존권, 청구권적 기본권, 참정권 등이 여기에 속한다.

2. 사권(私權)

사법에 의하여 인정되는 권리인 사권은 권리의 내용, 작용(효력) 및 성질에 따
라 분류하기도 한다.

가. 권리의 내용에 의한 분류

권리자가 누리는 권리의 내용에 따라 인격권, 가족권, 재산권 및 사원권으로

나누어진다.

인격권은 권리자 자신의 인격적 이익을 내용으로 하는 권리를 말한다. 생명, 신체, 자유, 명예, 정조, 신용, 초상권 등이 여기에 속하며, 침해시 손해배상청구나 배제청구를 할 수 있다.

가족권은 부부, 친자, 친족 등과 같은 친족관계에서 신분상 인정되는 권리를 말한다. 친족권, 상속권 등이 여기에 속하며 이는 일신전속권으로서 타인에게 양도나 상속이 인정되지 않는다.

재산권은 재산적 가치를 가지는 권리를 말한다. 물권, 채권, 지식재산권(특허권·상표권·저작권 등)이 여기에 속한다.

사원권은 사단법인의 사원의 지위 내지 자격에서 그 법인에 대하여 가지는 권리를 말한다. 사원권은 누리는 이익의 내용에 따라 공익권과 자익권으로 나누어지며, 결의권, 업무집행권은 공익권에 이익배당청구권, 잔여재산분배청구권은 자익권에 속한다.

나. 작용(효력)에 의한 분류

권리의 효력의 차이를 표준으로 지배권, 청구권, 형성권 및 항변권으로 나눌 수 있다.

지배권은 권리의 객체를 직접 배타적으로 지배하는 권리를 말하며, 물권, 지식재산권이 여기에 속한다.

청구권은 특정인이 특정인에 대하여 일정한 작위 또는 부작위를 요구할 수 있는 권리를 말한다. 채권이 대표적이며, 부부 간 동거청구권 등이 있다.

형성권은 권리자의 일방적인 의사표시로 권리의 발생·변경·소멸이라는 일정한 법률효과가 발생하는 권리를 말한다. 각종 취소권, 추인권, 해제권이 있다.

항변권은 청구권의 행사를 거부할 수 있는 권리로서 일시적으로 저지하는 연기적 항변권과 영구적으로 저지하는 영구적 항변권이 있다. 보증인의 최고·검색의 항변권, 동시이행의 항변권은 연기적 항변권에 속하고, 상속의 한정승인은 영구적 항변권에 속한다.

다. 기타 분류

권리의 성질에 따라 절대권·상대권으로 나누며, 권리의 독립성에 따라 주된 권리와 종된 권리로 나누기도 한다.

제4절 권리·의무의 주체와 객체

Ⅰ. 권리의 주체: 자연인과 법인

권리는 특정인에게 부여되는 것으로서 특정인을 권리의 주체라고 한다. 권리·의무의 주체가 될 수 있는 자는 자연인과 법인[4]이다. 권리본위의 사상 때문에 권리·의무의 주체를 일반적으로 권리주체라고 일컫는다. 권리능력이라 함은 권리의 주체가 될 수 있는 법률상의 지위 또는 자격을 말하며, 이를 법인격이라 한다.

민법 제3조(권리능력의 존속기간)에서는 "사람은 생존한 동안 권리와 의무의 주체가 된다."라고 규정함으로써 모든 자연인에게 평등한 권리능력을 인정하고 있다. 따라서 모든 사람은 권리의 주체가 될 수 있는 지위 또는 자격을 평등하게 가지고 있는 것이다. 이렇게 권리능력이 종교·인종·성별·정치적 사상·신분·학식 등에 의하여 차별받지 아니하고 평등하기 때문에 이를 권리능력평등의 원칙이라고 한다.

인간이기만 하면 누구나 권리능력이 있는 것이다. 그런데 주의할 것은 권리능력의 문제와 권리행사·의무이행의 문제는 별개의 문제라는 점이다. 갓난아기도 권리자 또는 의무자일 수 있다. 그러나 그가 가지고 있는 권리를 스스로 행사하거나 의무를 이행할 수는 없다.

1. 권리능력

가. 권리능력의 시기(始期)

자연인의 권리능력은 출생과 함께 시작된다. 출생은 태아가 모체 밖으로 완전

---

[4] 법인설립에 있어서 허가주의와 인가주의가 있다. '인가주의'는 주무관청이 법률이 정한 요건을 갖추어 인가를 신청한 단체에 대하여 반드시 인가를 해주어야 하는 법률상의 구속을 받으므로, 주무관청의 자유재량에 따라 허가하는 '허가주의'와는 차이가 있다.

히 나온 순간(출산의 완료)을 말한다(전부노출설). 출생하였을 때에 생명이 있었으면 권리능력을 취득한다.

출생은 「가족관계의 등록 등에 관한 법률」의 규정에 따라 1개월 이내에 신고하여야 하고 신고의무를 해태한 경우에는 5만 원 이하의 과태료를 물게 된다. 출생신고는 보고적 신고로서 신고하지 않더라도 당연히 출생과 동시에 권리능력을 취득하게 된다.

나. 태아의 권리능력에 관한 입법태도

출생 전인 태아는 권리능력을 갖지 못한다. 그러나 이 원칙의 절대적인 적용은 출생이 다소 늦어지는 우연한 사실에 의하여 상속을 받지 못한다든가 불법행위에 의한 손해배상청구권을 갖지 못한다는 결과를 가져오게 되므로 공평하지 못하다. 그러므로 예외적으로 태아에게 권리능력을 인정하는 입법이 나타나게 되었다. 태아의 권리능력에 관하여 일반적 보호주의를 채택하는 국가도 있지만 우리나라는 개별적 보호주의를 취하고 있다.

일반적 보호주의란 모든 법률관계에서 태아를 출생한 것으로 보는 입법주의로서 로마법 이래 스위스, 중국 등에서 보이는 입법 태도이다. 이러한 입법태도는 태아로 인정되는 시점과 보호되는 태아의 이익 내용이 모호하다는 문제가 있다.

개별적 보호주의는 일정한 법률관계에 관하여만 태아를 출생한 것으로 보는 입법주의로써 독일, 프랑스, 일본 등에서 보이는 입법 태도이다. 우리나라도 불법행위에 의한 손해배상청구(민법 제762조), 재산상속(민법 제1000조 제3항), 대습상속(민법 제1001조; 재산상속에 관한 규정의 유추적용), 유증(민법 제1064조)에서 태아의 권리능력을 인정하는 개별적 보호주의를 취하고 있다.

사인증여(유증의 준용; 민법 제562조)는 계약의 일종이므로 사인증여계약이 체결되어야만 하지만 태아 상태에서는 권리능력이 인정될 수 없기에 대리에 의한 사인증여도 허용되지 아니한다(정지조건설). 태아에게 사인증여를 하려면 태아를 수익자로 하여 제3자(태아)를 위한 계약을 체결하는 방법으로 가능할 것이다. 그러나 해제조건설(다수설)에 의하면 사인증여는 유증의 규정을 준용하므로 사인증여에서 태아의 권리능력이 인정될 수 있고 태아의 법정대리인이 태아를 대리하여 사인증여계약을 체결할 수 있다고 한다. 이러한 문제는 민법이 사인증여에서 유증에 관한 규정을 준용함으로써 야기되었지만 준용규정을 형식논리로 이해하는 것은 무리라고 본다.

다. 태아의 법률상 지위

민법은 개별규정에서 인정하는 태아의 권리능력에 관하여 '이미 출생한 것으로 본다'라고 규정하고 있다. 그러나 태아 상태로부터 출생까지의 법적 지위를 어떻게 부여할 것인가는 학설대립이 있다.

(1) 정지조건설

정지조건설은 태아의 상태로는 권리능력을 취득하지 아니하고 출생 시에 문제 사실의 발생시기에 소급하여 권리능력이 발생하여 권리가 취득된다는 입장이다(대판 1996. 4. 12. 94다37714). 소급적으로 권리능력이 취득된다고 하여 소급인격설 이라고도 한다.

정지조건설은 태아 자체는 권리 내용을 향유할 수 없으므로 권리능력의 취득을 인정할 필요가 없다는 점과 태아의 권리능력을 인정하면 이를 행사할 법정대리인이 명확히 결정되지 않는 문제가 발생한다는 점에 근거한다. 출생에 의하여 권리주체와 법정대리인이 확정되고 이에 기초하여 태아의 권리취득을 인정하는 것이 법리상 타당하다.

정지조건설은 인격소급적 요소가 있다고 하지만 그것은 권리능력 자체가 소급되는 것이 아니라 소급하여 권리를 취득시키기 위한 것으로 이해되어야만 한다. '이미 출생한 것으로 본다'는 것은 권리취득을 위한 법리적 소급을 표현한 것일 뿐이고 출생자의 인격 자체를 소급하는 것은 아니라고 본다.

(2) 해제조건설

해제조건설은 태아는 문제사실의 발생시기에 권리능력을 취득하고 사산한 경우에는 소급하여 권리능력이 소멸한다는 입장이다(다수설). 개별규정에 따른 일정한 사실에 대하여만 권리능력을 취득한다는 점에서 제한인격설이라고도 한다.

해제조건설의 근거는 법규정상 '이미 출생한 것으로 본다'는 문장에 충실하고 태아의 생존출생률이 현저하게 높다는 점과 태아의 권리보호에 충실하다는 점에 있다. 그러나 태아의 출생간주는 원칙적으로 출생이 늦어진 태아를 보호하여 출생 후에도 해당 권리가 취득될 수 있도록 배려되는 것일 뿐 태아 상태에서 권리를 취득한다는 의미로 이해되기는 곤란하다. 태아의 권리보호는 소급적 권리 취득 자체로 보호목적을 달성하였다고 보는 것이 타당하다.

또한 태아 상태에서 권리능력의 취득이 인정된다면 개별적 보호주의를 채택하는 현행 민법상 태아의 권리능력이 개별적으로 취득되는 법현상을 가져와 자연인으로서 허용될 수 없는 제한적 인격체의 존재를 인정하여야 한다는 문제가 있다.

법적용상의 구체적 문제로는 첫째, 태아가 이후 쌍생아로 판명된 경우에 수인의 권리주체로 인한 법률관계의 재구성을 필요로 하는 문제, 둘째, 태아가 취득한 권리의 행사는 법정대리인(친권자)이 대리하게 될 것이라고 하지만 태아의 법정대리인으로서 모는 가능하지만 부의 결정기준은 없다는 문제, 셋째, 대리행위를 하려면 효력을 귀속받을 본인의 확정이 있어야 함에도 불구하고 본인의 확정이 되지 못한 상태라는 문제 등이 지적될 수 있다.

라. 권리능력의 범위

민법은 외국인의 권리능력에 관한 규정을 두지 않고 있지만 외국인도 자연인이라는 점에서 권리능력평등의 원칙이 적용된다고 보아야 한다. 그러나 일정한 권리는 각종의 특별법에서 취득을 제한하고 있다.

마. 권리능력의 종기(終期)

(1) 사망

자연인의 권리능력은 사망에 의하여 소멸된다. 따라서 사망한 자는 권리능력자가 아니며, 권리·의무의 주체가 아니다. 사망한 자가 가지고 있던 권리와 의무는 사망 순간에 상속인에게 상속된다.

사망의 시기는 호흡과 심장의 박동이 정지한 때이다(심장박동정지설). 사망신고(가족관계의 등록 등에 관한 법률 제87조)는 사망사실과 사망시점의 증거방법으로써 의미가 있는 보고적 신고에 불과하며 권리능력을 상실하는 것은 사망사실이 현실적으로 발생한 때이다.

뇌사한 때를 사망의 시기로 보려는 견해(뇌사설)도 있지만 고도의 의료기기를 통하지 아니하고는 사망의 판정이 어렵기에 뇌파측정이 되지 않은 사망자의 경우에는 사망시점을 명확히 할 수 없다는 문제가 있다. 특히 사망의 선후가 중시되는 상속의 경우에는 법률관계의 해결을 어렵게 한다. 사회통념상으로도 심장박동의 정지를 사망으로 인정하는 것이 일반적이므로 장기이식과 관련한 뇌사인정 문제는 생체에 대한 장기이식의 위법성 문제로 접근되어야 할 것이고 사망시점의 문제로 접근될 필요는 없다고 본다.

(2) 사망의 입증곤란을 구제하기 위한 제도

(가) 동시사망의 추정

2인 이상이 '동일한 위난'으로 사망하여 사망사실의 발생시점의 선후를 확정하기 어렵게 된 때에는 '동시에 사망한 것으로 추정한다'(동시사망의 추정; 민법 제30조). 이러한 경우에 2인의 권리능력은 동시에 소멸한 것으로 추정된다. 동시사망의 추정은 법률상 추정으로써 이를 번복하기 위하여는 동일한 위난으로 사망하였다는 전제사실에 대한 반증 또는 다른 시점에 사망하였다는 증거가 있어야만 한다.[5] 2인 이상이 다른 위난으로 사망한 경우, 동일한 원인에 의한 실종으로 실종선고에 따라 사망으로 간주된 경우 등에 있어서도 동시사망의 추정은 확대적용되는 것이 법률관계의 해결을 위하여 필요할 것이다.

(나) 인정사망

수난, 화재 기타 사정으로 사망한 자가 있는 경우에 이를 조사한 관공서의 사망보고에 따라 가족관계등록부에 사망의 기재를 하여 사망한 것으로 추정하는 것을 말한다. 실종선고와 다른 점은 실종선고는 사망의제이고, 인정사망은 사망의 추정이라는 점이다. 또한 실종선고는 요건상 생사불명상태로 생존의 증명, 사망의 증명이 불가능한 것을 요하지만, 인정사망은 사망의 개연성이 확실한 경우여야 한다. 인정사망의 경우에는 실종기간의 경과가 필요없다. 또 인정사망은 「가족관계의 등록 등에 관한 법률」상의 정정이나 구체적 소송에서 입증을 통해 추정력을 깨뜨릴 수 있다.

(다) 실종선고

어떤 사람의 생사를 알 수 없는 때에는 일정한 기간[보통실종은 5년, 특별실종 (전쟁실종, 선박실종, 항공기실종, 위난실종)은 1년]이 지나면, 이해관계인(가족)이나 검사의 청구에 의하여, 법원은 실종선고를 할 수 있다(민법 제27조). 실종선고를

---

5) 대판 1998. 8. 21. 98다8974

받은 사람은 '실종기간이 만료한 때'에 사망한 것으로 본다(민법 제28조).

2. 행위능력

가. 행위능력과 의사능력의 관계

행위능력이란 단독으로 유효한 법률행위를 할 수 있는 지위 또는 자격을 말한다. 법률행위는 계약 등 당사자가 의사표시를 한 내용대로 권리의 취득, 변경, 소멸을 가져오는 행위로서 행위능력을 가진 자는 법률행위를 하여 그 효과를 확정적으로 자기에게 귀속시킬 수 있게 된다.

의사능력은 개인의 구체적인 행위에 있어서 정상적인 판단능력이 있는가를 요구하게 된다. 이것은 그 증명이 용이하지 않을 뿐만 아니라 입증여 부에 따라 상대방은 예측하지 못한 손해를 부담하게 된다. 그러므로 민법은 행위능력자를 일반적으로 정형화하고, 이에 해당하지 못한 자(제한행위능력자)는 보호자(친권자, 후견인 등)를 통하여 그 능력부족을 보충하며, 보호자의 보호범위를 벗어난 피보호자의 법률행위를 취소할 수 있도록 제도적 장치를 마련하고 있다. 이러한 제도는 제한행위능력자제도를 통하여 구체화되어 있다.

나. 제한행위능력자제도

행위능력은 단독으로 유효한 법률행위를 할 수 있는 능력을 말한다. 행위능력은 권리능력과 엄격히 구별하여야 한다. 권리능력은 권리와 의무의 주체(즉, 권리자와 의무자)로 될 수 있는 지위나 자격을 의미하며, 모든 자연인에게 인정된다. 그러나 행위능력은 권리와 의무를 발생시키는 법률행위(예: 계약)를 단독으로 할 수 있는 능력을 말한다. 여기에는 권리를 스스로 행사하고 의무를 스스로 이행할 수 있는 능력이 포함된다. 이러한 행위능력이 제한되는 자를 제한행위능력자라고 한다.

제한행위능력자제도는 법적 거래에 있어서 제한능력자를 보호하기 위한 것이다. 제한능력자들은 법적 거래에서 손해를 보는 일이 없도록 보호되어야 한다. 제한능력자를 보호하기 위하여 민법은 이러한 자들이 단독으로 법률행위를 할 수 없도록 하고, 만일 이들이 단독으로 법률행위를 하였을 때에는 이를 취소할 수 있도록 하는 한편 제한능력자를 위하여 이를 돌보아주고 이를 대리하여 행위하는 법정대리인을 두도록 정하고 있다.

법정대리인은 제한능력자에게 권리와 의무를 발생시키는 법률행위를 제한능력자를 대리하여 행하고, 또한 제한능력자의 권리를 대신 행사하고 의무를 이행하는 일을 한다.

민법상 제한능력자(민법에서 단순히 '능력'이라고 할 때에는 그것은 '행위능력'을 의미한다)로는 미성년자, 피성년후견인, 피한정후견인, 피특정후견인 등 네 가지가 있다. 이들은 합리적인 거래를 하기에 충분한 판단능력을 가지고 있지 못하므로 단독으로 유효한 법률행위를 할 수 없게 하고 있다.

제한능력자제도는 사회의 거래관계에 직접적인 영향을 미치기 때문에 강행규정이며, 당사자의 의사로 그 적용을 배제할 수 없다. 그러나 가족법상의 행위에 있어서는 거래의 안전이 문제가 되는 것이 아니라 본인의 의사가 존중되어야 하므로 제한능력자제도는 전혀 그 적용이 없다고 하여야 한다.

3. 제한행위능력자

가. 미성년자

사람은 19세로 성년에 이르게 된다.[6] 따라서 미성년자는 만 19세에 미달한 자이다. 민법 제4조(성년)는 "사람은 19세로 성년에 이르게 된다."라고 규정하고 있다. 연령계산에는 출생일을 산입한다(민법 제158조).

공직선거법상 선거권 부여는 제15조(선거권) 제1항 "18세 이상의 국민은 대통령 및 국회의원의 선거권이 있다. 다만, 지역구국회의원의 선거권은 18세 이상의 국민으로서 제37조 제1항에 따른 선거인명부작성기준일 현재 다음 각 호의 어느 하나에 해당하는 사람에 한하여 인정된다."라고 규정하고, 청소년보호법에서 청소년 개념은 제2조(정의) 제1호에서 ""청소년"이란 만 19세 미만인 사람을 말한다. 다만, 만 19세가 되는 해의 1월 1일을 맞이한 사람은 제외한다."고 규정하고 있다. 독일·프랑스·미국·중국은 18세, 일본·대만은 20세를 성년으로 규정하고 있다.

만 19세 청소년의 사회·경제적 참여 확대로 경제활동인구 증가 및 경제 성장에 기여하고, 부모 등 법정대리인의 동의 없이 모든 법률행위를 독자적으로 할 수

---

6) 청소년의 조숙화에 따라 성년연령을 낮추는 세계적 추세와 「공직선거법」 등의 법령 및 사회·경제적 현실을 반영하여 성년에 이르는 연령을 만 20세에서 만 19세로 낮추는 민법 개정을 하게 되었다. [개정 2011. 3. 7., 시행일 2013. 7. 1]

있게 되었다. 또한 개별법상 미성년자의 자격 제한 규정에서 벗어나 전문자격증 취득 등 사회활동이 가능하게 되었다. 현행법상 미성년자는 입양(민법), 변리사(변리사법), 공인노무사(공인노무사법) 등의 자격이 없다.

사례 1 고등학교를 졸업한 19세 신입사원 甲은 부모의 동의가 있어야만 신용카드 개설이나 보험 계약을 체결할 수 있었으나, 개정 민법이 시행되면서 독자적으로 계약 체결 가능. 또한 변리사법상 결격 사유의 적용을 받지 않고 변리사 자격 취득이 가능하게 되었다.

미성년자가 법률행위를 하려면 원칙적으로 법정대리인의 동의가 있어야 한다(제5조 제1항). 이에 위반한 경우에는 그 행위를 취소할 수 있다(제5조 제2항). 법정대리인의 동의가 있었다는 입증책임은 그 동의가 있었음을 이유로 법률행위의 유효를 주장하는 자에게 있다. 다음의 행위는 미성년자가 법정대리인의 동의 없이 단독으로 할 수 있다. 그러나 이때에도 미성년자는 의사능력은 있어야 한다.

(1) 미성년자가 단순히 권리만을 얻거나 의무만을 면하는 행위

예컨대 부담이 없는 증여를 받는다든가, 채무면제의 청약에 대한 승낙하는 것 등(민법 제5조 제1항 단서)을 들 수 있다.

(2) 처분이 허락된 재산의 처분행위

법정대리인이 범위를 정하여 처분을 허락한 재산은 미성년자가 임의로 처분할 수 있다(민법 제6조).

(3) 영업이 허락된 경우의 그 영업에 관한 행위

미성년자가 법정대리인으로부터 특정의 영업을 허락받은 경우에는 그 영업에 관하여는 성년자와 동일한 행위능력을 가진다(민법 제8조 제1항). 법정대리인이 영업을 허락하는 때에는 반드시 영업의 종류를 특정하여야 하며 법정대리인의 허락이 있었다는 입증책임은 영업허락이 있었음을 이유로 법률행위의 유효를 주장하는 자(미성년자)에게 있다고 하여야 한다.

(4) 혼인을 한 미성년자의 법률행위

미성년자가 혼인을 하면 성년으로 취급되게 된다(민법 제826조의2). 즉, 혼인한 미성년자는 완전한 행위능력자로 된다. 현행민법은 만 18세가 된 사람은 혼인할 수 있다(혼인적령).(민법 제807조). 미성년자가 혼인을 하는 경우에는 부모의 동의를 받아야 하며, 부모 중 한쪽이 동의권을 행사할 수 없을 때에는 다른 한쪽의 동의를 받아야 하고, 부모가 모두 동의권을 행사할 수 없을 때에는 미성년후견인의 동의를 받아야 한다(민법 제808조 제1항). 피성년후견인은 부모나 성년후견인의 동의를 받아 혼인할 수 있다(민법 제808조 제2항).

혼인한 미성년자를 계속 행위무능력자로 취급하면 그들에게 여러 가지로 불편을 줄 뿐만 아니라 복잡한 법률문제가 발생할 수도 있어서 우리 민법은 혼인하면 성년으로 보는 성년의제제도를 채택하였다. 따라서 혼인을 한 미성년자는 부모의 친권에서 벗어나서 완전한 행위능력자로 되고 법정대리인의 동의를 받지 않고 스스로 법률행위를 할 수 있다. 다만, 공법상으로도 성년으로 의제되는 것은 아니라는 점을 주의하여야 한다.

(5) 대리행위

미성년자의 행위능력의 제한은 제한능력자 본인의 보호를 위한 것이므로 타인의 대리인으로서 법률행위를 하는 데는 제한능력자로서 그 행위능력이 제한되지 않는다(민법 제117조). 즉, 미성년자가 타인의 대리인으로서 하는 대리행위는 언제나 단독으로 유효하게 할 수 있다.

(5) 유언행위

만 17세에 달한 미성년자는 단독으로 유효한 유언을 할 수 있다(민법 제1061조).

(6) 법정대리인의 허락을 얻어 회사의 무한책임사원이 된 미성년자가 그 사원자격에 기하여 행하는 행위(상법 제7조)

(7) 근로계약과 임금의 청구

친권자나 후견인은 미성년자의 근로계약을 대리할 수 없다(근로기준법 제67조 제1항). 미성년자의 근로계약은 법정대리인의 동의를 얻어서 미성년자가 스스로 체결하여야 한다. 친권자, 후견인 또는 고용노동부장관은 근로계약이 미성년자에게 불리하다고 인정하는 경우에는 이를 해지할 수 있다(근로기준법 제67조 제2항). 사용자는 18세 미만인 자와 근로계약을 체결하는 경우에는 근로기준법 제17조에 따른 근로조건을 서면으로 명시하여 교부하여야 한다(근로기준법 제67조 제3항).

미성년자는 독자적으로 임금을 청구할 수 있다(근로기준법 제68조).

나. 성년후견제도의 입법

우리 민법은 법적 행위능력을 획일적이고 과도하게 제약하는 기존의 금치산·한정치산제도 대신 본인의 의사와 현존능력을 최대한 존중할 수 있는 탄력적 후견제도로 성년후견, 한정후견, 특정후견, 후견계약을 2011. 3. 7. 개정하여 2013. 7. 1.부터 시행하고 있다.

1968년 프랑스, 1992년 독일, 1999년 일본에서 유사 제도를 도입하였으며, 프랑스, 독일에서는 국민의 약 1퍼센트가 이용할 수 있는 제도로 발전하였다.

(1) 금치산제도 대신 성년후견제도로의 개선

금치산제도를 성년후견제도로 대체하여 일용품 구입 등 일상 행위나 가정법원에서 정한 법률행위를 독자적으로 할 수 있도록 하였다. 현행 금치산자의 경우에는 후견인의 대리 없는 모든 법률행위에 대하여 취소가 가능하다.

> **사례 2** 여섯 살 정도의 지능을 가진 성인 乙이 (구)금치산선고를 받은 경우에는 가게에서 간식을 구입하는 간단한 행위도 혼자 할 수 없었으나, 성년후견을 받을 경우 일용품 구입 등 일상 행위는 독자적으로 가능하다.

(2) 한정치산제도 대신 한정후견제도로의 개선

한정치산제도를 한정후견제도로 대체하여 원칙적으로 온전한 행위능력을 인정하되, 거액의 금전 차용이나 보증 등 가정법원이 정한 중요 법률행위에 대해서만 예외적으로 후견인의 동의를 받도록 하였다. 현행 한정치산자의 경우에는 원칙적으로 모든 법률행위에 후견인의 동의가 필요하였다.

> **사례 3** 중학생 정도의 지능을 가진 성인 丙이 (구)한정치산선고를 받은 경우에는 아파트 관리비 납부 등 어렵지 않은 행위도 혼자 할 수 없었으나, 한정후견을 받을 경우 가정법원이 후견인의 동의를 받도록 특별히 정하지 않는 한 독자적으로 가능하다.

(3) 후견인의 자격 확대

복수의 후견인과 법인후견인의 선임도 가능하도록 하여 후견의 내실화, 전문화를 지향하고 있다. 현행 후견제도는 자연인 1인만이 후견인이 될 수 있고, 그 순위도 배우자, 직계혈족 등으로 법정(法定)하여 두었다.

> **사례 4** 배우자와 별거 중으로 재산 다툼이 있을 수 있는 정신장애인 戊가 (구)금치산·한정치산선고를 받은 경우에는 본인의 의사와 무관하게 배우자가 후견인으로 선임되었으나, 새로운 후견제도에서 성년후견이나 한정후견을 받을 경우에는 전문성과 공정성을 갖춘 후견인의 선임이 가능하다.

(4) 후견계약의 신설

장래의 정신능력 악화에 대비하여 본인이 직접 후견인과 후견의 내용을 정할 수 있는 후견계약제도를 신설하였다. 이를 남용하지 못하도록 하기 위하여 임의후견감독인 선임을 후견 개시 요건으로 규정하였다. 고령화, 핵가족화가 심화됨에 따라 온 국민이 노후를 대비할 수 있는 보호장치로 활용이 가능하게 되었다.

> **사례 5** 치매 초기 진단을 받은 65세 노교수 丁은 치매 악화에 대비하여 후견계약을 통해 사전에 자신이 믿는 제자 A를 후견인으로 지정하고 후견의 내용도 직접 정할 수 있다.
> ※ 치매가 악화되면 A가 가정법원에 이 사실을 알리고 법원이 임의후견감독인을 선임하면 후견이 개시된다.

(5) 기타

재산적 법률행위뿐만 아니라 치료, 요양 등 복리에 관한 사항도 후견 대상에 포함(격리 치료 등 본인의 신체, 사생활에 중대한 침해를 수반하는 경우 가정법원의 허가를 받도록 하여 후견인의 권한 남용 방지)하였다. 유명무실한 후견감독기관으로 비판받던 친족회는 폐지하고, 후견인을 실질적으로 감독할 수 있는 후견감독인제도를 신설하였다.

이러한 민법의 개정은 고령화사회, 복지국가에 부합하는 새로운 후견제도를 도입함으로써 장애인, 고령자 등 사회적 약자에 대한 배려를 강화하여 '함께 하는 사회'를 구현하고, 장애인의 인권과 법적 능력을 보장하는 유엔 장애인권리협약(2009년 국내 발효)과 조화될 수 있는 선진 후견제도를 도입함으로써 국격 향상에도 기여하게 될 것이라고 본다.

신구 후견제도의 비교는 〈표 1〉에서 보는 것처럼 여러 가지 면에서 차이가 있음을 보여주고 있다.

〈표 1〉 신구(新舊) 후견제도의 비교

구분	과거 후견제도	새로운 후견제도
용어	금치산, 한정치산 등 부정적 용어 사용	부정적 용어 폐지
대상	중증 정신질환자에 국한	치매노인 등 고령자까지 확대
보호범위	재산행위	의료, 요양 등 복리영역까지 확대
독자적 행위권	○ 금치산자 　－ 독자적인 법률행위 불가 ○ 한정치산자 　－ 모든 법률행위에 후견인의 동의 필요(수익적 법률행위 제외)	○ 피성년후견인 　－ 일용품 구입 등 일상행위 가능 ○ 피한정후견인 　－ 가정법원이 정한 행위에만 후견인 동의 필요
후견인 선임	일률적으로 순위 규정 (배우자→직계혈족→3촌 이내의 친족)	가정법원이 전문성, 공정성 등을 고려하여 선임
본인의사	반영절차 없음	후견심판시 본인의 의사 청취
감독기관	친족회(실질적인 활동 없었음)	가정법원이 선임한 후견감독인
자격	1인만 가능, 법인은 불가 (전문 후견인 양성 불가)	복수 또는 법인 후견인 가능 (전문 후견인 양성 가능)
후견계약	불가능 (법원이 후견인과 후견내용 결정)	가능 (본인이 후견인과 후견내용 결정)

다. 피성년후견인

(1) 정의

정신적 제약으로 사무를 처리할 능력이 지속적으로 결여된 사람에 대하여는 가정법원은 일정한 자의 청구에 의해 성년후견개시의 심판을 하는데(민법 제9조), 그 심판을 받은 자를 '피성년후견인'이라고 한다.

(2) 성년후견개시의 요건

제9조(성년후견개시의 심판) ① 가정법원은 질병, 장애, 노령, 그 밖의 사유로 인한 정신적 제약으로 사무를 처리할 능력이 지속적으로 결여된 사람에 대하여 본인, 배우자, 4촌 이내의 친족, 미성년후견인, 미성년후견감독인, 한정후견인, 한정후견감독인, 특정후견인, 특정후견감독인, 검사 또는 지방자치단체의 장의 청구에 의하여 성년후견개시의 심판을 한다.
② 가정법원은 성년후견개시의 심판을 할 때 본인의 의사를 고려하여야 한다.

성년후견의 원인은 질병, 장애, 노령, 그 밖의 사유로 인한 정신적 제약으로 사무를 처리할 능력이 지속적으로 결여된 경우이다. 정신적 제약이 아닌 신체적 장애만으로는 이에 해당하지 않는다. 가정법원이 성년후견개시의 심판을 하려면 본인, 배우자, 4촌 이내의 친족, 미성년후견인, 미성년후견감독인, 한정후견인, 한정후견감독인, 특정후견인, 특정후견감독인, 검사 또는 지방자치단체의 장의 청구가 있어야 한다. 가정법원이 직권으로 하지는 못한다. 가정법원은 성년후견개시의 심판을 할 때 본인의 의사를 고려하여야 한다.

(3) 피성년후견인의 능력

피성년후견인은 정신적 제약으로 정상적인 사무처리능력이 없어서 지속적으로 사무처리능력이 결여된 사람이므로 그가 한 법률행위는 원칙적으로 취소할 수 있다. 비록 성년후견인의 동의를 얻어서 한 법률행위도 피성년후견인 본인이나 성년후견인이 취소할 수 있다.

그러나 가정법원은 취소할 수 없는 피성년후견인의 법률행위의 범위를 정할 수 있다. 또한 가정법원은 본인, 배우자, 4촌 이내의 친족, 성년후견인, 성년후견감독인, 검사 또는 지방자치단체의 장의 청구에 의하여 그 범위를 변경할 수 있다. 일용품의 구입 등 일상생활에 필요하고 그 대가가 과도하지 아니한 법률행위는 피성년후견인이 단독으로 할 수 있으며, 성년후견인이 취소할 수 없다.

제10조(피성년후견인의 행위와 취소) ① 피성년후견인의 법률행위는 취소할 수 있다.
② 제1항에도 불구하고 가정법원은 취소할 수 없는 피성년후견인의 법률행위의 범위를 정할 수 있다.
③ 가정법원은 본인, 배우자, 4촌 이내의 친족, 성년후견인, 성년후견감독인, 검사 또는 지방자치단체의 장의 청구에 의하여 제2항의 범위를 변경할 수 있다.
④ 제1항에도 불구하고 일용품의 구입 등 일상생활에 필요하고 그 대가가 과도하지 아니한 법률행위는 성년후견인이 취소할 수 없다.

(4) 성년후견인

가정법원의 성년후견개시심판이 있는 경우에는 그 심판을 받은 사람의 성년후견인을 두어야 한다(민법 제929조). 성년후견인은 피성년후견인의 법정대리인이 된다(민법 제938조 제1항). 성년후견인은 피성년후견인의 법률행위에 대한 동의권을 갖지 않고 대리권과 취소권만을 가진다.

성년후견인은 가정법원이 직권으로 선임한다. 성년후견인은 여러 명을 둘 수 있고, 법인도 성년후견인이 될 수 있다(민법 제930조 제2항·제3항). 가정법원은 성년후견인이 사망, 결격, 그 밖의 사유로 없게 된 경우에도 직권으로 또는 피성년후견인, 친족, 이해관계인, 검사, 지방자치단체의 장의 청구에 의하여 성년후견인을 선임한다. 가정법원은 성년후견인이 선임된 경우에도 필요하다고 인정하면 직권으로 또는 청구권자나 성년후견인의 청구에 의하여 추가로 성년후견인을 선임할 수 있다.

가정법원은 필요하다고 인정하면 직권으로 또는 피성년후견인, 친족, 성년후견인, 검사, 지방자치단체의 장의 청구에 의하여 성년후견감독인을 선임할 수 있다(민법 제940조의4 제1항). 종전의 후견인 감독기관이었던 친족회를 삭제하고 성년후견감독인을 선임하는 것으로 변경하였다.

(5) 성년후견의 종료

성년후견개시의 원인이 소멸된 경우에는 가정법원은 본인, 배우자, 4촌 이내의 친족, 성년후견인, 성년후견감독인, 검사 또는 지방자치단체의 장의 청구에 의하여 성년후견종료의 심판을 한다.

다. 피한정후견인

(1) 정의

정신적 제약으로 사무를 처리할 능력이 부족한 사람에 대하여는 가정법원은 일정한 자의 청구에 의하여 한정후견개시의 심판을 하는데(민법 제12조), 그 심판을 받은 사람을 '피한정후견인'이라고 한다.

(2) 한정후견개시의 요건

제12조(한정후견개시의 심판) ① 가정법원은 질병, 장애, 노령, 그 밖의 사유로 인한 정신적 제약으로 사무를 처리할 능력이 부족한 사람에 대하여 본인, 배우자, 4촌 이내의 친족, 미성년후견인, 미성년후견감독인, 성년후견인, 성년후견감독인, 특정후견인, 특정후견감독인, 검사 또는 지방자치단체의 장의 청구에 의하여 한정후견개시의 심판을 한다.
② 한정후견개시의 경우에 제9조 제2항을 준용한다.

한정후견의 원인은 질병, 장애, 노령, 그 밖의 사유로 인한 정신적 제약으로 사무를 처리할 능력이 부족한 경우이다. 정신적 제약이 경미한 경우로서 그 능력이 지속적으로 결여된 성년후견과는 다르다. 가정법원이 한정후견개시의 심판을 하려면 본인, 배우자, 4촌 이내의 친족, 미성년후견인, 미성년후견감독인, 성년후견인, 성년후견감독인, 특정후견인, 특정후견감독인, 검사 또는 지방자치단체의 장의 청구가 있어야 한다. 가정법원이 직권으로 하지는 못한다. 가정법원은 한정후견개시의 심판을 할 때 본인의 의사를 고려하여야 한다.

(3) 피한정후견인의 능력

가정법원은 피한정후견인의 정신적 제약의 상태에 따라 한정후견인의 동의를 받아야 하는 행위의 범위(예컨대 부동산거래, 예금 거래 등)를 탄력적으로 정할 수 있다. 또한 가정법원은 본인, 배우자, 4촌 이내의 친족, 한정후견인, 한정후견감독인, 검사 또는 지방자치단체의 장의 청구에 의하여 한정후견인의 동의를 받아야만 할 수 있는 행위의 범위를 변경할 수 있다. 한정후견인의 동의를 필요로 하는 행위에 대하여 한정후견인이 피한정후견인의 이익이 침해될 염려가 있음에도 그 동의를 하지 아니하는 때에는 가정법원은 피한정후견인의 청구에 의하여 한정후견인의 동의를 갈음하는 허가를 할 수 있다. 한정후견인의 동의가 필요한 법률행위를 피한정후견인이 한정후견인의 동의 없이 하였을 때에는 그 법률행위를 취소할 수 있다. 다만, 일용품의 구입 등 일상생활에 필요하고 그 대가가 과도하지 아니한 법률행위에 대하여는 그러하지 아니하다.

> **제13조(피한정후견인의 행위와 동의)** ① 가정법원은 피한정후견인이 한정후견인의 동의를 받아야 하는 행위의 범위를 정할 수 있다.
> ② 가정법원은 본인, 배우자, 4촌 이내의 친족, 한정후견인, 한정후견감독인, 검사 또는 지방자치단체의 장의 청구에 의하여 제1항에 따른 한정후견인의 동의를 받아야만 할 수 있는 행위의 범위를 변경할 수 있다.
> ③ 한정후견인의 동의를 필요로 하는 행위에 대하여 한정후견인이 피한정후견인의 이익이 침해될 염려가 있음에도 그 동의를 하지 아니하는 때에는 가정법원은 피한정후견인의 청구에 의하여 한정후견인의 동의를 갈음하는 허가를 할 수 있다.
> ④ 한정후견인의 동의가 필요한 법률행위를 피한정후견인이 한정후견인의 동의 없이 하였을 때에는 그 법률행위를 취소할 수 있다. 다만, 일용품의 구입 등 일상생활에 필요하고 그 대가가 과도하지 아니한 법률행위에 대하여는 그러하지 아니하다.

(4) 한정후견인

가정법원의 한정후견개시의 심판이 있는 경우에는 그 심판을 받은 사람의 한정후견인을 두어야 한다(민법 제959조의2). 한정후견인은 동의가 필요한 행위에 대하여 동의권을, 피한정후견인의 동의 없이 한 행위에 대하여 취소권을 가진다. 또한 가정법원은 일정한 사무의 범위를 정하여 한정후견인에게 대리권을 수여할 수 있는데, 이 경우 한정후견인은 그 범위 내에서 피한정후견인의 법정대리인이 된다(민법 제959조의4).

가정법원은 필요하다고 인정하면 직권으로 또는 피한정후견인, 친족, 한정후견인, 검사, 지방자치단체의 장의 청구에 의하여 한정후견감독인을 선임할 수 있다(민법 제959조의5).

(5) 한정후견의 종료

한정후견개시의 원인이 소멸된 경우에는 가정법원은 본인, 배우자, 4촌 이내의 친족, 한정후견인, 한정후견감독인, 검사 또는 지방자치단체의 장의 청구에 의하여 한정후견종료의 심판을 한다.

다. 피특정후견인

(1) 정의

정신적 제약으로 일시적 후원 또는 특정한 사무에 관한 후원이 필요한 사람에 대하여는 가정법원은 일정한 자의 청구에 의하여 특정후견의 심판을 하는데(민법 제14조의2), 그 심판을 받은 사람을 '피특정후견인'이라고 한다.

(2) 특정후견의 심판

제14조의2(특정후견의 심판) ① 가정법원은 질병, 장애, 노령, 그 밖의 사유로 인한 정신적 제약으로 일시적 후원 또는 특정한 사무에 관한 후원이 필요한 사람에 대하여 본인, 배우자, 4촌 이내의 친족, 미성년후견인, 미성년후견감독인, 검사 또는 지방자치단체의 장의 청구에 의하여 특정후견의 심판을 한다.
② 특정후견은 본인의 의사에 반하여 할 수 없다.
③ 특정후견의 심판을 하는 경우에는 특정후견의 기간 또는 사무의 범위를 정하여야 한다.

특정후견의 경우에도 정신적 제약을 원인으로 하는 것이므로 성년후견이나 한정후견과는 본질적으로 다른 것은 아니다. 즉, 성년후견이나 한정후견의 요건을 충족하는 경우에도 특정후견의 제도를 이용할 수 있다.

가정법원은 질병, 장애, 노령, 그 밖의 사유로 인한 정신적 제약으로 일시적 후원 또는 특정한 사무에 관한 후원이 필요한 사람에 대하여 본인, 배우자, 4촌 이내의 친족, 미성년후견인, 미성년후견감독인, 검사 또는 지방자치단체의 장의 청구에 의하여 특정후견의 심판을 한다. 특정후견은 본인의 의사에 반하여 할 수 없다. 특정후견의 심판을 하는 경우에는 특정후견의 기간 또는 사무의 범위를 정하여야 한다(민법 제14조의2 제1조 내지 제3조).

(3) 피특정후견인의 능력

피특정후견인이 법률행위를 하는 데 동의를 얻어야 한다거나 그 법률행위를 취소할 수 있다고 규정하지 않은 점에 비추어 피특정후견인의 행위능력을 특별히 제한되지 않는 것으로 해석된다.

(4) 특정후견인

가정법원은 피특정후견인의 후원을 위하여 필요한 처분을 명할 수 있다(민법 제959조의8). 따라서 피특정후견인의 후원을 위하여 필요하다고 인정하면 가정법원은 기간이나 범위를 정하여 특정후견인에게 대리권을 수여하는 심판을 할 수 있다(민법 제959조의11). 가정법원은 특정후견인의 대리권 행사에 가정법원이나 특정후견감독인의 동의를 받도록 명할 수 있다. 이때 특정후견인은 그 한도에서 피특정후견인의 법정대리인이 된다.

가정법원은 필요하다고 인정하면 직권으로 또는 피특정후견인, 친족, 특정후견인, 검사, 지방자치단체의 장의 청구에 의하여 특정후견감독인을 선임할 수 있다(민법 제959조의10).

성년후견제도의 네 가지, 즉 성년후견, 한정후견, 특정후견, 임의후견의 요건과 효과 등에 대한 비교는 〈표 2〉에서 보는 것처럼 차이를 보여주고 있다.

〈표 2〉 성년후견제도의 종류

내용	성년후견	한정후견	특정후견	임의후견
개시사유	정신적 제약으로 사무처리능력의 지속적 결여	정신적 제약으로 사무처리능력의 부족	정신적 제약으로 일시적 후원 또는 특정사무 후원의 필요	정신적 제약으로 사무처리능력의 부족
후견개시 청구권자	본인, 배우자, 4촌 이내의 친족, 미성	본인, 배우자, 4촌 이내의 친족, 미성	본인, 배우자, 4촌 이내의 친족, 미성	본인, 배우자, 4촌 이내의 친족, 임의

	년후견인 미성년후견감독인 한정후견인 한정후견감독인 특정후견인 특정후견감독인 검사 또는 지방자치단체의 장	년후견인 미성년후견감독인 성년후견인 성년후견감독인 특정후견인 특정후견감독인 검사 또는 지방자치단체의 장	년후견인 미성년후견감독인 검사 또는 지방자치단체의 장	후견인 검사 또는 지방자치단체의 장 (※ 임의후견 개시 요건인 임의후견감독인 선임 청구권자)
본인의 행위능력	원칙적 행위능력상실자	원칙적 행위능력자	행위능력자	행위능력자
후견인의 권한	원칙적으로 포괄적인 대리권, 취소권	법원이 정한 범위 내에서 대리권, 동의권, 취소권	법원이 정한 범위 내에서 대리권	각 계약에서 정한 바에 따름

4. 제한능력자의 상대방 보호

가. 제한능력자의 상대방 보호의 필요성

제한능력자제도는 제한행위능력자를 보호하기 위한 것이므로 물론 난점도 지니고 있다. 즉, 어떤 사람이 제한능력자인지 아닌지를 판단하기란 쉬운 일이 아니다. 어떤 사람을 능력자로 믿고 매매계약을 체결하였는데 그 자가 제한능력자였던 경우에는 매매계약은 제한능력자 측에 의하여 취소당하게 되고 이와 매매계약을 체결한 상대방은 뜻하지 않은 손해를 입게 된다. 그래서 민법은 제한능력자와 거래한 상대방을 보호하기 위하여 몇 가지 방법을 강구하고 있다.

그렇지만 민법은 근본적으로는 제한능력자의 상대방의 이익보다는 제한능력자의 이익을 더 보호하는 입장에 서 있다. 따라서 제한능력자제도에 의하여 상대방의 이익과 나아가서는 사회의 거래안전이 침해될 위험이 있다. 민법은 이러한 위험을 알면서도 정신적 능력이 불완전한 제한능력자를 보호하기 위한 규정을 두고 있다.

나. 취소할 수 있는 법률행위 일반에 관한 규정

제한능력자의 법률행위는 취소할 수 있는 것이라고 하는 것은 위에서 본 바와 같다. 그런데 이 행위가 항상 취소할 수 있는 상태로 놓이게 되는 불확정 상태가 계속되는 것은 바람직하지 아니하다. 취소하면 소급효과가 있기 때문에 제한능력자와 거래한 상대방뿐만 아니라 그와 거래한 제3자도 불안한 지위에 놓이게 되어

거래안전을 위협한다. 그리하여 민법은 취소권의 단기소멸기간을 정하여 그 기간 안에 취소할 수 있는 자가 취소를 하지 아니하는 때에는 취소권이 소멸하도록 정하고 있고, 또 일정한 사유가 있는 때에는 추인이 있는 것으로 간주하는 제도를 두고 있다.

취소권의 단기소멸은 취소권은 추인할 수 있는 날로부터 3년 내에, 법률행위를 한 날로부터 10년 내에 행사하여야 한다(민법 제146조). 이 기간 내에 취소하지 않으면 취소할 수 없게 된다는 것이다.

법정추인제도는 취소할 수 있는 법률행위에 관하여 일정한 사유, 예를 들면 전부나 일부의 이행, 이행의 청구 등이 있으면 추인한 것으로 본다(민법 제145조). 즉, 추인이 있는 것으로 간주하여 그 행위를 확정적으로 유효하게 한다는 것이다.

취소권의 단기소멸과 법정추인제도는 취소할 수 있는 행위의 상대방에 대하여 일반적으로 인정되고 있는 제도이다. 그러나 취소권의 소멸기간은 비교적 장기간이고 법정추인제도는 예외적인 경우이어서 제한능력자의 상대방은 상당기간 동안 불확정한 상태에 놓이게 된다. 취소할 수 있는 행위의 상대방 중에서도 사기나 강박을 한 자(민법 제110조)는 그러한 불확정한 상태에 놓이더라도 할 수 없겠지만 제한능력자의 상대방에게도 이러한 불이익한 상태에 오랫동안 놓아두는 것은, 너무 희생을 강요하는 것이어서 제한능력자의 상대방을 보호하기 위하여 민법은 특별 규정을 두고 있다.

다. 상대방의 촉구권(민법 제15조)

촉구라 함은 일반적으로 어떤 자에 대하여 일정의 행위를 요구하는 것이다. 제한능력자의 상대방이 제한능력자 측에 대하여 문제의 행위를 취소할 것인지 여부의 확답을 물을 수 있다. 이에 대하여 제한능력자 측에서 취소나 추인의 의사표시를 하면 그에 따라 효과가 발생하지만 촉구의 통지를 받고도 확답을 하지 않으면 민법의 규정에 따라 추인 또는 취소의 일정한 효과가 발생하는 것으로 의제한다. 촉구는 의사의 통지이며, 형성권에 속한다.

제15조(제한능력자의 상대방의 확답을 촉구할 권리) ① 제한능력자의 상대방은 제한능력자
　　가 능력자가 된 후에 그에게 1개월 이상의 기간을 정하여 그 취소할 수 있는 행위를
　　추인할 것인지 여부의 확답을 촉구할 수 있다. 능력자로 된 사람이 그 기간 내에 확답
　　을 발송하지 아니하면 그 행위를 추인한 것으로 본다.
② 제한능력자가 아직 능력자가 되지 못한 경우에는 그의 법정대리인에게 제1항의 촉구를
　　할 수 있고, 법정대리인이 그 정하여진 기간 내에 확답을 발송하지 아니한 경우에는 그
　　행위를 추인한 것으로 본다.
③ 특별한 절차가 필요한 행위는 그 정하여진 기간 내에 그 절차를 밟은 확답을 발송하지
　　아니하면 취소한 것으로 본다.

(1) 촉구의 요건

　상대방이 촉구권을 행사하려면 문제의 취소할 수 있는 행위를 지적하여, 1개월
이상의 유예기간을 정하여, 추인할 것인지의 여부의 확답을 촉구하여야 하는 것이다.

(2) 촉구의 상대방

　제한능력자는 능력자가 된 후에만 촉구의 상대방이 될 수 있고, 아직 제한능력
자인 동안에는 그의 법정대리인이 그 상대방이다. 촉구를 받은 자가 유예기간 내
에 확답을 하면 각각 그에 따른 효과가 생긴다. 이것은 추인 또는 취소의 의사표
시의 효과이다.

(3) 촉구의 효과

　촉구를 받은 자가 유예기간 내에 확답을 발하지 않는 경우에 법률의 규정에
의하여 생긴다. 따라서 이를 준법률행위(準法律行爲)의 일종인 「의사의 통지」라고
한다. 그 내용은 다음과 같다. 즉,

　(가) 제한능력자가 능력자로 된 후에 촉구를 받고 유예기간 내에 확답을 발하
지 않으면 그 행위를 추인한 것으로 본다(민법 제15조 제1항).

　(나) 미성년자의 법정대리인에게 촉구하는 경우처럼 촉구를 받았으나 그 기간 내
에 확답을 발하지 아니한 때에는 그 행위를 추인한 것으로 본다(민법 제15조 제2항).

　(다) 그러나 제한능력자의 법정대리인으로서 후견인이 일정한 행위에 대하여는
단독으로 추인여부를 통지하지 못한다. 즉 '영업, 금전차용, 의무부담, 부동산 또
는 중요한 재산에 관한 권리의 변동, 소송행위, 상속의 포기 및 상속재산의 분할

협의' 등에 대하여 동의를 할 때에는 후견감독인이 있으면 그의 동의를 받아야 한다(민법 제950조 제1항). 이처럼 후견감독인의 동의가 필요한 법률행위를 후견인이 후견감독인의 동의 없이 하였을 때에는 피후견인 또는 후견감독인이 그 행위를 취소할 수 있다. 따라서 위와 같은 행위와 관련하여 상대방이 제한능력자의 후견인에게 촉구를 한 경우에도 후견인은 단독으로 추인할 수 없고 후견감독인의 동의를 얻어서 하여야 하는 '특별한 절차'가 필요하다. 따라서 후견인에게 촉구한 경우에는 그는 단독으로 추인할 수 없고, 오히려 단독으로 취소할 수 있는 지위에 있기 때문에 '특별한 절차'가 필요한 행위는 그 정하여진 기간 내에 그 절차를 밟은 확답을 발송하지 아니하면 취소한 것으로 본다(민법 제15조 제3항).

라. 상대방의 철회권과 거절권(민법 제16조)

철회권과 거절권은 제한능력자와 거래한 상대방이 그 법률행위의 효력발생을 원하지 않는 경우에, 상대방이 스스로 그 행위의 효력발생을 부인하여 그 구속으로부터 벗어날 수 있는 제도이다.

> 제16조(제한능력자의 상대방의 철회권과 거절권) ① 제한능력자가 맺은 계약은 추인이 있을 때까지 상대방이 그 의사표시를 철회할 수 있다. 다만, 상대방이 계약 당시에 제한능력자임을 알았을 경우에는 그러하지 아니하다.
> ② 제한능력자의 단독행위는 추인이 있을 때까지 상대방이 거절할 수 있다.
> ③ 제1항의 철회나 제2항의 거절의 의사표시는 제한능력자에게도 할 수 있다.

(1) 철회권

제한능력자와 체결한 계약은 제한능력자 측에서 추인을 하기 이전에는 상대방이 그 의사표시를 철회할 수 있다(민법 제16조 제1항). 그러나 상대방이 계약 당시에 제한능력자임을 알았을 때에는 철회권은 인정되지 아니한다(민법 제16조 제1항 단서). 상대방을 보호할 필요가 없기 때문이다.

(2) 거절권

제한능력자의 단독행위도 역시 제한능력자 측에서 추인이 있기 이전에는 상대방이 거절할 수 있다(민법 제16조 제2항). 제한능력자의 단독행위는 그 성질상 상대방 있는 단독행위로 채무면제(민법 제506조), 상계(민법 제493조) 등을 가리키는 것이다.

그런데 이 거절권에 관하여는 제한능력자의 상대방이 의사표시를 수령할 때에 표의자가 제한능력자임을 알고 있었더라도 행사할 수 있느냐의 문제가 있다. 이 점에 관하여는 민법에 명문의 규정이 없어서 학설이 나누어져 있으나, 이 경우에는 제한능력자의 의사표시만 있으므로 제한능력자의 상대방이 의사표시를 수령할 때 제한능력자임을 알고 있었더라도 거절권을 행사할 수 있다고 해석하는 것이 타당하다.

마. 제한능력자의 속임수(민법 제17조)

제한능력자가 속임수로써 자기를 능력자로 믿게 하거나(민법 제17조 제1항) 또는 미성년자나 피한정후견인이 속임수로써 법정대리인의 동의가 있는 것으로 믿게 하였어야 한다(민법 제17조 제2항). 미성년자나 피한정후견인이 법정대리인의 동의서를 위조하여 상대방에게 제시하는 것이 그 좋은 예이다.

> **제15조(제한능력자의 속임수)** ① 제한능력자가 속임수로써 자기를 능력자로 믿게 한 경우에는 그 행위를 취소할 수 없다.
> ② 미성년자나 피한정후견인이 속임수로써 법정대리인의 동의가 있는 것으로 믿게 한 경우에도 제1항과 같다.

제한능력자가 자기를 능력자로 믿게 하기 위하여 또는 미성년자나 피한정후견인이 속임수로써 법정대리인의 동의가 있는 것으로 믿게 하기 위하여 속임수를 썼어야 한다. 무엇이 속임수이냐에 관하여 판례는 '적극적인 기망수단'이 속임수라고 하고 "단순히 자기가 능력자라고 칭한 것만으로는 속임수를 쓴 것이라 할 수 없다."고 하고 있으나, 학설은 적극성은 필요하지 않다고 하는 것이 통설적 견해이며, 이에 따르면 동의서를 위조하는 경우는 물론이고 자기가 단순히 능력자라고 칭하는 것도 경우에 따라서는 속임수가 될 수 있는 것으로 된다.

제한능력자와 그의 법정대리인은 제한능력자임을 이유로 그 법률행위를 취소하지 못한다. 즉, 제한능력자의 취소권은 박탈된다.

Ⅱ. 권리의 객체

권리의 객체는 권리의 목적이 성립하기 위하여 필요한 일정한 대상을 말한다. 물권은 물건을 배타적·직접 지배하는 것이 목적이므로 물건이 그 대상이 된다. 채권은 특정인으로부터 일정한 행위를 요구하는 것이므로 특정인의 행위가 대상이 된다. 특정인의 행위를 급부라고 한다. 친족권의 대상은 일정한 친족관계에 서는 사람의 지위이며, 상속권의 대상은 상속재산이다. 인격권은 권리주체 자신이 동시에 권리객체가 되는 특징이 있다.

앞에서도 본 바와 같이 권리의 객체에는 여러 가지가 있으나 그중에서 물권의 객체인 물건이 가장 중요한 것이라고 할 수 있다. 그래서 민법은 그 총칙에서 물건에 관하여 규정하고 있다. 또한 물건의 분류로서 부동산과 동산, 주물과 종물, 원물과 과실로 나누어 규정하고 있다.

민법 제98조는 "본법에서 물건이라 함은 유체물 및 전기 기타 관리할 수 있는 자연력을 말한다."고 규정하고 있다. 민법상 물건이라고 할 수 있기 위해서는 다음과 같은 네 가지 요건을 갖추어야 한다.

가. 유체물 또는 무체물

물건은 유체물 및 전기 기타 관리할 수 있는 자연력이어야 한다. 유체물이라 함은 공간의 일부를 차지하는 것, 즉, 액체, 기체, 고체 등을 의미하고 전기, 빛, 열과 같은 자연력도 무체물이지만, 인간이 관리할 수 있는 것이면 민법상 물건이다.

나. 외계의 일부(비인격성)

물건은 외계의 일부이어야 한다. 즉, 살아 있는 사람의 신체는 물건이 아니다. 사람을 물건으로 보는 것은 노예제도를 인정하는 것으로 된다. 따라서 인체에 부착된 의치, 의족, 의수 등은 물건이 아니다. 그러나 인체의 일부이더라도 생체로부터 분리된 모발, 혈액 등은 물건이다. 시체가 물건이라는 데에는 학설이 일치되어 있으나, 소유권의 객체가 되느냐에 관하여는 학설이 대립되고 있다. 물건성을 인정하여 소유권의 객체로 보는 견해도 사용수익처분의 대상이 될 수 없고, 오로지 매장제사의 대상이 될 뿐인 특수한 소유권설로 보는 것이 다수설이다.

다. 지배가능성

인간이 지배할 수 있는 것이어야 한다. 물건은 권리의 객체로서의 의미를 가지므로 사람이 지배할 수 없는 것은 민법상의 물건이 아니다. 예컨대 달이나 별, 바다와 같은 것은 민법상 물건이 아니다.

라. 독립성

물건은 권리의 객체가 되는 것이므로 독립한 존재이어야 한다. 특히 배타적 지배력이 인정되는 물권에서는 물건의 독립성이 강하게 요구된다(일물일권주의). 물건은 단일물과 합성물, 그리고 집합물로 구분된다. 단일한 일체를 이루면서 구성 부분의 개성이 없는 경우에는 단일물(책, 옷 등)이며, 구성 부분의 개성이 존재하는 경우에는 합성물(건물, 보석반지 등)이라고 한다. 집합물은 다수의 물건이 집합하여 경제적인 측면에서 단일한 가치를 가지고 거래상 일체화되어 있는 경우를 말한다(공장재단, 광업재단 등).

제5절 권리의 행사와 의무의 이행

1. 권리행사의 의의와 방법

권리의 행사라 함은 권리의 내용을 구체적으로 실현하는 것을 말한다. 따라서 권리에 대하여 주어진 법적 힘의 유형에 따라 이루어진다. 지배권에 속하는 권리(물권 등)인 경우에는 권리객체에 대한 직접적인 지배를 함으로써 권리가 행사된다. 그러나 지배권에 속한다고 하여 반드시 권리객체에 대한 지배만이 유일한 권리행사방법이 되는 것은 아니다. 지배권행사를 침해하는 특정인에 대하여 그 침해상태를 제거하고자 하는 청구권을 행사하는 방법이 있을 수도 있는 것이다. 대표적으로 물권적 청구권을 들 수 있다(민법 제213조, 제214조 참조).

청구권에 속하는 권리(채권 등)인 경우에는 상대방에 대하여 의무이행을 청구함으로써 권리가 행사된다. 형성권에 속하는 권리(취소권 또는 해제권 등)는 권리변동을 가져오는 내용의 일방적 의사표시를 함으로써 행사하며, 항변권에 속하는 권리(동시이행의 항변권, 한정승인의 항변권 등)는 상대방의 청구권행사에 대하여 항변사유를 주장함으로써 청구권의 작용을 저지함으로써 행사된다.

2. 권리행사의 자유와 한계

가. 권리행사의 자유

권리의 행사 여부는 권리자의 자유에 맡겨져 있다. 권리의 행사는 원칙적으로 행사할 의무가 있는 것은 아니다. 다만 친권과 같이 타인(미성년자나 피후견인)의 이익을 위하여 인정되는 권리에서는 권리를 행사하여야 할 의무가 있는 경우는 예외적이다.

나. 권리행사의 한계

권리의 행사라 함은 권리자가 권리의 내용인 이익을 누리는 것이며, 의무의 이행이라 함은 의무자가 의무의 내용을 실현하는 것을 말한다. 권리의 행사와 의무의 이행은 신의에 좇아 성실히 하여야 하며, 권리의 남용은 금지된다(민법 제2조).

아무리 자기의 권리를 행사한다고 할지라도 그 권리를 신의에 좇아서 성실히 하지 않으면, 권리의 남용으로 되어 정당한 권리행사로 볼 수 없게 된다. 따라서 권리의 행사에 관한 '신의성실의 원칙'과 '권리남용 금지의 원칙'은 동전의 앞뒷면과 같다고 할 수 있으며, 민법전체를 통한 추상적 규범인 '일반조항'이다. 그러므로 두 원칙의 적용범위는 재산법 분야 뿐만 아니라 가족법 분야까지도 확대되는 것이나, 신의성실 원칙의 실효성이 가장 큰 분야는 채권법 분야이다. 채권법 분야는 사적자치가 허용되는 범위가 넓고, 그 법규가 임의규정이 많기 때문에 부득이한 경우에는 공적인 간섭이 가해지기도 하며, '권리의 남용'이 문제가 되는 경우가 많다.

3. 신의성실의 원칙

가. 의의

신의성실의 원칙은 권리자와 의무자가 사회공동생활의 일원으로서 서로 상대방의 신뢰를 헛되이 하지 않도록 신의를 가지고 행동하여야 한다는 원칙이다. 민법 제2조 제1항은 "권리의 행사와 의무의 이행은 신의에 좇아 성실히 하여야 한다."고 규정하고 있다. 권리자의 권리행사가 신의성실의 원칙에 반할 때에는 정당한 권리행사로 볼 수 없고, 의무자의 의무이행이 신의성실의 원칙에 반할 때에는 의무를 이행한 것이 아니기 때문에 의무불이행의 책임을 지게 된다.

신의성실의 원칙의 내용은 구체적으로 법관의 재량에 맡겨져 있다. 권리행사에 관한 일반원칙으로서 신의성실의 원칙을 규정하는 민법 제2조는 사법관계에서의 추상적인 '일반조항'이며, 그 실효성이 가장 큰 분야는 계약을 다루는 채권법 분야이다.

나. 신의성실의 원칙의 파생원칙

(1) 사정변경(事情變更)의 원칙

계약체결 당시의 사회적 사정이 변경되면, 계약은 그 구속력을 잃는다고 하는 원칙이다. 법률행위의 기초가 되는 사정이 당사자가 예견할 수 없었던 사정에 의하여 현저히 변경된 결과, 당초에 정하여진 계약의 효과를 그대로 유지·강제하는 것이 신의공평에 반하는 부당한 결과를 발생시키는 경우에는, 이 원칙이 적용되어 계약의 법률효과를 새로운 사정에 적합하도록 변경하거나 또는 부정하여야 한다는 것이다. 우리 민법에는 이 원칙에 기한 규정이 개별적으로 산재하고 있다. 예를 들면 차임증감청구권(제628조)이나 지료증감청구권(제286조)이 그것이다. 다만 이 원칙을 직접 규정하는 일반규정은 우리 민법에는 없고 특히 이 원칙에 기한 계약의 해제권의 발생은 인정하지 않는다. 그러나 판례는 계속적 보증에서 "…보증계약 후 당초 예기하지 못한 사정변경이 생겨 보증인에게 계속하여 보증책임을 지우는 것이 당사자의 의사해석 내지 신의칙에 비추어 상당하지 못하다고 인정되는 경우에는 특별한 사정이 없는 한 보증인의 일방적인 보증계약 해지의 의사표시에 의하여 보증계약을 해지할 수 있다."고 하면서 계약해지권을 인정하고 있다(대판 1996. 12. 10. 96다27858).

(2) 실효(失效)의 원칙

권리자가 오랫동안 권리를 행사하지 않는 경우에는 그 권리의 효력이 없어진다는 원칙이다. 즉, 권리자가 그의 권리를 오랫동안 행사하지 않았기 때문에 상대방이 이제는 그 권리를 행사하지 않을 것으로 믿을 만한 정당한 사유가 있게 된 경우에, 새삼스럽게 그 권리를 행사하는 것이 신의칙에 반한다고 인정되는 때에는, 상대방은 그 권리가 실효하였다는 항변을 할 수 있다는 것이다.

판례에서는 이 원칙의 적용에 관하여 신중한 태도를 보이면서 실효의 원칙의 적용을 부정한 사례도 많다. 예를 들면, 피상속인이 사망할 때까지 비록 17년 동안 장기간에 걸쳐 공동상속인 중 1인 명의로 원인 없이 경료된 소유권이전등기의 말소청구권을 다른 상속인들이 행사하지 않은 것은 사실이지만, 그 의무자 측의 입장에서 권리자가 그 권리를 행사하지 않으리라고 신뢰할만한 정당한 기대를 갖게 되었다고 볼 수 있는 특단의 사정을 찾아보기 어렵다 하여 실효의 원칙의 적용을 부정한 사례(대판 1995. 2. 10. 94다31624)와 기타 유사한 판례(대판 1996. 7. 30. 94다51840; 대판 1994. 6. 28. 93다26212; 대판 1992. 2. 28. 91다28221)가 그 예들이다.

권리자가 상당한 기간 동안 권리를 행사하지 않았다고 하여 권리를 빼앗는 실효의 원칙의 적용은 상대방이 이제는 그 권리가 행사되지 아니할 것으로 믿을 만한 정당한 사유가 있는 경우라는 엄격한 기준하에서 신중하게 적용하여야 할 것이다. 다만, 사용자와 근로자 사이의 고용관계의 존부를 둘러싼 노동분쟁에 있어서는 실효의 원칙이 적극적으로 적용되어야 할 필요성이 있다고 하고, 근로사가 의원면직된 때로부터 12년, 그 의원면직처분이 무효임을 안 때로부터 2년 4개월 후에 제기한 근로자 지위확인의 소는 근로분쟁의 신속한 해결이라는 요청과 신의성실의 원칙 및 실효의 원칙에 비추어 허용될 수 없는 것이라고 본 판례가 있다(대판 1992. 1. 21. 91다30118).

또 징계해고 후 6일 만에 다른 회사에 입사하였고 다른 회사에서의 보수도 해고된 회사보다 현저하게 낮다고 볼 수 없고, 또 복직의사가 없을 뿐만 아니라 복직이 현실적으로 어려운 상태에서 징계해고 후 9개월이 넘어 해고 무효의 소를 제기하는 것은 신의성실의 원칙 내지는 실효의 원칙에 비추어 허용될 수 없다고 한 판례(대판 1993. 4. 13. 92다49171; 대판 1996. 11. 26. 95다49004)도 있다.

고용관계의 존부를 둘러싼 노동분쟁에 적극적으로 적용되던 실효의 원칙이 그 후에는 매매계약의 해제권의 행사에도 적용되어 1년 4개월 전에 발생한 해제권을 장기간 행사하지 않은 경우에 이를 새삼스럽게 행사하는 것이 법질서 전체를 지배하는 신의성실의 원칙에 위반하는 것으로 인정되는 결과가 될 때에는 이른바 실효의 원칙에 따라 그 해제권의 행사가 허용되지 않는다고 보아야 할 것이라는 판결(대판 1994. 11. 25. 94다12234)은 실효의 원칙의 적용범위를 점점 넓혀가고 있다고 볼 수 있다.

(3) 모순행위금지의 원칙(금반언의 원칙)

권리자의 권리행사가 그의 종전의 행동과 모순되는 경우에 그러한 권리행사는 허용되지 않는다. 예를 들면, 요식행위의 경우에 방식을 갖추는 데 협력하지 않는 자는 나중에 방식의 결여를 주장할 수는 없는 것이다. 판례는 권리자의 모순되는 행태와 상대방의 보호받을 가치가 있는 신뢰에 덧붙여 권리행사가 정의관념에 반하여야 한다는 점도 요구하기도 한다(대판 1991. 12. 10. 91다3802).

판 례

1. **강행법규에 위반한 자가 스스로 그 약정의 무효를 주장하는 것은 신의칙에 반함(대판 2004. 6. 11. 2003다1601)**
   강행법규에 위반한 자가 스스로 그 약정의 무효를 주장하는 것이 신의칙에 위반되는 권리의 행사라는 이유로 그 주장을 배척한다면, 이는 오히려 강행법규에 의하여 배제하려는 결과를 실현시키는 셈이 되어 입법 취지를 완전히 몰각하게 되므로 달리 특별한 사정이 없는 한 위와 같은 주장은 신의칙에 반하는 것이라고 할 수 없고, 한편 신의성실의 원칙에 위배된다는 이유로 그 권리의 행사를 부정하기 위해서는 상대방에게 신의를 공여하였다거나 객관적으로 보아 상대방이 신의를 가짐이 정당한 상태에 있어야 하며, 이러한 상대방의 신의에 반하여 권리를 행사하는 것이 정의관념에 비추어 용인될 수 없는 정도의 상태에 이르러야 한다.

2. **신의성실의 원칙을 적용함에 있어서 고려하여야 할 사정(대판 1989. 5. 9. 87다카2407)**
   본 법상 신의성실의 원칙은 법률관계의 당사자는 상대방의 이익을 배려하여 형평에 어긋나거나 신뢰를 저버리는 내용 또는 방법으로 권리를 행사하거나 의무를 이행하여서는 안된다는 추상적 규범을 말하는 것인 바, 이를 구체적인 법률관계에 적용함에 있어서는 상대방의 이익의 내용, 행사하거나 이행하려는 권리 또는 의무와 상대방 이익과의 상관관계 및 상대방의 신뢰의 타당성 등 모든 구체적인 사정을 고려하여 그 적용 여부를 결정하여야 한다고 하고 있다.

---

4. 권리남용금지의 원칙

가. 의의

권리남용이라 함은 외형적으로는 권리의 행사인 것처럼 보이지만, 실질적으로 보면 신의성실의 원칙과 권리의 사회성에 반하고, 따라서 정당한 권리의 행사로 인정될 수 없는 것을 말한다. 권리남용으로 타인에게 손해를 입혔을 때에는 권리자는 손해배상책임을 진다.

개인주의 법사상하에서는 로마법 이래 "자기의 권리를 행사하는 자는 누구에 대하여서도 불법을 행하는 것이 아니다."라는 법언에서 보는 바와 같이 권리행사의 자유가 인정되었다. 그리하여 "권리의 행사는 타인에게 손해를 가할 목적(시카아네)만을 가지고 행하여졌을 경우에는 허용될 수 없다."는 이론이 등장하였다(독일). 그러나 현재는 '타인을 해할 의사(가해의사, 시카아네)'라는 주관적 요소는 권리남용을 인정하는 데 있어서 꼭 요구되는 것은 아니다.

그러나 판례에서는 근대민법의 기본원리의 하나인 '소유권절대의 원칙'을 존중하여 소유권을 제한하는 권리행사의 금지를 인정하는 데 엄격하다. 권리남용금지의 법리는 객관적으로 그 권리의 행사가 사회질서에 위반된다고 볼 수 있는 것이어야 한다.

나. 권리남용금지의 원칙의 의의와 기능

권리행사에 있어서 당사자가 계약 등 권리의무관계에 있는 경우에는 권리의 행사와 의무의 이행이라는 양면에 적용되는 신의성실의 원칙에 의하여 권리남용여부를 판단하여야 할 것이고, 소유권 등 오직 권리자의 권리의 행사에 관한 문제는 권리남용의 문제로 판단하는 것이 타당할 것이다. 그러나 판례는 권리의 행사에 관하여 두 원칙을 구별하여 적용하지 않는 것으로 보인다.

권리남용금지의 원칙은 권리의 행사에 관련하여 타인의 법익과 충돌되는 것을 구체적 형평의 시각에서 조정하고자 하는 원칙이다. 그러므로 권리자가 불성실하게 권리를 행사하지 않는 것은 앞서 언급한 실효의 원칙으로 접근하는 것이 타당할 것이다.

다. 권리남용의 판단기준

권리의 행사가 권리남용에 해당되는가의 판단기준에서 권리를 행사하는 자의 주관적 의사(가해의 목적)를 중요시할 것인가, 아니면 행사된 권리의 사회적 기능면에서 평가되는 보호가치가 있는 이익(권리의 행사에 의하여 발생되는 권리자의 이익과 상대방 또는 사회에 미치는 불이익의 비교형량)을 중요시할 것인가.

"권리의 행사는 불법이 될 수 없다."는 근대법적 시각에서 권리의 절대성을 강조하면 권리의 행사는 위법이 될 수 없고 권리의 행사로 인하여 타인에게 손해를 입히는 것도 비난해야 할 이유는 아니라는 것이 된다. 그렇다면 권리의 행사에 특별한 이익이 없고 상대방에게 손해를 주기 위해서만 권리를 행사하는 경우(가해의 목적만을 가지고 권리를 행사하는 경우)만이 윤리적 견지에서 권리남용이라고 할 것이다. 권리남용에 대한 초기의 입법태도(독일민법 제226조)도 '시카아네(Schikane)의 금지'라고 하여 타인을 해할 목적으로만 권리를 행사하는 경우에는 그 권리행사를 허용하지 않았다.

그러나 스위스민법(제2조 제2항), 일본민법(제1조 제3항)에 따른 우리 민법(제2조 제2항)은 타인을 해할 목적에 대한 주관적 요건을 규정하지 않고 있다. 주관적 요건을 규정하지 않은 입법취지로 볼 때에 '권리남용금지의 원칙'은 권리의 행사와 관련하여 발생되는 타인의 법익과의 충돌을 구체적 형평의 견지에서 조정하려는 것이라고 이해된다. 그리고 행사된 권리의 사회적 기능을 평가하는 것이라면 보호가치의 존재 여부를 주관적 기준보다 객관적인 기준을 중시하여 판단하는 것이 타당하다는 점이다.

판례는 일관된 모습을 보여주지 못하고 있다. 경우에 따라 가해의 목적이 권리남용인정여부에 고려되기도 하고 무시되기도 한다. 예를 들면, 대법원 판례가 "권리행사가 권리남용에 해당한다고 할 수 있으려면, 주관적으로 그 권리행사의 목적이 오직 상대방에게 고통을 주고 손해를 입히려는 데 있을 뿐 행사하는 사람에게 아무런 이익이 없는 경우이어야 하고, 객관적으로는 그 권리행사가 사회질서에 위반된다고 볼 수 있어야 하는 것이며, 이와 같은 경우에 해당하지 않는 한 비록 그 권리의 행사에 의하여 권리행사자가 얻는 이익보다 상대방이 잃을 손해가 현저히 크다 하여도 그러한 사정만으로는 이를 권리남용이라 할 수 없고, 어느 권리행사가 권리남용이 되는가의 여부는 각 개별적이고 구체적인 사안에 따라 판단되어야 한다."(대판 2003. 2. 14. 2002다62319, 62326)라는 것은 객관적 요소와 함께 주관적 요소를 고려하는 시각을 보여주고 있다.

라. 권리남용금지의 원칙의 적용

권리의 행사가 남용이 된 경우에는 권리행사에 따른 효과가 인정되지 않는다. 타인의 침해를 배제하는 주장이 권리남용인 경우에는 배제청구가 부인된다. 형성권의 행사가 권리남용으로 인정된 경우에는 형성권의 행사효과가 발생하지 않는다. 예를 들면, 해제권의 행사가 권리남용이 되면 해제의 효과는 발생하지 않게 된다.

권리의 남용으로 상대방의 권리를 침해하였으면 방해제거의무가 발생한다. 또한 권리남용으로 인하여 상대방에게 손해를 발생시킨 때에는 불법행위가 성립되어 손해배상책임도 발생될 수 있을 것이다.

권리의 남용이 인정된다고 하더라도 남용된 권리 자체가 소멸하는 것은 아니다. 남용된 권리행사의 효력이 인정되지 아니할 뿐이다. 다만, 예외적으로 친권상실선고(제924조)와 같이 특별규정이 있는 때에는 그 절차에 따라 권리 자체의 소멸을 가져올 수도 있다.

판 례

1. 채권자가 연대보증인 중 1인에 대한 소송에서 그 변론종결 전에 보증채무액의 일부를 변제받고도 전부의 지급을 명하는 판결을 받고 그 후 나머지 채무도 변제되었으나, 확정판결을 받아 두었음을 기화로 그 판결에 기한 강제집행을 신청한 경우에 이를 권리남용에 해당한다(대판 1997. 9. 12. 96다4862).

2. 호주로 이민간 딸이 자기 소유의 건물을 권원 없이 점유하고 있는 아버지와 남동생을 상대로 건물명도 및 퇴거를 청구하는 행위가 권리남용에 해당한다고 하였다. 즉, 외국에 이민을 가 있어 주택에 입주하지 않으면 안 될 급박한 사정이 없는 딸이 고령과 지병으로 고통을 겪고 있는 상태에서 달리 마땅한 거처도 없는 아버지와 그를 부양하면서 동거하고 있는 남동생을 상대로 자기 소유의 주택의 명도 및 퇴거를 청구하는 행위가 인륜에 반하는 행위로서 권리남용에 해당한다(대판 1998. 6. 12. 96다52670).

3. 권리행사가 권리의 남용에 해당한다고 할 수 있으려면 주관적으로 그 권리행사의 목적이 오직 상대방에게 고통을 주고 손해를 입히려는데 있을 뿐 그 행사하는 사람에게 아무런 이익이 없을 경우이어야 하고 객관적으로는 그 권리행사가 사회질서에 위반한다고 볼 수 있어야 하는 것이며, 이와 같은 경우에 해당하지 않는 한 비록 그 권리의 행사에 의하여 권리행사자가 얻는 이익보다 상대방이 잃을 손해가 현저히 크다 하여도 그러한 사정만으로는 권리남용이라 할 수 없다(대판 1986. 7. 22. 85다카2307).

4. 신축 중인 건물 부지를 경락받은 자가 완공된 건물의 철거를 구하는 것이 권리남용에 해당하지 않는다(대판 2003. 2. 14. 2002다62319, 62326).

5. 건물추녀 6승이 침범되어 대지사용에 방해가 되는 이상 그 방해의 정도가 미소하더라도 그 방해제거를 구하는 청구가 권리남용이 된다 할 수 없다(대판 1969. 11. 25. 69다1622).

6. 원고 소유 대지 4평 5합 부분지상에 건립된 피고 소유 건물을 철거하고 그 대지 부분을 원고에 인도시킴으로써 원고가 얻는 이익보다 피고가 입는 손해가 크다고 하여도 이런 사정만으로는 원고의 위 대지 부분에 대한 권리행사를 권리남용이라고 볼 수 없다(대판 1972. 3. 28. 72다142).

제6절 권리·의무의 변동

1. 권리·의무의 변동

가. 권리변동의 의의

권리의 변동이란 권리의 발생·변경·소멸을 말하며, 권리주체의 입장에서는 권리를 취득·변경·상실하는 것을 말한다. 예컨대, A가 그 소유 토지를 B에게 매매계약을 통해서 토지소유권을 넘겨주었다면 A는 매매계약을 통해서 대금지급청구권을 취득하게 된다. B는 A에게 소유권이전청구권을 취득하고 이는 서로 대가적으로 연결된 권리이다. B가 대금을 지급하고 이전등기를 완료하였다면 B는 토지소유권이라는 물권을 취득하게 된다.

또한 甲이 사망하여 乙이 아들로서 상속하게 되었다면 乙은 甲이 가진 모든 권리와 의무를 승계하게 된다.

첫 번째 예는 당사자가 원해서 이루어지는 경우이며, 당사자의 의사표시에 의해 효과가 발생하게 된다. 두 번째 예는 당사자의 의사와는 상관없이 법률의 규정에 의하여 당연히 이루어지게 된다. 권리가 변동되는 것은 당사자의 의사와 법률의 규정이라는 두 가지 변동원인이 있다.

나. 권리변동의 모습

법률사실이 법률요건을 충족함으로 인하여 법률관계의 변동을 가져오게 된다. 법률관계의 변동은 권리·의무관계의 변동이지만 권리의 측면에서 보면 권리의 변동(권리의 발생, 변경, 소멸)을 의미한다.

(1) 권리의 발생
(가) 원시취득

원시취득이란 타인의 권리가 존재할 것을 전제로 하지 아니하고 권리가 최초로 취득되는 경우를 말한다. 예를 들면 무주물선점(제252조), 선의취득(제249조), 신축건물의 소유권취득, 인격권 또는 친권의 취득 등이 이에 해당한다.

(나) 승계취득

승계취득이란 타인의 권리가 존재할 것을 전제로 하여 권리를 취득하는 경우를 말한다. 승계취득은 이전적 승계와 설정적 승계가 있다. 이전적 승계는 타인의 권리를 이전받아 권리를 취득하는 형태로서 매매, 증여 등 타인의 특정한 권리를 이전받아 취득하는 특정승계와 상속, 합병 등 포괄적으로 타인의 권리를 승계하는 포괄승계가 있다.

설정적 승계는 타인의 권리에 기초하여 새로이 권리를 발생시켜서 취득하는 형태이다. 예를 들면 타인 소유의 부동산에 저당권 또는 전세권 등을 설정하여 취득하는 경우를 들 수 있다.

(2) 권리의 변경

권리의 변경에는 권리주체의 변경, 권리내용의 변경, 권리작용의 변경 등이 있다. 이는 권리의 동일성은 유지되면서 권리의 주체나 내용 또는 작용이 변경되는 것뿐이다.

(가) 권리주체의 변경

권리주체의 변경이란 권리의 주체가 증감 또는 변동하는 것으로서 권리주체의 수가 증가하거나(단독소유에서 일부지분을 양도하여 공동소유로 되는 경우) 감소하는 경우(공동소유에서 공유자의 지분을 인수하여 단독소유로 하는 경우) 또는 권리가 전부 타인에게 이전되는 경우 등이 있다. 그러나 권리주체의 변경은 결국 권리의 전부 또는 일부의 이전적 승계과정을 제3자적 입장에서 표현한 것에 불과하다.

(나) 권리내용의 변경

권리내용의 변경이란 권리의 이익내용이 증감 또는 변동된 것으로서 수량적으로 증가되거나 감소되는 경우(저당권의 피담보채권이 증액 또는 감액되는 경우), 권리내용이 질적으로 변경되는 경우(물건을 반환받아야 하나 훼손되어 손해배상을 받게 된 경우) 등이 있다. 질적 변경이 된 경우에도 권리의 동일성은 유지되는 것이며 그 권리에 기초하여 변경된 내용을 가지는 것이다.

(다) 권리작용의 변경

권리작용의 변경이란 권리의 효과(힘)가 변동된 것으로서 선순위저당권이 소멸되어 후순위저당권의 순위가 승진한다거나 주민등록의 이전으로 주택임차권에 대항력이 발생하는 경우 등이 있다.

(3) 권리의 소멸

권리의 소멸에는 절대적 소멸과 상대적 소멸이 있다. 권리의 절대적 소멸이란 목적물의 멸실 등 권리 자체가 종국적으로 소멸하는 것을 말한다. 권리의 상대적 소멸이란 권리가 타인에게 이전됨으로써 기존의 권리자로부터 소멸되는 것을 말한다. 상대적 소멸은 결국 이전적 승계가 된 경우에 이를 전 권리자의 입장에서 표현한 것이다.

2. 권리변동의 원인

가. 법률요건과 법률사실

법률요건이란 권리의 변동(발생, 변경, 소멸)을 일으킬 수 있는 요건을 말한다. 권리변동을 가져올 수 있도록 정한 법률요건은 다양한 유형이 있다. 예를 들면, 법률행위(계약), 부당이득, 사무관리, 불법행위, 상속 등을 들 수 있다.

법률요건은 하나 또는 여러 개의 사실로 인하여 충족된다. 예를 들면, 상속이라는 법률요건은 사망이라는 한 개의 사실로 충족되어 권리변동을 일으키며, 계약이라는 법률요건은 청약과 승낙이라는 두 개의 의사표시로 충족된다. 불법행위라는 법률요건은 불법행위사실이 있음으로 인하여 성립한다. 이러한 법률요건을 구성하는 각각의 사실을 법률사실이라고 한다.

나. 법률요건으로서 법률행위와 법률의 규정

사람의 생활관계에 있어서 법률관계는 권리주체 상호간에 권리의 객체를 대상으로 하여 발생한다. 이러한 법률관계를 사적 자치의 실현이라는 측면에서 본다면 당사자의 의사표시에 기초하여 법률관계가 발생되는 경우와 법률규정에 의하여 법률관계가 발생되는 경우로 나누어 살펴보는 것이 법률관계의 동적 관계를 이해하는 데 적합하다. 사법은 법률관계를 기본적으로 자유의사에 따라 결정하고 전개되도록 허용하는 것을 원칙으로 하면서도 법 자체가 스스로 법률관계를 구성하고 결정하는 경우를 두고 있기 때문이다.

(1) 의사표시에 기초한 법률관계

민법의 3대 원칙 중에 하나인 사적자치의 원칙은 사람이 스스로의 욕구에 따라 의사표시를 하여 타인과 재화를 둘러싼 법률관계를 맺는 것이 가능하다는 것을 전제한다. 그러므로 사적자치의 원칙의 실현에 있어서 의사표시에 기초한 법률관계는 매우 중요한 위치를 차지한다.

일정한 법률효과를 의욕하는 의사표시를 요소로 하는 법률행위로는 단독행위, 계약, 합동행위를 들 수 있다. 이러한 세 가지 유형의 법률행위는 의사표시의 내용대로 법률효과(권리의 발생, 변경, 소멸)를 가져온다는 것은 공통적인 특성이다.

(2) 법률규정에 의한 법률관계

추상적인 권리의 존재 유무에 대하여 법적 판단을 거부하고 현재의 확보된 사실 상태만을 존중하여 새로운 법률관계를 인정하는 제도로서 점유권, 시효제도(소멸시효와 취득시효)를 마련하고 있으며, 실질적 형평을 실현하기 위하여 일정한 요건을 충족하는 경우에 채권의 발생을 법률로 규정하고 있는 것이다. 법정채권의 발생원인으로 사무관리, 부당이득, 불법행위 등을 규정하고 있다.

이외에도 법원의 판결, 공용징수, 경매, 부합, 상속 등 기타 법률규정에 따른 권리변동이 인정되고 있다(제187조 참조). 법률규정에 의한 각종의 권리변동은 형평성의 확보와 법률관계의 신속한 안정 등을 꾀하기 위한 법정책적 고려의 결과라고 할 것이다.

다. 법률사실의 분류

법률요건을 구성하는 법률사실을 일일이 열거하는 것은 현실적으로 불가능하다. 다만, 일정한 기준에 따라 분류해보면, 인간의 정신작용에 기초하여 발생되는 법률사실로서 용태, 인간의 정신작용과는 무관하게 발생되는 법률사실로서 사건으로 크게 나누어 볼 수 있으며, 또한 용태는 외부적 용태와 내부적 용태로 분류할 수 있다.

〈그림 2〉에서 보는 법률사실의 분류는 사람의 정신작용에 의한 행위인 용태에

대하여 세부적으로 법률사실을 분류한 것이다.

〈그림 2〉 법률사실의 분류

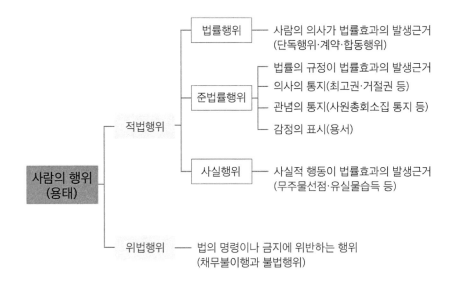

제7절 권리의 침해와 구제

권리가 침해된 경우에 그에 대한 구제가 필요하다. 이것이 권리의 보호이며, 이는 국가에 의하여 구제되는 것이 원칙이고 사력구제는 예외적인 경우에 한해 인정된다.

1. 국가구제(國家救濟)

권리는 국가권력을 통하여 보호되고 실현되는 것이 원칙이다. 그러므로 권리가 침해된 경우에는 일정한 국가기구(법원)에 의하여 일정한 절차(민사소송법)에 따라 구제된다. 우리나라는 법원의 재판절차에 따른 판결의 확정과 강제집행절차에 따라 권리를 보호하고 실현하도록 하는 재판제도를 기본적인 권리구제방법으로 두고 있다.

이외에 국가권력에 의한 권리보호제도로 조정제도, 중재제도가 있다.

2. 사력구제(私力救濟)

가. 사력구제금지의 원칙

국가권력에 의하지 아니하고 권리자 자신의 힘에 의하여 권리를 강제적으로 실현하는 것은 원칙적으로 금지된다. 이것은 명문규정을 두고 있지는 않지만 사회의 질서를 유지하여야 할 중요한 필요성이 있고, 특히 점유되는 사실 상태를 침해받는 자에게는 그 자체만을 이유로 하여도 점유상태의 회복을 구할 수 있는 권리(점유보호청구권)가 인정되고 있기에 당연히 사력구제가 금지된다고 보는 것이다.

그러나 현실적으로 사력구제가 전적으로 금지될 수는 없기에 예외적인 경우가 인정된다.

나. 사력구제 금지의 예외

긴급한 사정이 있어 국가의 보호를 기다릴 수 없는 경우, 즉시 권리를 실현하지 않으면 권리의 실현이 불가능하거나 현저히 곤란한 경우에도 국가의 재판제도에 따라 권리를 실현할 것을 요구한다면 결과적으로 권리보장의 취지에 반하게 된다. 그러므로 필요한 한도 내에서 사력에 의한 적당한 권리보호행위를 하는 것은 허용되어야 하며, 사력구제를 지극히 한정된 범위에서만 예외적으로 허용한다면 사회질서를 혼란시키는 문제점도 완화할 수 있는 것이다.

현행 민법에 규정된 사력구제의 방법으로는 정당방위(민법 제761조 제1항), 긴급피난(민법 제761조 제2항), 점유침탈의 자력구제(민법 제209조)가 있다.

제3장
민사관계와 법

생활 속의 법의 이해

제1절 민법의 의의

1. 민법의 의의

민법이라 함은 재산관계(물건의 소유, 계약)와 가족관계(혼인, 입양, 상속, 유언 등)의 사법적 관계(개인으로서의 생활관계)를 규율하는 일반사법을 말한다. 형식적 의미의 민법이라 함은 민법전을 말하며, 실질적 의미의 민법은 민법전뿐만 아니라 국민의 일반적인 사법생활관계를 규율하는 모든 법령을 총칭한다.

민법전은 1958년 2월 22일 법률 제471호로 제정·공포되어 1960년 1월 1일부터 시행되었고 현재 7차에 걸쳐 개정되었다. 전체 5개편으로 구성되어 있는데 총칙, 물권, 채권, 친족, 상속이다. 물권, 채권은 재산법이며, 친족·상속은 가족법(신분법)이다.

2. 실질적 의의의 민법과 형식적 의의의 민법

가. 실질적 의의의 민법

실질적 의의의 민법은 민법전을 비롯하여 민사부속법률(예: 가사소송법 중 가사비송사건에 관한 규정, 비송사건절차법, 부동산등기법, 가족관계의 등록 등에 관한 법률, 공탁법, 유실물법 등), 그리고 실질은 민법에 속하지만 특별법의 형식을 취하고 있는 수많은 민사특별법(예: 집합건물의 소유 및 관리에 관한 법률, 공장저당법, 가등기담보등에 관한 법률, 주택임대차보호법 등)과 그 밖에 공법 관계법령에 산재되어 있는 민사관계규정을 모두 통틀어서 일컫는 것이다.

전술한 사법, 일반사법, 실체법으로서의 민법을 실질적 의의의 민법이라고 한다. 민법 제1조(법원)는 실질적 의의의 민법에 관하여 그 종류와 순위를 정하고 있는 것이다.

나. 형식적 의의의 민법

1958년에 2월 22일 법률 제471호로 제정·공포되어 1960년 1월 1일부터 시행되고 있는 현행 민법전을 형식적 의의의 민법이라고 한다.

우리 민법은 독일의 '판덱텐'식 편별법에 따라, 제1편 총칙, 제2편 물권, 제3편 채권, 제4편 친족, 제5편 상속의 5편으로 이루어져 있다. 독일의 판덱텐체계

(Pandekten system)는 민법전을 이와 같이 5편으로 편별하는 것과 총칙을 앞에 두는 것이 특색이다.

제1편 총칙은 민법 전체에 걸치는 원칙적 규정들이고, 제2편 물권은 물건의 법적 귀속관계 등 재화를 직접 지배하는 것을 내용으로 하는 권리에 관하여 규율하고 있고, 제3편 채권은 채권·채무관계의 발생원인, 효력, 소멸 등에 관하여 규율하고 있으며, 제4편 친족은 혼인을 중심으로 한 가족관계의 성립과 그 내용의 전체에 관하여 규율하고 있고, 제5편 상속은 사람의 사후의 재산관계와 유언 등에 관하여 규율하고 있다.

제2편 물권과 제3편 채권은 사람의 재산관계를 규율하고 있어서 재산법이라고 하고, 제4편 친족과 제5편 상속은 사람의 가족관계를 규율하고 있어서 가족법이라고 한다.

민법은 사인 상호간의 생활관계를 지배하는 사법이며 사람, 장소, 사항 등에 특별한 한정 없이 일반적으로 적용되는 일반법이다.

제2절 민법의 기본원리

1. 헌법과 민법의 관계

민법은 헌법의 하위규범으로서 헌법의 이념에 부합하는 한에서 그 효력을 가진다. 헌법은 정치적 민주주의를 채택하면서, 다른 한편으로는 경제적·사회적 민주주의를 선언하고, 나아가 양자를 합리적으로 조정·조화할 것을 근본이념으로 하고 있다. 즉, 자유를 공공복리의 원리로 조절하여 자유와 실질적·구체적 평등의 동시 달성을 목표로 하고 있다.

민법의 해석은 다른 법과 마찬가지로 헌법의 이념과 정신을 고려하여 해석되어야 한다. 특히 헌법에 의하여 표현되는 자유민주주의적 기본질서, 예컨대 인간의 존엄과 가치를 보장하는 이념은 이른바 '방사효과(파급효과)'에 의하여 민법규정의 해석에 결정적인 영향을 준다.

헌법 제10조는 "모든 국민은 인간으로서의 존엄과 가치를 가지며 행복을 추구할 권리를 가진다."라고 규정하고 있으며, 여기서 민법의 사적자치의 원칙이 도출되었다고 할 수 있다. 인간은 스스로의 욕구에 따라 재화에 대한 지배를 결정하고 재화를 둘러싼 생활관계에 대하여 타인과 자유롭게 결합하는 것이 가능하다는 원칙이다. 사법관계에 있어서 개인은 자유의사에 기초하여 법률관계를 형성하는 것이 가능하고 국가는 이렇게 형성된 법률관계를 존중하고 간섭하지 않는다는 것이다. 이것은 반대로 모든 개인은 자유로운 의사에 따라 권리를 취득하고 의무를 부담한다는 것을 의미한다.

사적자치의 원칙은 근대시민사회의 자유주의와 개인주의의 이념이 민사법률관계에 반영된 것이다. 특히 경제적으로 자본주의체제를 기초로 한 근대시민사회는 경제체제의 유지와 발전을 도모하기 위하여 필연적으로 계약자유를 중심으로 한 사적자치를 주요한 원칙으로 확보하여야만 하였다. 사적자치의 확보는 구체적으로는 법률행위(계약)의 자유를 주된 내용으로 하면서 소극적 측면으로서 과실책임의 원칙을 가져오게 된다.

2. 우리민법의 기본원리

민법은 민사에 관한 법규들의 단순한 집합이 아니라 일정한 기본원리를 토대로 하여 체계적으로 편성된 것이다. 구체적으로 민법이 어떠한 기본원리를 가지고 있는지 밝히고 있지 않지만 민법규정을 해석하거나 그 흠결을 보충함에 있어서 근거로 삼아야 하기 때문에 이를 찾아보는 것이다.

민법의 기본원리에 관하여 두 가지 견해가 나누어져 있다. 첫째는 우리민법은 자유인격의 원칙과 공공복리의 원칙을 최고원리로 하며, 공공복리라는 최고의 존재원리의 실천원리 내지 행동원리로서 신의성실, 권리남용의 금지, 사회질서, 거래안전의 여러 근본원칙이 있고, 다시 그 밑에 개인주의 · 자유주의라는 사상적 배경을 가지는 근대민법은 사유재산권의 존중의 원칙, 사적자치의 원칙 및 과실책임의 원칙이라는 이른바 근대민법의 3대 기본원리를 인정하는 견해이다(곽윤직).

둘째는 근대민법과 현대 민법의 구별을 부정하고 사적자치의 원칙을 민법의 최고원리로 파악하는 견해이다. 사적자치의 원칙은 우리 헌법이 선언하고 있는 인간(人間)의 존엄(尊嚴)과 가치(價値)를 보장하기 위한 유일한 수단이며, 다른 한편 신의성실, 권리남용금지의 원칙, 사회질서, 거래안전 등은 원칙적으로 적용되는 실천원리 내지 행동원리가 아니고, 예외적으로 적용되어야 할 제한규정에 불과하므로, 현행 민법하에서 신의성실, 권리남용금지, 사회질서, 거래안전을 실천원리 내지 행동원리라 하여 사적자치의 상위에 올려놓는 이론은 부당하며 신의성실 등의 남용의 우려조차 있다고 본다. 즉, 이 견해는 사적자치를 보장하여 경제구조를 확대하고, 이에 의하여 이룰 수 있는 소득증대를 조세 등에 의하여 흡수함으로써 이것을 가지고 공공복리를 실현하는 것이 정도라 본다(이영준).

민법은 사인으로서의 자유·평등한 인간을 그 규율의 중심으로 생각하고, 그 개인에게 가능한 한 더 많은 자유를 부여하는 것을 이상으로 생각하는 자유주의적 기초 위에서 있다. 자유주의는 개인의 의사를 될수록 존중하며, 개인 상호간의 법률관계(법에 의하여 규율되는 생활관계)를 당사자들이 그 의사에 따라서 자율적으로 처리하게 하고 있다.

가. 인격보호의 원칙

사적 자치는 기본적으로 개인의 인격의 존중을 근본으로 하므로 이를 철저하게 보호하여야 한다. 민법은 인격을 구체적으로 나타내는 신체·생명·자유·명예에 대한 침해를 불법행위로 규정하고 손해배상책임을 묻고 있다.

나. 법률행위자유의 원칙

사람이 스스로 판단하여 행한 의사표시의 내용대로 권리를 취득하고 의무를 부담할 수 있다면 재산의 사용·수익·처분 등을 통하여 자유로운 사적 생활을 영위할 수 있다. 이러한 점에서 민법은 '사적 자치'의 중요한 내용으로 '법률행위자유의 원칙'을 도출하게 된다.

법률행위란 의사표시한 내용대로 법률효과가 발생되는 행위를 말한다. 특히 법률행위의 유형 중에서 가장 중요한 계약에 있어서는 계약자유의 원칙이 더욱 강조되고 있다. 계약자유의 원칙은 누구와 계약할 것인가, 계약을 체결할 것인가, 그 내용을 어떤 것으로 할 것인가, 그 방식은 어떻게 할 것인가가 자유롭다는 것이다. 예를 들면, 어느 서점에서, 무슨 책을, 어떻게 표현하여, 구입할 것인가의 여부의 결정을 자유롭게 할 수 있다는 것이다.

다. 사유재산권보장의 원칙

사유재산권보장의 원칙이란 개인의 사유재산권에 대한 절대적 지배를 인정하고 국가나 다른 사인이 이를 간섭하거나 제한하지 못한다는 원칙이다. 근대적 소유권은 어떠한 인위적 구속을 받지 않고 침해를 하는 자에 대하여 배타적으로 주장할 수 있는 완전한 지배권으로 확립되었다.

개인에게 자유를 인정해 주기 위하여는 그들의 생활의 물질적 기초인 소유권을 존중해 주지 않으면 아무런 의미가 없다. 따라서 '사유재산권 존중의 원칙'(사소유권 절대의 원칙)은 자유주의적 민법의 기본원리이다. 근대사회에서의 개인은 봉건사회에서의 예속적 지위에서는 벗어났으나, 의·식·주의 해결을 자신이 스스로 하여야 하는 등 자신의 책임하에 생활을 영위하여야 하기 때문에, 개인의 생활을 위한 최후의 보루로서 재화의 중요성은 아무리 강조하여도 더함이 없다. '사유재산권은 존중'되어야 한다. 사유재산권 중에 가장 중요한 것이 사소유권이어서, 이 원칙을 '소유권 절대의 원칙'이라고도 부른다. 이 권리는 특별한 보호를 받는다. 따라서 다른 사인은 물론이고 국가라고 할지라도 개인의 소유권을 침해하거나, 제한을 가할 수는 없다.

라. 과실책임의 원칙(자기책임의 원칙)

자신의 행위에 의하여 자기에게 책임이 귀속되는 사유가 없는 사항에 대하여는 책임을 부담하지 않는다는 원칙이다. 그러므로 자기의 고의 또는 과실로 인한 행위로 인하지 않는 한 책임은 없는 것이다. 이러한 점은 채무불이행책임(민법 제390조)이나 불법행위책임(민법 제750조)에서 고의 또는 과실의 존재를 책임의 성립요건으로 규정하여 실현되고 있다. 법률행위자유의 원칙은 인간이 법률행위를 자유롭게 할 수 있도록 함으로써 사적 자치를 적극적으로 보장하고자 하는 원칙임에 반하여 과실책임의 원칙은 인간의 의사활동에 따른 책임한계를 정함으로써 사적자치를 소극적으로 보장하고자 한 것이다.

제3절 물권법과 부동산거래관계

1. 물권법과 물권제도

가. 물권의 의의

물권이란 인간이 그의 생존을 위하여 외계의 재화를 직접 지배하여 이익을 얻는 배타적인 권리를 말한다. 채권은 채무자의 급부행위를 통하여 비로소 물건을 지배하게 되지만 물권(物權)에 있어서는 타인의 행위를 기다릴 필요 없이 물건을 직접 지배함으로써 이익을 누리게 된다.

배타적 권리란 1개의 물건(物件) 위에는 한 개의 물권만이 존재할 수 있으며 같은 내용의 물권이 동일한 물건 위에 병존할 수 없음을 말한다. 이를 일물일권주의(一物一權主義)라고 한다. 예컨대, A의 소유권의 객체인 건물에 B가 중복하여 소유권을 가질 수 없다는 것이다.

나. 물권의 종류

민법에서 규정한 물권법정주의에 따라 "물권은 법률 또는 관습법에 의하는 외에는 임의로 창설할 수 없다(민법 제185조)." 이는 公示의 원칙을 관철하여 거래안전과 신속을 보장하기 위하여 인정된다.

민법에서 인정하는 물권의 종류에는 점유권(占有權), 소유권(所有權), 지상권(地上權), 지역권(地役權), 전세권(傳貰權), 유치권(留置權), 질권(質權), 저당권(抵當權)의 8가지가 있다.

(1) 점유권

점유권이라 함은 어떤 물건을 사실상 지배하고 있을 때(占有하고 있을 때) 지배할 정당한 권리가 있느냐 없느냐는 묻지 않고 그 사실 상태를 일종의 권리로서 보호하는 권리를 말한다.

이처럼 점유 자체를 권리로서 보호하는 이유는 사실 상태가 권리관계와 일치하지 않을 때에는 법적 절차에 의하여 시정하게 하고 자력으로 함부로 타인의 점유를 침해하지 못하게 하는 데 있다. 즉, 사회의 물권적 지배의 질서를 유지하는 데 있다.

따라서 민법은 점유자가 점유물에 대하여 행사하는 권리는 적법하게 가진 것으로 추정(민법 제197조 이하)하고 있다.

(2) 소유권

소유권이라 함은 어떤 물건을 전면적으로 지배할 수 있는 권리를 말한다. 즉, 물권을 사용·수익·처분할 수 있는 권능이 모두 인정되는 완전한 물권이다. 물건은 사용가치와 교환가치의 두 가지 효용을 가지고 있는데 소유권은 물건이 가지는 사용가치와 교환가치의 전부를 지배할 수 있는 권리이다.

이는 사유재산제도의 지주이며, 물권법의 근간을 이루고 있다. 근대민법의 기본원리 중의 하나인 소유권 절대의 원칙에 따라 소유권의 행사는 법에 따라 보장되어 있다. 그러나 소유권의 행사가 절대적으로 보장되고 있는 것은 아니며, 오늘날 재산권의 행사를 공공복리에 적합하도록 하여야 한다(헌법 제23조 제2항)는 공공복리의 이념에 의한 제한을 받고 있다.

(3) 용익물권

용익물권은 타인의 물건을 일정한 범위 안에서 사용·수익할 수 있는 권리를 말하며, 이른바 물건의 사용가치를 지배하는 권리이다. 용익물권에는 지상권·지역권·전세권이 있다.

(가) 지상권은 타인의 토지에서 건물 기타의 공작물이나 수목을 소유하기 위하여 그 토지를 사용할 수 있는 권리(借地權)를 말한다. 예컨대, 타인의 토지 위에 건축, 식목을 하기 위해 비교적 장기간 그 토지를 사용하는 권리이다. 임대차와 비교하면 매우 유사하지만 지상권은 물권임에 반하여 임대차는 채권계약으로서 효력면에서 차이가 있다.

(나) 지역권은 자기토지의 편익을 위하여 타인의 토지를 이용하는 권리를 말한다. 이익을 받는 토지를 요역지라고 하며, 편익을 제공하는 토지는 승역지라고 한다. 예컨대, 요역지에 들어가기 위하여 승역지를 통행한다든가 하는 통행지역권과 승역지를 통해서 요역지에 인수(引水)하는 것과 같은 인수지역권이 있다.

(다) 전세권은 전세금을 지급하고 타인의 부동산을 점유하여 전면적으로 사용·수익한 후 그 부동산을 반환할 때에 전세금을 반환받는 권리를 말한다. 종래 서울등지의 가옥전세의 관습을 토대로 민법이 새로이 인정한 것으로서 우리민법에만 고유한 물권이다. 관습상의 전세는 전세권설정등기를 하지 않은 경우 채권적 전세인데 반해 민법의 전세권은 물권으로 규정하고 있다.

한편, 주택에 관하여는 주거용 건물의 임대차에 관하여 민법에 대한 특례를 규정함으로써 국민의 주거생활의 안정을 보장하는 특별법인 「주택임대차보호법」이 있어서 별도로 적용되고 있다

(4) 담보물권

담보물권이라 함은 자기의 채권의 만족을 얻기 위하여 타인의 물건의 담보가

치를 이용하는 권리이다. 채권담보를 위하여 설정되므로 반드시 피담보채권이 전제되어야 한다. 민법에서 인정하는 담보물권으로는 유치권, 질권, 저당권이 있다.

(가) 유치권은 타인의 물건 또는 유가증권을 점유하고 있는 자가 그에 관하여 생긴 채권이 변제기에 있는 때에는 그 채권의 변제를 받을 때까지 그 물건을 유치할 수 있는 권리를 말한다. 이는 당사자의 약정과 관계없이 법적으로 당연히 성립하는 법정담보물권이다. 예컨대, 시계점이 수선료가 지불될 때까지 수선한 시계를 내주지 않고 자신의 수중에 유치할 수 있는 권리이다.

(나) 질권은 채권자가 그 채권의 담보로서 채무자 또는 제3자부터 수령한 물건을 유치하고 채무가 변제가 없을 때에는 그 물건을 매각하여 그 물건의 대금으로부터 다른 채권자에 우선하여 그 채권의 변제를 받을 수 있는 권리를 말한다. 질권의 목적물은 동산과 권리를 대상으로 하므로 동산질권과 권리질권이 인정되고 있다.

예컨대, 시계와 같은 동산이나 은행예금과 같은 권리를 담보로 돈을 융통받는 경우를 들 수 있다.

(다) 저당권은 부동산을 담보로 지정하여 그 목적물로부터 우선변제를 받을 수 있는 권리만을 확보하고 그의 점유(占有)는 원래대로 채무자에게 두고 채무의 변제가 없을 때 그 담보물을 경매에 붙여 그 대금으로부터 다른 채권자에 우선하여 변제를 받을 수 있는 권리를 말한다.

다. 물권변동에 있어서의 공시(公示)의 원칙과 공신(公信)의 원칙

(1) 공시의 원칙

물권의 존재 또는 변동은 언제나 외부에서 인식할 수 있는 어떤 표상 즉 공시방법을 수반하여야 한다는 원칙을 말한다. 공시의 원칙을 실현하기 위해 이를 강제하는 방법으로서는 두 가지 입법주의가 있다.

첫째, 성립요건주의로서 공시방법을 갖추지 않으면 제3자에 대해서 뿐만 아니라 당사자 사이에서도 물권변동의 효력이 생기지 않는 것으로 보는 입법주의이다. 주로 독일민법에서 인정되기 때문에 독법주의 또는 등기라는 형식을 갖추어야 한다고 하여 형식주의라고도 한다.

둘째, 대항요건주의로서 당사자사이에서는 물권변동이 일어나지만 공시방법을 갖추지 않으면 그 물권변동을 제3자에게 대항할 수 없는 것으로 보는 입법주의이다. 주로 프랑스민법이 인정하고 있기 때문에 불법주의 또는 당사자의 의사만으로 물권변동이 이루어지므로 의사주의라고도 한다.

공시방법으로 인정하는 것이 부동산에서는 등기, 동산에서는 점유 또는 인도(점유의 이전), 자동차·항공기·중기는 등록, 선박은 등기, 일정한 상품상의 권리는 증권화하여 증권의 배서나 교부를 요구하고 있다.

(2) 공신의 원칙

공신의 원칙이라 함은 물권의 존재·변동을 추측케 하는 표상, 즉 공시방법을 신뢰해서 거래한 자는 비록 그 공시방법이 진실한 권리관계와 일치하지 않더라도 그 공시된 대로의 권리를 인정하여 보호받아야 한다는 원칙을 말한다. 게르만법에서 "사람은 자기가 신뢰를 둔 곳에서 그 신뢰를 찾아야 한다."라는 법원칙에 따른 것이다.

공신의 원칙을 어느 범위까지 인정할 것인가는 각국의 입법례에 따라서 다르다. 동산에 대한 공신의 원칙은 세계 각국에서 모두 인정하고 있지만 부동산에 대하여는 각국에서 인정하는 것이 다르다. 우리 민법은 동산의 '선의취득'제도에서 공신의 원칙이 인정되고 있다. 즉, 평온·공연하게 양수한 자가 선의이며 과실 없이 그 동산을 점유한 경우에는 양도인이 정당한 권리자가 아닌 때에도 즉시 그 동산의 소유권을 취득한다. 그러나 부동산에 대하여는 인정하지 않고 있다. 그 밖에도 공신의 원칙을 인정하고 있는 제도로서는 '영수증소지인에 대한 변제'와 '표현대리(表見代理)'를 들 수 있다.

2. 부동산등기제도(不動産登記制度)

가. 부동산등기제도의 의의

부동산의 권리관계를 모든 사람에게 알려주기 위한 방법으로 국가에서 등기부라고 하는 공적 장부를 만들어 놓고 등기공무원으로 하여금 부동산의 표시와 권리관계를 기재하도록 하는 것이 부동산등기제도이다. 등기부는 누구나 수수료를 납부하고 그 등본을 교부받거나 열람을 할 수 있고, 또한 이해관계 있는 부분에 한하여 등기신청서류를 열람할 수 있다.

1부동산 1용지주의에 의하여 한 개의 부동산마다 한 개의 등기부가 있다. 부동산이 한 개냐 두 개냐 하는 구별은 쉽지 않다. 토지는 원래 연속되는 것이므로 인위적으로 선을 그어서 나누고 지번을 매기는데 토지 1필지가 1개의 부동산이 된다. 따라서 1개의 토지가 분필이 되면 여러 개의 부동산이 되고, 반대로 여러 개의 토지가 합필이 되면 1개의 부동산이 된다.

건물은 토지에 붙어있지만 별개의 부동산으로 취급되어 따로 등기부가 있다. 건물이 한 개냐 두 개냐 하는 것은 일반관념에 따라 결정되는데, 아파트 등 집합건물은 외관상 1개의 건물이지만 각 세대마다 구분하여 독립된 소유권을 인정하는 이른바 '구분소유권'을 인정하고 있어서 각 세대마다 별도의 등기부가 만들어져 있다. 이러한 아파트, 상가, 연립주택과 같은 집합건물의 구분소유관계는 집합건물의 소유 및 관리에 관한 법률에서 세부적으로 규율하고 있다.

부동산에 관한 대표적 권리에는 소유권, 지상권, 전세권, 저당권 등이 있는데, 매매 · 저당권설정계약 등 법률행위로 인한 권리의 득실변경의 경우에 등기를 하지 아니하면 권리변동의 효력이 생기지 않는다. 그러나 상속, 공용징수, 경매, 판결 등과 같이 법률의 규정에 의하여 물권이 변동되는 경우에는 등기하지 않아도 권리변동의 효력이 생긴다. 다시 처분하려면 물론 등기한 후에 하여야 한다.

나. 등기부의 구조

구식등기부는 한자를 사용하고 세로쓰기를 하고 있었으나 현재 사용하고 있는 등기부는 한글과 가로쓰기를 하고 있다.

신 등기부에는 그 작성 당시 효력이 없는 과거의 권리관계는 기재하지 않고 있으므로 오래된 권리관계까지 알아보려면 폐쇄된 등기부를 열람하거나 또는 그 등본을 떼어보아야 한다. 토지등기부와 건물등기부는 따로 있으므로 집을 사려면 양쪽을 다 보아야 한다.

등기부는 등기번호란, 표제부(아파트 등 집합건물의 경우에는 동 건물의 표제부와 전유부분의 표제부의 2개로 구성되어 있음), 갑구, 을구의 4부분으로 되어 있다.

표제부는 토지와 건물의 내용, 즉 소재지(예: 서울시 중구 서소문동1), 면적(예: 100㎡), 용도(예: 대지, 임야, 주택, 창고) 및 구조(예: 2층, 목조건물, 벽돌슬라브조)에 대하여 기재하고 있다.

갑구는 소유권에 관한 사항이 접수된 일자순으로 적혀있다. 맨 처음 기재된 것이 소유권보존등기(최초의 소유자)이고 소유권이전등기가 계속되어 간다. 각 등기사항 중 변경사항이 있으면(예컨대 소유자의 주소변경) 변경등기(부기등기)를 한다.

만약에 소유권이전등기가 무효라고 하여 제3자가 소송을 걸어오면 법원에서 등기부에 예고등기를 해 두는 것이 보통이다. 소송 결과 무효가 확정되어 소유권 이전등기의 말소등기를 하면 이전등기를 하기 전의 상태로 돌아간다. 그 외에 가압류등기, 가처분등기, 강제경매 등이 있으며 이러한 등기 후에 소유권이전등기를 하면 경매되거나 가처분권자의 권리행사에 따라 소유권을 잃을 수 있다. 가등기는 순위보전의 효력이 있으므로 나중에 본등기를 하게 되면 가등기보다 늦게 된 등기는 원칙적으로 무효가 되므로 주의하여야 한다.

을구는 소유권 이외의 권리, 즉 저당권, 지상권 같은 제한물권에 관한 사항을 기재한다. 특히 주의할 점은 근저당권 설정등기인데 채권최고액이란 것이 있어서 등기부에 기재된 최고액을 한도로 부동산의 가격에서 담보책임을 지게 되므로 실제 채무액이 얼마인가를 따로 파악하여야 한다.

등기부를 볼 때에 가장 중요한 점은 갑구와 을구에 기재된 가등기, 소유권이전등기, 저당권설정등기 등의 등기의 전후와 접수일자(접수번호)를 잘 살펴보아야 한다는 것이다. 등기된 권리의 우선순위는 같은 갑구나 을구에서는 등기의 전후(순위번호)에 의하며, 갑구와 을구 간에서는 접수번호에 의하여 결정되기 때문이다.

다. 등기를 하는 절차

(1) 공동신청주의

등기는 원칙적으로 등기권리자와 등기의무자가 반드시 서면으로 부동산의 소재지를 관할하는 법원 등기과(계)나 등기소에 직접 출석하여 신청하여야 한다. 보통은 법무사가 양쪽의 위임을 받아서 처리한다. 판결에 의한 등기는 승소한 등기권리자 또는 등기의무자 단독으로, 상속등기는 등기권리자 단독으로 신청할 수 있다.

(2) 등기관의 권한

등기관은 등기신청이 있으면 순서대로 이를 접수하여 순서대로 등기부에 기재하여야 하고, 일단 접수된 신청서류 등에 형식적인 결함이 있으면 신청을 각하할 수 있으나 실질적심사권(예컨대, 매매계약이 무효인지 여부 등)은 없다.

소유권보존등기를 신청할 때에는 주민등록표 등본 1통, 신청서부본 3통, 등록세 납부영수필 확인서 및 통지서 각 1통씩과 미등기토지의 토지대장등본 또는 미등기건물의 건축물관리대장 등본과 동일한 대지상에 수개의 건물이 있거나 구분건물인 경우에는 건물도면 1통씩이 필요하다.

소유권이전등기 신청 시에는 등기필증(구권리증), 등기의무자(매도인 등)의 인감증명서(발급일로부터 6개월 이내의 것에 한함), 등기원인을 증명하는 서면(예: 매매계약서, 증여계약서 등), 등록세납부영수필확인서 및 통지서 1통씩과 신청서 부본 2통, 등기의무자(매도인 등), 등기권리자(매수인 등)의 각 주민등록표등본, 토지대장(건물인 경우에는 건축물관리대장)등본 등이 필요하며, 계약(예: 매매, 증여, 교환 등)을 원인으로 하여 소유권이전등기를 신청할 때에는 계약서에 부동산의 소재지를 관할하는 시장(구가 설치되어 있는 시에 있어서는 구청장)·군수의 검인을 받아 제출하여야 한다.

상속등기의 경우에는 피상속인(고인)의 ① 가족관계등록부 증명서 5종, ② 제적등본, ③ 주민등록 말소자초본을, 상속인 각자는 ① 인감증명서, ② 가족관계증명서, ③ 기본증명서, ④ 주민등록등본 또는 초본, 협의분할서를 제출하여야 한다. 또한 부동산의 과세시가 표준액이 500만원 이상인 때에는 소정의 주택채권을 매입하여야 한다. 등기원인에 대하여 제3자의 허가·동의 또는 승낙을 받을 것이 요구되는 때에는 이를 증명하는 서면(예: 토지 등 거래계약허가증·농지취득자격증명)을 첨부하여야 한다.

등기필증을 분실했을 때에는 종전에는 보증서를 첨부하였으나 지금은 등기의무자가 직접 등기소에 출석하거나 변호사 또는 법무사가 본인임을 확인하거나 등기신청서 또는 위임장에 공증인의 공증을 받아야 한다.

등기부상 소유자의 주소가 틀리거나 변경된 때 변경등기를 하려면 이를 증명하는 시·구·읍·면장의 서면(예: 주민등록 등초본)과 신청서부본 2통이 필요하다.

등기부상 소유자의 성명이 잘못 기재되어 이를 정정하려면 등기부의 기재가 잘못되었음을 증명하는 시·구·읍·면장의 서면(예: 호적등본, 주민등록표등본 등)이나 이를 증명할 수 있는 서면(예: 동일인 보증서)과 신청서 부본 2통이 필요하다.

지상권, 지역권, 전세권, 저당권, 임차권 등의 설정등기를 신청하려면 소유권이전등기시에 필요한 서류 중 검인계약서 등 대신에 원인관계를 증명하는 서류, 즉 지상권설정계약서, 저당권설정계약서 등이 필요하지만, 신청서부본과 등기의무자, 즉 설정자의 주민등록표 등본은 필요하지 않다.

3. 부동산등기 특례제도 – 부동산등기 특별조치법 제정

등기는 부동산에 관한 물권을 공시하는 제도이므로 등기와 실제 권리와는 일치의 필요성이 있다. 현행 등기제도는 당사자의 신청으로 함이 원칙이므로 등기신청을 하지 않거나 부실하게 하거나 허위로 등기하는 등의 부동산투기를 하는 경우가 있다. 따라서 이러한 부정한 목적으로 등기제도를 악용하는 것을 막고 정당한 등기와 부동산 거래를 보장하기 위하여 특별법이 제정되어 시행되고 있다.

가. 소유권보존·이전등기 신청의무

부동산 소유권 이전을 내용으로 하는 계약을 체결한 자는 등기신청을 할 수 있는 때로부터 60일 이내에 소유권이전등기를 신청하여야 한다. 또한 보존등기 없는 부동산을 매매하였을 때는 매매계약체결일부터 60일 이내에 소유권보존등기를 하여야 한다. 만약 이러한 등기의무를 해태하면 과태료의 처벌을 받는다.

나. 거래내용에 부합하지 않는 등기신청행위 등에 대한 형사처벌

등기원인을 허위기재하거나 투기목적의 미등기전매를 하거나 조세부과를 면탈하거나, 투기 또는 소유권취득제한 법령회피 목적의 명의신탁등기를 한 경우에는 3년 이하의 지역 또는 1억 원 이하의 벌금에 처하게 된다. 미검인계약서를 사용하여 전매행위를 하는 경우도 1년 이하의 징역 또는 3천만 원 이하의 벌금에 처하게 된다.

4. 부동산 거래 시 유의사항

우리는 일상생활에서 토지나 집 등을 사고파는 부동산 거래를 많이 하고 있다. 그러나 무주택자가 알뜰히 모은 돈으로 집을 장만하려다가 사기를 당하는 등 피해를 입는 경우도 적지 않다. 그래서 부동산 거래를 함에 있어서 피해를 예방하기 위하여 다음과 같은 사항에 유의할 필요가 있다.

가. 계약 전 유의사항

부동산을 사고자 하는 자는 먼저 해당 지번을 확인하고, 임야대장, 토지대장,

등기부등본, 건축물관리대장, 토지이용계획확인원 등을 떼어보고 현장을 반드시 확인하여야 한다.

현장과 등기부, 토지대장, 건축물관리대장 등의 일치 여부를 사전에 알아보아야 하고, 매도하려는 자가 실제 소유자인지 여부도 반드시 확인하여야 한다. 부동산중개업소에서 소개하는 경우에도 본인이 직접 알아보는 것이 좋다.

상대방이 보여주는 등기부등본만을 믿어서는 안된다. 최근에는 복사기술이 발달되어 정당한 등본이라도 이를 고쳐서 다시 복사하는 사례도 있기 때문에 반드시 등본에 관계공무원의 인증(원본과 같다는 확인)이 있는지를 확인하여야 하고, 본인이 직접 등기부를 떼어 확인하거나 열람해 보는 것이 좋다. 상대방이 보여주는 등기권리증도 자세히 살펴보고 원본인가를 확인하여야 한다.

단시일에 권리자가 여러 번 바뀌는 등 권리변동관계가 빈번하고 복잡한 것은 일단 의심을 하고 사지 말아야 한다. 여러 가지 담보물권이나 예고등기, 가등기가 설정되어 있는 것은 사지 않는 것이 현명하다. 또 매수 직전에 비로소 보존등기가 되거나 기타 상속등기나 회복등기가 된 것은 일단 의심을 해야 한다.

소송으로 확정판결을 받은 물건을 매수할 때에는 패소판결을 받은 자를 찾아가 사실 여부를 확인하는 것이 좋다.

재산세 납세자가 소유자와 다른 경우에는 그 이유를 알아보아야 하며, 또 건축과 관련하여 도시계획 여부, 개발제한구역 여부 등도 반드시 확인하여야 한다. 해당 지역이 토지거래허가구역으로 지정 고시된 지역인지 여부를 사전에 확인할 필요가 있다.

나. 계약 시 유의사항

계약서는 구체적으로 명백히 쓰고 애매한 문구로 인하여 손해를 보는 일이 없도록 하고, 특히 부동산중개업소에 인쇄되어 있는 계약서 용지를 사용하려면 이를 면밀히 읽어보고 검토할 것이며 특약이 있으면 그 특약도 명백히 기재하여야 한다.

계약 시에는 매도인 측 대리인과 계약하지 말고 거래당사자 간에 직접 계약하는 것이 좋고, 부동산중개업소의 소개로 계약하는 경우에도 매도인과 직접 계약하는 것이 좋으며 반드시 입회인을 두는 것이 좋다.

부동산중개업소의 말만 믿고 계약하지 말아야 한다. 매도인 측의 말만 믿고 이를 그대로 매수인에게 전하는 경우도 있고 계약을 성립시키기 위해서 과장된 말을 할 수도 있기 때문이다. 시가에 비하여 현저히 싸거나 별 이해관계도 없는 자들이 사라고 권유하는 부동산은 계약하지 않는 것이 현명하다. 매수만 하면 금방 돈을 번다고 하고서도 자기들이 사지 않고 남보고 사라고 권유하는 것 자체가 이상하다.

신문지상의 광고만을 믿고 경솔하게 계약해서는 안 된다. 왜냐하면 광고에는 좋고 유리한 것만 나오지 부동산 자체의 결함은 나오지 않기 때문이다. 부동산의 결함을 알아보기 위해서는 토지대장, 임야대장, 건축물관리대장 등도 확인하여 등기부와 일치 여부를 알아 볼 필요가 있다.

토지거래규제 대상지역의 토지거래 시에는 토지거래계약허가 등 절차를 밟아야 한다. 나아가 변호사나 법무사, 대한법률구조공단 혹은 법률상담실을 찾아가 상의해 본 후 계약하는 것도 좋은 방법이다.

다. 대금 지급 및 등기 시 유의사항

중도금이나 잔대금을 지급할 때에는 반드시 영수증을 주고받는 등 대금지급 내용을 명확히 하여야 한다.

등기부는 중도금 지급, 잔금 지급 시마다 그 직전에 확인하여야 한다. 중도금을 받고 나서 이중으로 매도하는 수도 있기 때문이다. 잔금을 지급함과 동시에 매도인으로부터 등기권리증, 인감증명서 등 권리이전서류를 받아 60일 이내에 관할 등기소에 이전등기 절차를 마치도록 한다. 만약 이 기간 내에 등기신청을 하지 않을 경우에는 최고 등록세액의 500%까지 등기신청해태에 따른 과태료가 부과됨을 유의하여야 한다.

이전등기절차를 마친 후 등기부등본을 떼어서 이전등기가 된 것을 확인해야 한다.

5. 부동산등기특례제도

가. 부동산등기 특별조치법의 제정

부동산등기제도는 부동산에 관한 물권을 등기에 의하여 부동산 위에 현재 어떠한 권리관계가 있는지를 알리기 위한 것이므로 등기된 권리관계와 실제의 권리관계를 일치시킬 필요가 있다.

특히, 등기제도의 근본목적이 부동산에 관한 권리관계의 공시에 있으므로 등기는 언제나 진실된 권리관계를 그대로 공시하여야만 한다.

그런데, 우리사회에는 등기가 원칙적으로 당사자의 신청에 의하여 이루어지도록 되어 있는 점을 악용하여 등기신청을 아예 하지 않거나, 부실하게 하거나, 허위로 하는 방법 등을 통하여 부동산 투기행위를 자행하고 있는 경우가 만연하고 있어 심각한 사회문제를 야기하게 되었다.

이에, 등기된 권리관계와 실제의 권리관계를 일치시킴으로써 등기제도 본래의 목적을 살리는 것을 법 제정의 기본방향으로 정하여 부동산 거래 시에는 반드시 등기신청을 하도록 하고 등기신청을 둘러싼 각종 탈법행위 등을 규제하는 것을 내용으로 하는 「부동산등기 특별조치법」(이하 '법'이라 한다)을 제정, 1990. 9. 1.부터 시행하고 있다.

나. 부동산등기ㅍ특별조치법의 주요내용

(1) 소유권이전등기 신청의무

부동산 이전 거래ㅍ시에는 반드시 등기를 신청하여야 한다(법 제2조 1항). 부동산의 소유권 이전을 내용으로 하는 계약을 체결한 자는 그 계약의 종류에 관계없이 반드시 등기신청을 할 수 있는 때로부터 60일 이내에 소유권이전등기를 신청하여야 한다.

따라서, 매매와 같은 쌍무계약의 경우에는 상대방으로부터 이전등기관계 서류를 넘겨받은 때와 같이 반대급부의 이행이 완료된 날, 증여와 같은 편무계약의 경우에는 그 계약의 효력이 발생한 날로부터 각 60일 이내에 소유권이전등기를 신청하여야 한다.

소유권보존등기가 되어 있지 아니한 부동산에 대하여 소유권이전을 내용으로 하는 계약을 체결한 자는 다음에 정한 날부터 60일 이내에 소유권보존등기부터 먼저 신청하여야 한다(법 제2조 5항).

(가) 부동산등기법에 의하여(제130조, 제131조) 소유권보존등기를 신청할 수 있었음에도 이를 하지 아니한 채 소유권이전계약을 체결한 경우에는 그 계약을 체결한 날

(나) 소유권이전계약을 체결한 후에 부동산등기법에 의한 소유권보존등기를 신청할 수 있게 된 경우에는 소유권보존등기를 신청할 수 있게 된 날

등기신청의무를 해태하면 과태료가 부과된다(법 제11조).

등기신청의무를 상당한 사유 없이 이행하지 아니하면 해태한 날 당시의 그 부동산에 대한 등록세액의 5배 이하의 과태료를 부과하게 된다.

과태료는 원칙적으로 등기를 함으로써 이익을 얻게 되는 등기권리자에게 부과하되 등기를 제때에 신청하지 못한 원인이 등기의무자의 책임있는 사유에 의한 때에는 등기의무자에게 과태료가 부과되어 진다.

(2) 부실한 등기신청행위 등에 대한 형사처벌

등기원인 등을 허위로 기재해서는 안 된다(법 제8조 제2호, 제6조). 부동산의 소유권을 넘겨주고, 넘겨받는 것을 목적으로 하는 계약을 체결한 사람이 그 원인을 허위로 기재하거나 소유권이전등기 외 다른 등기를 신청하여서는 아니 되며, 이를 위반하면 3년 이하의 징역 또는 1억 원 이하의 벌금형에 처하여진다. 따라서 토지를 매수한 자가 증여를 받은 것으로 하여 등기를 신청하거나 저당권설정등기를 신청하면 위와 같은 처벌을 받게 된다.

투기목적 등을 가지고 미등기전매를 하면 형사처벌을 받는다(법 제8조 제1호, 제2조 제2항·제3항). 부동산의 소유권을 넘겨받을 것을 목적으로 하는 계약을 체결한 사람이 조세부과를 면하려 하거나, 다른 시점 간의 가격변동에 따른 이득을 얻으려 하거나, 소유권 등 권리변동을 규제하는 법령의 제한을 회피할 목적을 가지고 다음과 같은 기간 내에 전매계약을 체결하면 3년 이하의 징역이나 1억 원 이하의 벌금형을 받는다.

(가) 전매계약을 체결하기 전에 이미 원계약에 따른 등기신청을 할 수 있었던 경우

원계약에 따른 소유권이전등기를 신청하지 아니하고 전매한 때

(나) 전매계약을 체결한 후 원계약에 따른 등기신청을 할 수 있게 된 경우

전매계약 체결 후 원계약에 따른 등기신청을 할 수 있게 된 날로부터 60일 이내에 소유권이전등기를 신청하지 아니한 때 미검인 전매행위도 처벌된다(법 제9조 제1호, 제4조).

상대방과 계약을 맺어 그로부터 부동산에 대한 소유권을 넘겨받게 되어 있는 사람은 그 계약서에 검인을 받지 아니한 상태에서 다시 제3자와 그 부동산의 소유권을 넘겨주는 것을 내용으로 하는 계약이나 당사자의 지위를 이전하는 계약을 체결할 때에는 1년 이하의 징역 또는 3천만 원 이하의 벌금형에 처한다.

(3) 탈법행위 방지를 위한 제도

계약서에 검인을 받아야만 소유권이전등기를 신청할 수 있다. 계약을 원인으로 소유권이전등기를 신청할 때에는 반드시 검인을 받은 계약서를 제출하여야 하며, 확정판결 등에 의하여 소유권이전등기를 하려고 하는 경우에도 그 판결서 등에 검인을 받아 제출하여야 한다.

허가서 등도 반드시 제출하여야 한다(법 제5조). 부동산을 취득하기 위하여 행정관청으로부터 허가를 받아야 하거나 신고를 하여야 하는 경우에는 등기신청시에 반드시 그 허가(신고)를 증명하는 서면을 함께 제출하여야 등기가 가능하며, 확정판결이나 그와 같은 효력이 있는 조서 등에 의하여 등기를 하려고 하는 경우에도 마찬가지이다.

6. 부동산실명제도

가. 부동산실명제도의 의의

부동산실명제도란 부동산에 관한 물권(소유권, 전세권, 지상권 등)은 반드시 실제 권리자의 이름으로만 등기하도록 하는 제도이다. 이러한 제도는 「부동산 실권리자명의 등기에 관한 법률」(이하 '부동산실명법'이라 한다)이 규제하는 대상은 '명의신탁(名義信託)'과 '장기미등기(長期未登記)'이다.

'명의신탁'은 실질적으로는 자신이 보유하고 있는 부동산을 다른 사람의 이름을 빌어 등기하는 것을 말한다.

'장기미등기'는 매매나 증여에 의하여 부동산을 취득하고도 등기를 이전하지 않은 채로 원소유자 앞으로 장기간(3년 이상) 방치하여 두는 것을 말한다.

나. 부동산실명제도의 도입배경

명의신탁은 부동산을 남의 이름(명의)을 빌어 등기함으로써 부동산투기, 세금탈루 또는 재산을 감추는 수단으로 이용되어 각종 부정과 부조리의 원인이 되어 왔다.

부동산실명제는 부동산에 관한 권리는 반드시 자신의 이름으로 등기하도록 함으로써, 명의신탁을 이용한 부동산투기를 없애서 부동산 거래질서를 바로잡는 한편 각종 부정·부조리를 제거하고 부동산가격의 안정을 기하기 위해 도입된 제도이다.

다. 실권리자명의 등기의무

(1) 실권리자명의 등기의무의 내용

부동산실명법 시행일인 1995. 7. 1. 이후에는 모든 부동산에 관한 물권은 명의신탁을 이용하여 다른 사람의 이름으로 등기할 수 없고 반드시 실권리자(實權利者)의 명의로만 등기하도록 의무화되었다.

다만, 다음의 경우는 명의신탁에 해당되지 않는다.

(가) 채무의 변제를 담보하기 위하여 채무자의 부동산에 가등기를 설정하거나, 부동산에 관한 물권을 채권자가 이전받는 양도담보(讓渡擔保)의 경우

(나) 부동산의 위치와 면적을 특정하여 2인 이상이 구분소유하기로 하는 약정을 하고 그 구분소유자의 공유로 등기하는 경우

(다) 신탁법과 신탁업법에 의해 신탁재산인 사실을 등기하는 경우

또한, 종중 부동산의 명의신탁 또는 부부 간의 명의신탁에 의해 등기를 한 경우에는 조세를 포탈하거나 강제집행 또는 법령상 제한을 회피하기 위한 목적이 아닌 한 예외가 인정된다.

(2) 실명등기의무 위반 시의 벌칙

다른 사람의 이름을 빌어 등기한 실권리자인 명의신탁자에 대하여는 과징금(부동산 가액의 30% 범위 내에서 부동산 가액, 의무위반기간, 위반동기 등을 고려하여 구체적인 부과액수를 결정)이 부과된다.

과징금 부과 후에도 실명으로 등기하지 않은 경우는 과징금 부과 후 1년 경과시 10%, 2년 경과 시 다시 20%의 이행강제금이 각각 부과된다.

명의신탁자에게는 5년 이하의 징역 또는 2억 원 이하의 벌금이 부과되고, 이름을 빌려준 명의수탁자에게는 3년 이하의 징역 또는 1억 원 이하의 벌금이 부과된다.

명의신탁행위를 교사(敎唆)하거나 방조(幇助)한 자에 대하여도 형사처벌이 부과된다. 형사처벌은 1995. 7. 1. 이후 명의신탁을 한 경우만 적용되고, 1995. 6. 30. 이전 명의신탁한 부동산인 경우에는 유예기간 동안 실명전환하지 않더라도 형사처벌은 하지 아니하나 소정의 과징금은 부과된다.

라. 명의신탁약정의 효력

명의신탁을 하는 경우 명의신탁자와 명의수탁자 간의 명의신탁을 하기로 한 약정은 무효가 되고, 명의신탁약정에 의해 이루어진 등기도 무효가 된다. 다만, 부동산을 매도한 사람이 명의수탁자를 진정한 매수인으로 알고 계약을 체결한 경우(계약명의신탁)는 등기가 유효한 것으로 인정된다.

또한, 명의수탁자가 부동산을 제3자에게 양도하였다면 제3자가 명의신탁이 있었던 사실을 알았든 몰랐든 관계없이 명의신탁자는 자신의 권리를 주장할 수 없게 된다. 즉, 종전에 판례로 인정되어 오던 명의신탁은 부동산실명법 시행 후에는 무효화되기 때문에, 명의신탁자의 재산권은 보호받기 어렵게 된다.

(1) 등기명의신탁(3자간)

부동산을 매도하는 사람이 명의신탁자가 원소유자임을 알고 있지만 등기는 명의수탁자 앞으로 이전해 준 경우이다. 이때는 명의신탁약정과 등기가 모두 무효가 되므로, 명의신탁자는 명의수탁자에게 자신의 권리를 주장할 수 없다.

부동산은 원소유자(매도자)에게 귀속되며, 명의신탁자는 형사처벌과 과징금을 부과받고 매도자에게 소유권이전등기를 청구할 수 있다. 명의신탁자가 부동산을 되찾을 수 있을지 여부는 최종적으로 법원의 판결에 의하여 결정된다.

(2) 등기명의신탁(2자간)

명의신탁자가 소유하던 부동산을 매매 또는 증여를 가장하여 명의수탁자 이름으로 등기한 경우다. 이때도 명의신탁약정과 등기가 모두 무효가 되므로, 명의신탁자는 형사처벌과 과징금을 부과 받고 명의수탁자에 대하여 소유권이전등기 말소를 청구할 수 있다.

명의신탁자가 부동산을 되찾을 수 있을지 여부는 최종적으로 법원의 판결에 의하여 결정된다.

(3) 계약명의신탁(3자간)

부동산을 매도한 사람이 명의수탁자를 진정한 매수인으로 알고 계약을 체결하여 등기를 이전해 주었으나 실권리자는 다른 사람인 경우다. 이때는 명의신탁약정은 무효가 되어 명의신탁자가 명의수탁자에게 자신의 권리를 주장할 수 없게 된다. 등기는 유효한 것으로 인정되기 때문에 부동산은 명의수탁자에게 귀속된다.

마. 기존 명의신탁의 실명화

(1) 실명화 의무

1995. 6. 30. 이전 부동산을 다른 사람의 이름을 빌어 등기해 놓은 명의신탁의 경우는 유예기간(1995. 7. 1. ~ 1996. 6. 30.) 내에 실권리자명의로 실명 전환하여야 한다. 또한, 명의신탁자가 부동산 명의를 명의수탁자 앞으로 둔 상태로 유예기간 내에 다른 사람에게 매각하여 직접 등기를 이전하여도 된다.

유예기간 내에 실명전환 또는 매각처분 등을 하지 않은 경우는 과징금(부동산 가액의 30%)이 부과되며, 명의신탁약정의 효력이 무효가 된다.

(2) 유예기간 이후 적발된 실명미전환 부동산 처리

(가) 과징금 및 이행강제금 부과

부동산가액의 30% 범위 내에서 부동산 가액, 의무위반기간, 위반동기 등을 고려하여 구체적인 부과액수를 결정한다. 과징금 부과 후에도 실명등기를 하지 않는 경우 1년 경과 시 10%, 2년 경과 시 20%에 해당하는 이행강제금을 부과한다.

(나) 명의신탁약정의 무효화

① 등기명의신탁

명의신탁약정과 그로 인한 등기가 무효로 되므로 명의신탁자는 소유권에 대한 '방해배제청구권'을 행사하여 명의수탁자의 등기를 말소하고, 진정명의회복을 원인으로 하는 소유권이전 등기를 청구할 수 있다.

② 계약명의신탁

명의신탁약정은 무효가 되나 그로 인한 등기는 유효하므로 명의신탁자는 해당 부동산의 반환을 청구할 수 없으며, 부당이득반환청구권 등을 주장할 수 있을 뿐이다.

(3) 예외 및 특례

종교단체와 향교 등의 경우, 종단과 개별종교단체 간의 명의신탁 부동산과 종교단체, 향교 등이 제3자의 이름으로 명의신탁한 고유목적을 위해 사용하는 농지는 실명전환하지 않아도 된다. 부동산에 관한 소송이 제기된 경우에는 확정판결이 있는 날로부터 1년으로 유예기간이 연장된다.

바. 장기(長期)미등기자에 대한 벌칙

현재 부동산을 취득하고 매도인으로부터 등기를 이전하지 않는 경우 60일이 지나면 등록세액의 5배까지 과태료가 부과되도록 「부동산등기 특별조치법」에 규정되어 있다.

부동산실명법은 이에 추가하여 취득일로부터 3년 내에 등기를 이전해오지 않을 경우(장기미등기)는 명의신탁의 경우와 같이 과징금·이행강제금·형사처벌을 부과하도록 하고 있다. 다만, 취득일이 1995. 6. 30. 이전인 경우는 1995. 7. 1. 부터 3년의 기간이 시작된다.

사. 종전에 누락된 세금의 처리

명의신탁한 부동산을 실명으로 전환하는 과정에서 누락된 세금이 밝혀지는 경우 원칙적으로 모두 추징한다. 다만, 명의신탁한 부동산이 1건이고 그 가액이 5천만원 이하인 경우에는 종전에 1세대 1주택 취급을 받아 비과세받은 양도소득세와 조세회피의 목적으로 명의신탁을 하는 경우 증여로 간주되어 부과되는 증여세를 추징하지 않는 특례가 인정된다.

또한, 법인의 경우 실명전환한 부동산이 비업무용 부동산이나 유예기간 내에 업무용으로 사용하는 경우에는 취득세 7.5배 중과규정의 적용이 배제된다.

제4절 주택임대차와 임차인보호

1. 주택임대차보호법의 개요

가. 주택임대차보호법의 제정 및 개정

무주택자가 집주인으로부터 집을 세 얻어 사는 경우 그에 대한 법률관계는 민법상의 전세권이나 임대차 규정에 의하여 규율됨이 원칙이다. 민법상의 전세권이나 임대차에 관한 규정은 개인주의적 법률사항을 기초로 하여 당사자(세든 사람과 세준 사람) 사이의 자유의사에 의한 계약을 중시하고 당사자 사이의 법률관계를 형식적으로 평등하게 규율하고 있다.

그러나 현실은 집주인의 횡포와 자의에 의하여 경제적 약자인 임차인이 부당한 요구를 강제당하고 피해를 입는 경우가 빈번하게 발생하여 심각한 사회문제를 야기하게 되었다.

따라서 주택의 이용관계를 규율하는 민사법규를 계약자유의 원칙이 적용되는 시민법의 차원에서 임차인의 주거생활과 경제적 지위를 보장하여야 한다는 사회법적 차원으로 전환할 필요성이 생겨났고, 이에 따라 무주택임차인의 권리와 지위를 보호하는 내용의 「주택임대차보호법」(이하 제4절에서는 '동법'이라 한다)이 1981. 3. 5. 제정되었다.

그 후 주택임대차를 둘러싼 사회환경과 법률개정의 필요성에 따라 24차례나 개정되었으며, 특히 2020. 7. 31. 개정된 법률에서는 크게 변화된 것이 특징이다. 개정이유를 살펴보면, 주택시장의 불안정 속에 전세에서 월세로의 전환이 빨라지고 주택 임대료가 상승함에 따라 임차가구의 주거 불안과 주거비 부담이 가중되고 있으나, 현행법으로는 안정적인 주거를 보장하기에 충분하지 아니하다는 지적이 많았다. 이에 임차인의 계약갱신요구권을 보장하여 현행 2년에서 4년으로 임대차 보장기간을 연장하고, 계약갱신 시 차임이나 보증금의 증액청구는 약정한 차임이나 보증금의 20분의 1의 금액을 초과하지 못하도록 제한하려는 점에서 큰 변화가 있었다.

(1) 임대인은 임차인이 임대차기간이 끝나기 전 일정 기간 중에 계약갱신을 요구할 경우 정당한 사유 없이 거절하지 못하도록 하고, 임차인은 계약갱신요구권을 1회에 한하여 행사할 수 있도록 하며, 갱신되는 임대차의 존속기간은 2년으로 본다(제6조의3 제1항 및 제2항 신설).

(2) 임대인이 실거주를 사유로 갱신을 거절하였음에도 불구하고 갱신요구가 거절되지 아니하였더라면 갱신되었을 기간이 만료되기 전에 정당한 사유 없이 제3자에게 목적 주택을 임대한 경우 임대인은 갱신거절로 인하여 임차인이 입은 손해를 배상하도록 하였다(제6조의3 제5항 및 제6항 신설).

(3) 차임 등의 증액청구의 상한을 약정한 차임이나 보증금의 20분의 1의 금액으로 하되, 특별시·광역시·특별자치시·도 및 특별자치도는 관할 구역 내의 지역별 임대차 시장 여건 등을 고려하여 20분의 1의 범위에서 증액청구의 상한을 조례로 달리 정할 수 있도록 하였다(제7조 제2항 신설).

(4) 현재 대한법률구조공단 지부에 설치하도록 한 주택임대차분쟁조정위원회를 한국토지주택공사 및 한국감정원의 지사 또는 사무소에도 설치하도록 하였다(제14조 제1항).

나. 주택임대차보호법의 보호대상(임차인의 범위)

(1) 자연인과 외국인 및 재외동포(동법 제1조)

(가) 자연인

주택임대차보호법은 자연인인 국민의 주거생활의 안정을 보장함을 목적으로 하기 때문에 그 보호대상은 원칙적으로 대한민국의 국적을 가진 사람이다(동법 제1조).

(나) 외국인 및 재외동포

외국인은 원칙적으로 보호대상이 될 수 없다(동법 제1조). 다만, 예외적으로 주택을 임차한 외국인이 전입신고에 준하는 체류지 변경신고를 했다면 예외적으로 주택임대차보호법의 보호대상이 된다(출입국관리법 제88조의2 제2항 및 서울민사지방법원 1993. 12. 16. 선고 93가합73367 판결 – 확정).

재외동포는 장기체류하면서 주택을 임대차하는 경우에는 보호대상이 된다(동법 제1조). 재외동포는 국내에 거소(居所)를 정하여 그 거소를 관할하는 지방출입국·외국인관서의 장에게 국내 거소신고를 하고, 신고한 국내거소가 변경되는 경우에는 14일 이내에 그 사실을 신거소(新居所)가 소재한 시·군·구(자치구가 아닌 구를 포함) 또는 읍·면·동의 장이나 신거소를 관할하는 지방출입국·외국인관서의 장에게 신고하여야 한다(재외동포의 출입국과 법적지위에 관한 법률 제6조 제1항 및 제2항).

(2) 법인(동법 제3조 제2항 후단 및 제3항)

법인은 특별한 사정이 없는 한 보호를 받지 못한다. 판례(대판 1997. 7. 11. 96다7236)도 "법인이 주택임대차보호법의 보호를 받기 위하여 주민등록을 자신의 명의로 할 수 없을 뿐만 아니라 사원명의의 주민등록으로 대항력을 갖추어도 이를 법인의 주민등록으로 인정할 수 없기 때문이다."라고 판시하고 있다.

다만 예외적으로 보호대는 경우가 있는데, 첫째, 주택도시기금을 재원으로 하여 저소득층 무주택자에게 주거생활 안정을 목적으로 전세임대주택을 지원하는 법인이 주택을 임차한 후 지방자치단체의 장 또는 그 법인이 선정한 입주자가 그 주택을 인도받고 주민등록을 마쳤을 때에 대항력이 인정되는 법인은 「한국토지주택공사법」에 따른 한국토지주택공사와 「지방공기업법」 제49조에 따라 주택사업을 목적으로 설립된 지방공사이다(동법 제3조 2항 후단 및 동법 시행령 제2조).

둘째, 「중소기업기본법」 제2조에 따른 중소기업에 해당하는 법인이 소속 직원의 주거용으로 주택을 임차한 후 그 법인이 선정한 직원이 해당 주택을 인도받고 주민등록을 마쳤을 때, 또한 임대차가 끝나기 전에 그 직원이 변경된 경우에는 그 법인이 선정한 새로운 직원이 주택을 인도받고 주민등록을 마친 다음 날부터 제3자에 대하여 효력이 생긴다(동법 제3조 제3항).

다. 주택임대차보호법의 적용범위

(1) 주거용 건물(주택)의 임대차에 한하여 적용

주거용 건물 즉 주택은 그것이 사회통념상 건물로 인정하기에 충분한 요건을 구비하고 주거용으로 사용되고 있는 것이면 시청이나 구청 등에 구비되어 있는 건축물관리대장의 용도란에 '주거용'으로 기재되어 있지 않더라도 본법의 적용을 받게 된다(동법 제2조 전단). 따라서 공부상 공장용 건물이나 창고용 건물이라도 건물의 내부구조를 주거용으로 사실상 변경한 경우에는 주택이라고 보아야 할 것이다. 또한 관할관청으로부터 허가를 받지 아니하고 건축한 무허가건물이나 건축허가를 받았으나 준공검사를 필하지 못한 건물도 역시 본법의 적용을 받는 것이므로 무허가나 준공검사 미비 상태의 주택에 관하여 임대차계약을 체결하여도 이 법의 보호를 받게 된다.

주택을 건축한 사람은 공사완공 후 준공검사를 받았으나 소유권보존등기를 하지 않았더라도 그 주택의 소유권을 취득하는 것이므로(민법 제187조) 미등기주택도 이 법의 적용을 받으며 주택의 신축자는 그 주택을 임대할 수 있는 정당한 권리를 가지고 있으므로 미등기주택이라는 것 때문에 임대차계약 체결을 주저할 필요는 없다.

(2) 임차주택의 일부가 주거 외의 목적으로 사용되는 경우에도 적용

임차목적물이 주거용 건물과 함께 사용되는 것인 이상 임차주택의 일부가 비주거용인 경우까지 이 법의 보호대상이 되는바, 주택에 딸린 가게에서 소규모영업 및 공장을 하는 자도 이 법의 보호대상이 된다(동법 제2조 후단).

(3) 미등기전세에도 적용

미등기전세는 우리나라에서 상당히 오래전부터 부동산임대차, 특히 건물임대차의 한 형태로 관습상 발전하여 온 제도이다. 이는 우리나라에만 있는 고유한 건물임대차의 한 형태이다. 예컨대 건물의 소유자인 甲이 그 건물을 세얻어 살고자 하는 乙로부터 「전세금」을 받고 일정한 기간 그 건물을 乙로 하여금 사용 · 수익하게 한 후 그 기간이 만료된 때에 그 건물을 인도받음과 동시에 전세금을 반환하는 것을 내용으로 하는 甲 · 乙 사이의 계약이라고 할 수 있다.

주택임대차보호법은 주택의 등기를 하지 아니한 전세계약에 관하여는 이 법을 준용한다. 이 경우 '전세금'은 '임대차의 보증금'으로 본다(동법 제12조).

2. 주택임대차보호법의 임차인보호제도

가. 주택임차권의 대항력

주택임대차는 그 등기가 없는 경우에도 주택의 인도(입주)와 주민등록(전입신고)을 마친 때에는 그 다음 날부터 제3자에 대하여 효력이 생긴다(동법 제3조).

"제3자에 대하여 효력이 생긴다."라고 하는 것은 임대인 이외의 자에 대하여도 임차인이 그 주택의 임대차관계를 주장할 수 있다는 의미이며, 이것은 결국 임대차기간 중 주택의 소유자가 변경되더라도 임대인의 지위가 신소유자에게 포괄적으로 승계되어 임차인은 계약기간동안(보증금을 준 경우에는 그 보증금을 반환받을 때까지) 그 주택에서 쫓겨나지 않고 생활할 수 있다는 것이다.

그러나 주의할 일은 임차인이 입주와 전입신고를 하기 전에 그 집에 이미 저당권등기나 가압류, 압류등기, 가등기 등이 행하여졌고 그 결과로 경매나 가등기에 의한 본등기에 의하여 소유권자가 변경된 경우에는 임차권은 소멸되어 임차인은 신소유권자에게 대항할 수 없다.

따라서 주택을 임차하고자 할 때에는 반드시 임차하려는 주택의 등기부를 열람하여 저당권설정이나 가등기 여부 등을 확인하여야 한다.

나. 임차주택의 양수인은 임대인의 지위를 승계한 것으로 간주

임차주택의 양수인(讓受人)(그 밖에 임대할 권리를 승계한 자를 포함한다)은 임대인(賃貸人)의 지위를 승계한 것으로 본다(동법 제3조 제4항). 여기서 '임차주택의 양수인'이라 함은 매매, 교환 등 법률행위에 의하여 임차주택의 소유권을 취득한 자는 물론 상속, 공용징수, 판결, 경매 등 법률의 규정에 의하여 임차주택의 소유권을 취득한 자를 말한다. 그러나 여기서 주의해야 할 점은 임차주택의 양수인이라고 하여 모두 임대인의 지위를 계승하는 것은 아니라는 점이다. 즉, 앞에서도 설명한 바와 같이 임차권보다 선순위인 저당권 또는 가등기 등에 기하여(경매 또는 본등기의 이행방법으로) 소유권을 취득한 사람은 그 임차주택의 양수인인 것만은 틀림없으나 임차인은 그들에 대하여 임차권을 주장할 수 없으므로 이들은 '임차주택의 양수인'에 포함되지 않는다.

임차주택의 양수인이 임대인의 지위를 승계한다는 것은 종전 임대차계약서에서 정하여진 권리와 의무를 모두 이어받는 것으로 임차주택의 소유권변동 후에 발생할 차임청구권이 양수인에게 이전하는 것은 당연하지만 그전에 이미 발생하였으나 아직 지급되지 아니한 차임청구권은 종전 임대인에게 이미 구체적으로 발생하였던 채권이므로 양수인에게 당연히 계승되는 것은 아니라고 보아야 할 것이다. 또한 보증금 또는 전세금반환채무는 임차주택의 반환채무와 동시이행관계에 있으므로 당연히 새로운 양수인이 부담하여야 한다.

다. 임차인의 순위에 의한 우선변제권

1989. 12. 30. 개정된 주택임대차보호법에서는 임차인에게 대항력을 인정하는데 그치지 않고 일정한 요건을 갖춘 임차인에게 순위에 의한 우선변제권을 인정하였는데, 2014. 1. 1.부터 개정·시행된 동법에서는 보다 보완된 임차인의 우선변제권을 인정하고 있다.

즉, 주택의 임차인은 주택의 인도(입주)와 주민등록(전입신고)을 마치는 대항요건(對抗要件)과 임대차계약증서(동법 제3조 제2항 및 제3항의 경우에는 법인과 임대인 사이의 임대차계약증서를 말한다)상의 확정일자(確定日字)를 갖춘 임차인은 「민사집행법」에 따른 경매 또는 「국세징수법」에 따른 공매(公賣)를 할 때에 임차주택(대지를 포함한다)의 환가대금(換價代金)에서 후순위권리자(後順位權利者)나 그 밖의 채권자보다 우선하여 보증금을 변제(辨濟)받을 권리가 있다(동법 제3조의2 제2항). 따라서 '후순위권리자 기타 채권자'보다 우선하여 보증금을 변제받을 권리가 있을 뿐이므로 임차인이 주택의 인도와 주민등록 및 계약서상의 확정일자를 갖추기 전에 설정된 담보물권(주로 저당권)에는 우선하지 못한다.

임대차계약증서상의 확정일자란 공증인 또는 법원서기가 그 날짜 현재에 임대차계약서가 존재하고 있다는 것을 증명하기 위하여 확정일자부의 번호를 써넣거나 일자인을 찍는 것을 말하며, 확정일자인을 받기 위하여는 임대인의 동의가 필요없다.

임대차계약서의 확정일자는 법원 또는 공증인에게 일정액의 수수료(통상 1,000원)를 납부하면 법원서기, 공증인으로 부터 즉시 받을 수 있으며, 이때 다른 권리자와의 우선순위를 결정하는 것은 임대차계약체결일이 아니라 확정일자를 받는 날이므로 임차인은 임대차계약체결 후 가능한 빠른 시일 내에 확정일자를 받는 것이 자신의 권리보호를 위해 필요하다.

순위에 의한 우선변제권이 인정되는 보증금은 그 금액의 범위에 제한이 없으므로 다액의 보증금의 경우에도 그 적용이 있다.

주택임대차보호법 제3조 제1항의 대항요건과 임대차계약서상의 확정일자를 갖춘 임차인은 임대차가 종료된 경우가 아니더라도 배당요구 종기까지 배당요구 신청을 하면 매각대금에서 후순위권리자 기타 채권자보다 우선하여 보증금을 변제받을 권리가 있다. 다만, 임차인은 임차주택을 매수인에게 인도하지 아니하면 보증금을 수령할 수 없다(동법 제3조의2 제3항).

임차인(제3조 제2항 및 제3항의 법인을 포함)이 임차주택에 대하여 보증금반환청구소송의 확정판결이나 그 밖에 이에 준하는 집행권원(執行權原)에 따라서 경매를 신청하는 경우에는 집행개시(執行開始)요건에 관한 「민사집행법」 제41조에도 불구하고 반대의무(反對義務)의 이행이나 이행의 제공을 집행개시의 요건으로 하지 아니한다(동법 제3조의2 제1항).

라. 임차인의 임차권등기명령신청제도

임대차가 종료되었음에도 임차인이 임대인으로부터 임차보증금을 반환받지 못하는 경우가 많고, 근무지 변경 등으로 이사할 필요가 있는 경우에도 보증금을 반환받지 못할 것을 우려한 나머지 이사를 하지 못하는 등의 문제점이 나타남에 따라 1999. 1. 21. 법개정으로 '임차권등기명령제도'를 신설하였다.

임대차가 끝난 후 보증금이 반환되지 아니한 경우 임차인은 임차주택의 소재지를 관할하는 지방법원·지방법원지원 또는 시·군 법원에 임차권등기명령을 신청할 수 있다(동법 제3조의3 제1항).

임차권등기명령의 신청서에는 다음의 사항을 적어야 하며, 신청의 이유와 임차권등기의 원인이 된 사실을 소명(疎明)하여야 한다. 즉, ① 신청의 취지 및 이유, ② 임대차의 목적인 주택(임대차의 목적이 주택의 일부분인 경우에는 해당 부분의 도면을 첨부), ③ 임차권등기의 원인이 된 사실(임차인이 동법 제3조 제1항·제2항 또는 제3항에 따른 대항력을 취득하였거나 동법 제3조의2 제2항에 따른 우선변제권을 취득한 경우에는 그 사실), ④ 그 밖에 대법원규칙으로 정하는 사항이다.

임대차가 종료된 후 보증금을 반환받지 못한 임차인이 법원에 임차권등기명령을 신청하여 임차권등기가 경료되면 등기와 동시에 대항력 또는 우선변제권을 취득하고, 만일 임차인이 이미 대항력과 우선변제권을 취득한 자인 경우에는 종전의 대항력과 우선변제권을 유지하며, 임차권등기 이후에는 주택의 점유와 주민등록의 요건을 갖추지 않더라도 임차인이 종전에 가지고 있던 대항력과 우선변제권이 유지되므로 임차인이 자유롭게 주거를 이전할 수 있다(동법 제3조의3).

또한 임차인은 임차권등기명령의 신청과 그에 따른 임차권등기와 관련하여 든 비용을 임대인에게 청구할 수 있다(동법 제3조의3 제8항).

또한, 민법 제621조의 규정에 의한 임차권등기에도 이 법에 규정된 임차권등기명령에 의한 임차권등기와 동일한 효력을 가지므로 우선변제권을 행사할 수 있다(동법 제3조의4 제1항).

마. 임차인의 임대차계약기간(2년)의 보장갱신

주택임대차의 기간은 당사자 간에 자유로이 정할 수 있으나 기간의 정함이 없거나 기간을 2년 미만으로 정한 임대차는 그 기간을 2년으로 본다. 다만, 임대차 기간을 2년 이하로 약정한 경우 임대인은 2년 이하의 약정기간을 주장할 수 없으나 임차인은 이를 주장할 수 있다(동법 제4조 제1항). 임대차기간이 끝난 경우에도 임차인이 보증금을 반환받을 때까지는 임대차관계가 존속되는 것으로 본다(동법 제4조 제2항).

다만, 임대차 기간을 2년으로 정하여 임차인을 보호하려는 것은 임차인 자신의 의무를 다하지 않았을 때에도 무조건 보호해 준다는 취지는 아니므로 임차인이 2기의 차임을 연체하거나 기타 의무를 현저히 위반한 때에는 보호받지 못한다.

바. 계약의 갱신 및 계약의 해지

임대인이 임대차기간이 끝나기 6개월 전부터 2개월 전까지의 기간에 임차인에게 갱신거절(更新拒絶)의 통지를 하지 아니하거나 계약조건을 변경하지 아니하면 갱신하지 아니한다는 뜻의 통지를 하지 아니한 경우에는 그 기간이 끝난 때에 전 임대차와 동일한 조건으로 다시 임대차한 것으로 본다. 임차인이 임대차기간이 끝나기 2개월 전까지 통지하지 아니한 경우에도 또한 같다. 이 경우 임대차의 존속기간은 2년으로 본다. 다만, 임차인이 2기(期)의 차임액(借賃額)에 달하도록 연체하거나 그 밖에 임차인으로서의 의무를 현저히 위반한 임차인에 대하여는 계약의 갱신을 적용하지 아니한다(동법 제6조 제1항 내지 제3항).

동법 제6조 제1항에 따라 계약이 갱신된 경우, 같은 조 제2항에도 불구하고 임차인은 언제든지 임대인에게 계약해지(契約解止)를 통지할 수 있다. 이러한 해지는 임대인이 그 통지를 받은 날부터 3개월이 지나면 그 효력이 발생한다(동법 제6조의2 제1항 및 제2항).

사. 임차인의 계약갱신요구권

2020. 7. 31. 개정된 법률에서 가장 크게 변화된 것 중의 하나는 안정적인 주거를 보장하기 위하여 임차인에게 계약갱신요구권을 보장하여 현행 2년에서 4년으로 임대차 보장기간을 연장하게 된 것이다.

동법 제6조에도 불구하고 임대인은 임차인이 동법 제6조 제1항 전단의 기간 이내에 계약갱신을 요구할 경우, 정당한 사유 없이 거절하지 못한다. 다만, 다음의 어느 하나에 해당하는 경우에는 계약갱신요구를 거절할 수 있다(동법 제6조의3 제1항). 즉, ① 임차인이 2기의 차임액에 해당하는 금액에 이르도록 차임을 연체한 사실이 있는 경우, ② 임차인이 거짓이나 그 밖의 부정한 방법으로 임차한 경우, ③ 서로 합의하여 임대인이 임차인에게 상당한 보상을 제공한 경우, ④ 임차인이 임대인의 동의 없이 목적 주택의 전부 또는 일부를 전대(轉貸)한 경우, ⑤ 임차인이 임차한 주택의 전부 또는 일부를 고의나 중대한 과실로 파손한 경우, ⑥ 임차한 주택의 전부 또는 일부가 멸실되어 임대차의 목적을 달성하지 못할 경우, ⑦ 임대인이 다음의 어느 하나에 해당하는 사유로 목적 주택의 전부 또는 대부분을 철거하거나 재건축하기 위하여 목적 주택의 점유를 회복할 필요가 있는 경우(㉠ 임대차계약 체결 당시 공사시기 및 소요기간 등을 포함한 철거 또는 재건축 계획을 임차인에게 구체적으로 고지하고 그 계획에 따르는 경우, ⓛ 건물이 노후·훼손 또는 일부 멸실되는 등 안전사고의 우려가 있는 경우, ⓒ 다른 법령에 따라 철거 또는 재건축이 이루어지는 경우), ⑧ 임대인(임대인의 직계존속·직계비속을 포함한다)이 목적 주택에 실제 거주하려는 경우, ⑨ 그 밖에 임차인이 임차인으로서의 의무를 현저히 위반하거나 임대차를 계속하기 어려운 중대한 사유가 있는 경우이다.

임차인은 계약갱신요구권을 1회에 한하여 행사할 수 있다. 이 경우 갱신되는 임대차의 존속기간은 2년으로 본다. 갱신되는 임대차는 전 임대차와 동일한 조건으로 다시 계약된 것으로 본다. 다만, 차임과 보증금은 동법 제7조의 범위에서 증감할 수 있다. 갱신되는 임대차의 해지에 관하여는 동법 제6조의2를 준용한다.

임대인이 동법 제6조의2 제1항 제8호의 사유, 즉, 임대인(임대인의 직계존속·직계비속을 포함한다)이 목적 주택에 실제 거주하려는 경우로 갱신을 거절하였음에도 불구하고 갱신요구가 거절되지 아니하였더라면 갱신되었을 기간이 만료되기 전에 정당한 사유 없이 제3자에게 목적 주택을 임대한 경우에는 임대인은 갱신거절로 인하여 임차인이 입은 손해를 배상하여야 한다(동법 제6조의3 제5항).

이에 따른 손해배상액은 거절 당시 당사자 간에 손해배상액의 예정에 관한 합의가 이루어지지 않는 한 다음의 세 가지 금액 중 큰 금액으로 한다. 첫째, 갱신거절 당시 월차임(차임 외에 보증금이 있는 경우에는 그 보증금을 제7조의2 각 호 중 낮은 비율에 따라 월 단위의 차임으로 전환한 금액을 포함한다. 이하 '환산월차임'이라 한다)의 3개월분에 해당하는 금액, 둘째, 임대인이 제3자에게 임대하여 얻은 환산월차임과 갱신거절 당시 환산월차임 간 차액의 2년분에 해당하는 금액, 셋째, 동법 제6조의2 제1항 제8호의 사유, 즉, 임대인(임대인의 직계존속·직계비속을 포함한다)이 목적 주택에 실제 거주하려는 경우의 사유로 인한 갱신거절로 인하여 임차인이 입은 손해액을 기준으로 한다(동법 제6조의3 제6항).

아. 임대인과 임차인의 차임증감청구권 및 임대인의 차임증액청구권에 대한 제한

민법상 임대차계약의 당사자는 임대물에 대한 공과부담의 증감 기타 경제사정의 변동으로 인하여 약정한 차임이 상당하지 아니할 때에는 증액이나 감액을 상대방에게 청구할 수 있다(민법 제628조).

주택임대차보호법에서도 당사자는 약정한 차임이나 보증금이 임차주택에 관한 조세, 공과금, 그 밖의 부담의 증감이나 경제사정의 변동으로 인하여 적절하지 아니하게 된 때에는 장래에 대하여 그 증감을 청구할 수 있다(동법 제7조 제1항).

다만, 증액청구는 임대차계약 또는 약정한 차임이나 보증금의 증액이 있은 후 1년 이내에는 하지 못한다(동법 제7조 제1항 단서). 또한 증액청구는 약정한 차임이나 보증금의 20분의 1의 금액을 초과하지 못한다. 다만, 특별시·광역시·특별자치시·도 및 특별자치도는 관할 구역 내의 지역별 임대차 시장 여건 등을 고려하여 본문의 범위에서 증액청구의 상한을 조례로 달리 정할 수 있다(동법 제7조 제2항).

차임 등 증액청구의 기준으로는 약정한 차임 등의 20분의 1의 금액을 초과하지 못한다. 또한 증액청구는 임대차계약 또는 약정한 차임 등의 증액이 있은 후 1년 이내에는 하지 못한다(동법 시행령 제8조).

자. 월차임 전환 시 산정률의 제한

전세금이나 보증금을 월세로 전환하는 경우가 최근 사회적인 문제로 대두되면서 임차인들의 월세부담이 가중되는 것을 법적으로 규제하기 위하여 '월차임 전환 시 산정률의 제한'을 두고 있다.

보증금의 전부 또는 일부를 월 단위의 차임으로 전환하는 경우에는 그 전환되는 금액에 다음의 두 가지 중에 낮은 비율을 곱한 월차임(月借賃)의 범위를 초과할 수 없다. 첫째, 「은행법」에 따른 은행에서 적용하는 대출금리와 해당 지역의 경제여건 등을 고려하여 대통령령으로 정하는 비율로서 대통령령으로 정하는 비율은 연 1할이다. 둘째, 한국은행에서 공시한 기준금리에 대통령령으로 정하는 이율을 더한 비율로서 대통령령으로 정하는 이율은 연 2%를 말한다(동법 제7조의2, 동법 시행령 제9조).

임차인이 동법 제7조에 따른 증액비율을 초과하여 차임 또는 보증금을 지급하거나 동법 제7조의2에 따른 월차임 산정률을 초과하여 차임을 지급한 경우에는 초과 지급된 차임 또는 보증금 상당금액의 반환을 청구할 수 있다(동법 제10조의2)

차. 임차인의 일정한 범위의 보증금에 대한 최우선변제권

임차인은 보증금 중 일정액을 다른 담보물권자(擔保物權者)보다 우선하여 변제받을 권리가 있다(동법 제8조). 이 경우 임차인은 주택에 대한 경매신청의 등기 전에 동법 제3조 제1항의 요건(주택의 인도 및 주민등록)을 갖추어야 한다.

임차인의 최우선변제권을 행사할 수 있는 임차인 및 보증금 중 일정액의 범위와 기준은 동법 제8조의2에 따른 주택임대차위원회의 심의를 거쳐 대통령령으로 정한다. 다만, 보증금 중 일정액의 범위와 기준은 주택가액(대지의 가액을 포함한다)의 2분의 1을 넘지 못한다.

동법 시행령에서 규정하고 있는 보증금 중 일정액의 범위를 살펴보면, 다음의 구분에 의한 금액 이하로 한다. 즉, ① 서울특별시: 5천만 원, ②「수도권정비계획법」에 따른 과밀억제권역(서울특별시는 제외한다), 세종특별자치시, 용인시, 화성시 및 김포시: 4천300만 원, ③ 광역시(「수도권정비계획법」에 따른 과밀억제권역에 포함된 지역과 군지역은 제외한다), 안산시, 광주시, 파주시, 이천시 및 평택시: 2천300만 원, ④ 그 밖의 지역: 2천만 원 이내이다(동법 시행령 제10조 제1항).

임차인의 보증금 중 일정액이 주택가액의 2분의 1을 초과하는 경우에는 주택가액의 2분의 1에 해당하는 금액까지만 우선변제권이 있다. 하나의 주택에 임차인이 2명 이상이고, 그 각 보증금 중 일정액을 모두 합한 금액이 주택가액의 2분의 1을 초과하는 경우에는 그 각 보증금 중 일정액을 모두 합한 금액에 대한 각 임차인의 보증금 중 일정액의 비율로 그 주택가액의 2분의 1에 해당하는 금액을 분할한 금액을 각 임차인의 보증금 중 일정액으로 본다. 하나의 주택에 임차인이 2명 이상이고 이들이 그 주택에서 가정공동생활을 하는 경우에는 이들을 1명의 임차인으로 보아 이들의 각 보증금을 합산한다(동법 시행령 제2항 내지 제4항).

또한 우선변제를 받을 임차인의 범위는 다음의 구분에 의한 금액 이하인 임차인으로 한다(동법 시행령 제11조). 즉, ① 서울특별시: 1억 5천만 원, ②「수도권정비계획법」에 따른 과밀억제권역(서울특별시는 제외한다), 세종특별자치시, 용인시, 화성시 및 김포시: 1억 3천만 원, ③ 광역시(「수도권정비계획법」에 따른 과밀억제권역에 포함된 지역과 군지역은 제외한다), 안산시, 광주시, 파주시, 이천시 및 평택시: 7천만 원, ④ 그 밖의 지역: 6천만 원 이하이어야 한다.

카. 사실혼 배우자의 임차권 승계권

임차인과 사실상 혼인관계에 있는 자(사실혼 배우자)는 민법상 재산상속권이 없다. '사실상 혼인관계에 있는 자'라 함은 혼인예식 등 실체상의 혼인절차는 밟았으나, 다만 「민법」 및 「가족관계의 등록 등에 관한 법률」에서 정하는 혼인신고절차만을 밟지 아니한 부부관계에 있는 자를 의미한다.

따라서 임차인이 상속권자 없이 사망한 경우에는 민법 제1058조의 규정에 따라 당해 주택임차권 및 보증금 등의 반환청구권은 국가에 귀속되고 상속권자가 있는 경우에는 그 상속권자가 주택임차권 및 보증금 등의 반환청구권을 상속하게 된다. 따라서 사실상 혼인관계에 있는 자는 임차인의 사망으로 인하여 그 임차주택에서 쫓겨나는 신세가 되고 만다.

이러한 불합리를 제거하고 임차인과 사실상 혼인관계에 있는 자의 주거생활의 안정을 보장하기 위하여 임차인이 상속권자 없이 사망한 경우에는 임차권은 그 주택에서 임차인과 함께 살고 있던 사실상 혼인관계에 있는 자에게 승계되도록 하고, 한편으로 상속권자가 있는 경우에도 그 상속권자가 임차인과 함께 살고 있지 않을 때에는 임차권은 사실상 혼인관계에 있는 자와 비동거자인 상속권자 중 2촌 이내의 친족이 공동으로 승계토록 하고 있다(동법 제9조 제1항과 제2항). 이 경우에 임대차관계에서 생긴 채권·채무는 임차인의 권리·의무를 승계한 자에게 귀속된다. 다만, 임차인이 사망한 후 1개월 이내에 임대인에게 임차권의 승계 대상자가 반대의사를 표시한 경우에는 승계되지 아니한다.

타. 주택임대차위원회와 주택임대차분쟁조정위원회의 설치 및 운영

(1) 주택임대차위원회의 설치

동법 제8조에 따라 우선변제를 받을 임차인 및 보증금 중 일정액의 범위와 기준을 심의하기 위하여 법무부에 주택임대차위원회(이하 '위원회'라 한다)를 둔다. 위원회는 위원장 1명을 포함한 9명 이상 15명 이하의 위원으로 성별을 고려하여 구성한다. 위원회의 위원장은 법무부차관이 된다(동법 제8조의2 제1항 내지 제3항).

(2) 주택임대차분쟁조정위원회의 설치

동법의 적용을 받는 주택임대차와 관련된 분쟁을 심의·조정하기 위하여 「법률구조법」 제8조에 따른 대한법률구조공단(이하 '공단'이라 한다)의 지부, 「한국토지주택공사법」에 따른 한국토지주택공사(이하 '공사'라 한다)의 지사 또는 사무소 및 「한국감정원법」에 따른 한국감정원(이하 '감정원'이라 한다)의 지사 또는 사무소에 주택임대차분쟁조정위원회(이하 '조정위원회'라 한다)를 둔다. 특별시·광역시·특별자치시·도 및 특별자치도(이하 '시·도'라 한다)는 그 지방자치단체의 실정을 고려하여 조정위원회를 둘 수 있다(동법 제14조 제1항).

조정위원회는 ① 차임 또는 보증금의 증감에 관한 분쟁, ② 임대차기간에 관한 분쟁, ③ 보증금 또는 임차주택의 반환에 관한 분쟁, ④ 임차주택의 유지·수선 의무에 관한 분쟁, ⑤ 그 밖에 대통령령으로 정하는 주택임대차에 관한 분쟁을 심의·조정한다(동법 제14조 제2항).

조정위원회의 운영에 관한 보다 세부적인 절차와 내용은 동법 제15조 내지 제30조의 내용을 참조하는 것이 필요하다.

제5절 상가건물 임대차와 임차인보호

1. 상가건물 임대차보호법의 제정과 개정

가. 상가건물 임대차보호법의 제정목적과 개정이유

상가건물임대차보호법(이하 이 절에서는 '동법'이라 함)은 상가건물의 임대차에서 일반적으로 경제적·사회적 약자인 임차인들이 임대료 인상문제, 임대인의 해지권한 남용, 임대차기간의 불안정성, 월세산정 시 고율의 이자율 적용문제, 임대보증금의 미반환문제, 임차건물에 대한 등기의 어려움 등 각종 형태의 불이익을 감수하고 있지만 정작 이들 임차인들을 사회적으로 보호하기 위한 법적 장치가 없는 현실을 고려하여, 이러한 상가건물의 임차인들을 보호함으로써 임차인들의 경제생활의 안정을 도모하기 위하여 2001. 12. 29. 제정되었다.

그 후 13차례 개정되었으며 2020. 9. 29. 최근 개정은 코로나 19의 여파로 국내 소비지출이 위축되고 상가임차인의 매출과 소득이 급감하고 있는 가운데, 임대료가 상가임차인의 영업활동에 큰 부담이 되고 있는 실정에서 이에 이 법 시행 후 6개월의 기간 동안 연체한 차임액은 계약의 해지, 계약갱신 거절 등의 사유가 되는 차임연체액에 해당하지 않는 것으로 보도록 함으로써 경제적 위기 상황 동안 임대인의 계약 해지 등을 제한하는 임시적 특례를 두는 한편, 차임 등의 증감청구권 사유에 '제1급감염병 등에 의한 경제사정의 변동'을 명시하고, 제1급 감염병에 의한 경제사정의 변동으로 차임 등이 감액된 후 임대인이 증액을 청구하는 경우에는 증액된 차임 등이 감액 전 차임 등의 금액에 달할 때까지는 증액상한이 적용되지 않도록 함으로써 상가임차인에게 가장 큰 고충이 되고 있는 임대료 부담을 완화하려는 데 개정이유가 있다.

나. 상가건물 임대차보호법의 적용범위

(1) 상가건물 임대차보호법은 상가건물의 임대차에 한하여 적용된다(동법 제2조 제1항 본문).

동법의 적용범위는 상가건물의 임대차에 대하여 적용한다(동법 제2조 제1항). 상가건물은 「부가가치세법」 제8조, 「소득세법」 제168조 또는 「법인세법」 제111조에 따른 사업자등록의 대상이 되는 건물이다(동법 제3조 제1항). 따라서 사업자등록의 대상이 되는 상가·사무실·공장·창고 등 영업용 건물만 해당되며, 사업자등록의 대상이 되지 않는 동창회사무실, 교회 등의 비영리단체의 건물은 이 법의 적용을 받지 않는다. 여기서 말하는 건물의 영업성은 임대차 목적물의 주된 부분이 영업용으로 사용되는 경우에 인정된다. 한편 일시사용을 위한 상가건물 임대차임이 명백한 경우에는 이 법이 적용되지 않는다(동법 제16조).

(2) 상가건물의 임대차 중에서 보증금이 대통령령이 정하는 보증금액 이하인 임대차만이 이 법의 적용을 받는다(동법 제2조 제1항 단서).

동법 제14조의2에 따른 상가건물임대차위원회의 심의를 거쳐 대통령령으로 정하는 보증금액을 초과하는 임대차에 대하여는 동법의 적용을 받지 아니한다.

동법에 따른 임대차의 보증금액을 정할 때에는 해당 지역의 경제 여건 및 임대차 목적물의 규모 등을 고려하여 지역별로 구분하여 규정하되, 보증금 외에 차임이 있는 경우에는 그 차임액에 「은행법」에 따른 은행의 대출금리 등을 고려하여 대통령령으로 정하는 비율을 곱하여 환산한 금액을 포함하여야 한다.

다만, 동법 제3조, 제10조 제1항, 제2항, 제3항 본문, 제10조의2부터 제10조의9까지의 규정 및 제19조는 동법 제2조 제1항 단서에 따른 보증금액을 초과하는 임대차에 대하여도 적용한다.

「상가건물 임대차보호법」 제2조 제1항 단서에서 '대통령령으로 정하는 보증금액'이란 다음의 구분에 의한 금액을 말한다. 즉, ① 서울특별시: 9억 원, ② 「수도권정비계획법」에 따른 과밀억제권역(서울특별시는 제외한다) 및 부산광역시: 6억 9천만 원, ③ 광역시(「수도권정비계획법」에 따른 과밀억제권역에 포함된 지역과 군지역, 부산광역시는 제외한다), 세종특별자치시, 파주시, 화성시, 안산시, 용인시, 김포시 및 광주시: 5억 4천만 원, ④ 그 밖의 지역: 3억 7천만 원 이하의 금액으로 체결된 임대차에 한한다. 보증금 외에 차임이 있는 경우의 차임액은 월 단위의 차임액으로 한다. 또한 '대통령령으로 정하는 비율'이라 함은 1분의 100을 말한다(동법 시행령 제2조 제1항 내지 제3항).

2. 상가건물 임대차보호법의 임차인보호제도

가. 임차권의 대항력

임차권의 대항력이란 임차인이 임대차관계를 계약당사자 이외의 제3자에게도 주장할 수 있는 것을 말하며, 예컨대 건물의 소유권이 이전되는 경우에도 임차인이 새로운 소유자에게 임차권을 주장할 수 있다. 임대차는 그 등기가 없는 경우에도 임차인이 건물의 인도와 「부가가치세법」 제8조, 「소득세법」 제168조 또는 「법인세법」 제111조에 따른 사업자등록을 신청하면 그 다음 날부터 제3자에 대하여 효력이 생긴다.

여기서 그 '다음 날부터'라 함은 '다음 날 오전 0시부터'를 의미한다. 다만 임차인이 건물의 인도와 사업자등록신청을 하기 전에 그 상가에 이미 저당권등기나 가압류, 가등기 등이 행하여졌고 그 결과 경매나 가등기에 의한 본등기로 소유권자가 새로이 변경된 경우에는 임차권은 소멸한다.

임차권의 대항력이 생기려면 임대차계약서상 내용이 사업자등록사항과 일치하고 임대차계약서상 임대차 목적물이 등기부등본 등 공부와 일치하여야 대항력이 보장되므로 이를 일치시키도록 하여야 한다. 임대인의 인적사항, 보증금, 차임, 임대차기간, 면적, 임대차 목적물, 건물 일부 임차 시 해당 도면 등이 변경되는 경우 사업자등록정정신고를 하여야 한다.

임차건물의 양수인(그 밖에 임대할 권리를 승계한 자를 포함한다)은 임대인의 지위를 승계한 것으로 본다. 동법에 따라 임대차의 목적이 된 건물이 매매 또는 경매의 목적물이 된 경우에는 「민법」 제575조 제1항·제3항(제한물권 있는 경우와 매도인의 담보책임) 및 제578조(경매와 매도인의 담보책임)를 준용한다. 또한 「민법」 제536조(동시이행의 항변권)를 준용한다.

나. 임차인의 우선변제권

우선변제권은 특정채권자가 채무자의 재산으로부터 다른 채권자보다 우선하여 변제받을 수 있는 권리이다. 이 법에 의하면 상가임차인은 대항요건을 갖추고 관할 세무서장으로부터 임대차계약서상의 확정일자를 받은 경우 경매나 공매 시 임차한 대지를 포함한 상가건물의 환가대금에서 후순위권리자 그 밖의 채권자보다 우선하여 변제받을 수 있다. 즉 상가임차인은 건물의 인도와 사업자등록신청으로 대항요건을 갖추고 나아가 관할세무서장으로부터 임대차 계약서상 확정일자를 받은 경우에 확정일자를 기준으로 그 이후에 설정되는 담보권에 대하여 우선변제권을 취득한다.

또한 우선변제권의 성립시기와 관련하여 유의할 점은 상가임차인이 대항력취득 요건을 구비할 것이 전제되어야 한다는 점이다. 그러므로 상가임차인이 사업자등록신청과 확정일자를 이사하는 당일에 하였더라도 같은 날 담보물권(대표적으로 저당권)이 설정될 경우 담보물권이 우선한다. 왜냐하면 임차인이 건물인도를 받고 사업자등록신청을 한 그 다음 날부터 대항력이 발생하지만 담보물권은 설정등기를 경료한 날에 우선변제권이 발생하기 때문이다.

확정일자를 받는 경우에 이 법 시행 전에 사업자등록을 한 기존사업자와 새로이 사업자등록을 신청하려는 신규사업자 사이에는 첨부서류에 차이가 있다. 먼저 기존사업자는 '사업자등록정정신고서'에 사업자등록증 원본, 임대차계약서 원본, 건물의 일부를 임차한 경우에는 해당 부분의 도면, 본인 신분증(대리인은 위임장 및 대리인 신분증)을 첨부하여 관할 세무서에 제출하여야 한다. 반면에 신규사업자는 '사업자등록신청서'에 사업허가증 · 등록증 · 신고필증 사본, 임대차계약서 원본, 건물의 일부를 임차한 경우 해당 부분의 도면, 본인 신분증(대리인은 위임장 및 대리인 신분증)을 첨부하여 관할 세무서에 제출하여야 한다.

다. 소액임차인의 최우선변제권

최우선변제권은 임차건물이 경매 또는 공매절차를 통해 환가되는 경우에 임차인이 경락대금 등의 환가대금에서 보증금 중 일정액을 모든 권리자에 최우선하여 변제받을 수 있는 권리이다. 소액임차인이 갖는 최우선변제권은 확정일자를 요하지 않고 임차목적물에 대한 경매신청의 등기 전에 대항력을 갖추면 성립한다(동법 제14조 제1항).

최우선변제를 받을 임차인 및 보증금 중 일정액의 범위와 기준은 임대건물가액(임대인 소유의 대지가액을 포함한다)의 2분의 1 범위에서 해당 지역의 경제 여건, 보증금 및 차임 등을 고려하여 제14조의2에 따른 상가건물임대차위원회의 심의를 거쳐 대통령령으로 정한다(동법 제14조 제3항).

　최우선변제를 받을 임차인의 범위에 대하여는 2014년 1월 1일 기준으로 동법 제14조의 규정에 의하여 우선변제를 받을 임차인은 보증금과 차임이 있는 경우 동법 제2조 제2항의 규정에 의하여 환산한 금액의 합계가 다음의 구분에 의한 금액 이하인 임차인으로 한다(동법 시행령 제6조). 즉, ① 서울특별시: 6천500만 원, ② 「수도권정비계획법」에 따른 과밀억제권역(서울특별시는 제외한다): 5천500만 원, ③ 광역시(「수도권정비계획법」에 따른 과밀억제권역에 포함된 지역과 군지역은 제외한다), 안산시, 용인시, 김포시 및 광주시: 3천8백만 원 및 ④ 그 밖의 지역: 3천만 원이하 이다.

　최우선변제를 받을 보증금의 범위 등은 2014년 1월 1일 기준으로 다음의 구분에 의한 금액 이하로 한다(동법 시행령 제7조 제1항). 즉, ① 서울특별시: 2천200만 원, ② 「수도권정비계획법」에 따른 과밀억제권역(서울특별시는 제외한다): 1천900만 원, ③ 광역시(「수도권정비계획법」에 따른 과밀억제권역에 포함된 지역과 군지역은 제외한다), 안산시, 용인시, 김포시 및 광주시: 1천300만 원, ④ 그 밖의 지역: 1천만 원 이하이다.

　임차인의 보증금 중 일정액이 상가건물의 가액의 2분의 1을 초과하는 경우에는 상가건물의 가액의 2분의 1에 해당하는 금액에 한하여 우선변제권이 있다(동법 시행령 제7조 제2항).

　하나의 상가건물에 임차인이 2인 이상이고, 그 각 보증금중 일정액의 합산액이 상가건물의 가액의 2분의 1을 초과하는 경우에는 그 각 보증금중 일정액의 합산액에 대한 각 임차인의 보증금 중 일정액의 비율로 그 상가건물의 가액의 2분의 1에 해당하는 금액을 분할한 금액을 각 임차인의 보증금 중 일정액으로 본다(동법 시행령 제7조 제3항).

라. 확정일자 부여 및 임대차정보의 제공 등

　임차권의 대항요건을 갖추고 관할 세무서장으로부터 임대차계약서상의 확정일자를 받아야 하는데, 확정일자는 상가건물의 소재지 관할 세무서장이 부여한다. 관할 세무서장은 해당 상가건물의 소재지, 확정일자 부여일, 차임 및 보증금 등을 기재한 확정일자부를 작성하여야 한다. 이 경우 전산정보처리조직을 이용할 수 있다(동법 제4조 제1항과 제2항).

상가건물의 임대차에 이해관계가 있는 자는 관할 세무서장에게 해당 상가건물의 확정일자 부여일, 차임 및 보증금 등 정보의 제공을 요청할 수 있다. 이 경우 요청을 받은 관할 세무서장은 정당한 사유 없이 이를 거부할 수 없다(동법 제4조 제3항). 이 경우 정보의 제공을 요청할 수 있는 상가건물의 임대차에 이해관계가 있는 자(이하 '이해관계인'이라 한다)는 다음의 어느 하나에 해당하는 자로 한다(동법 시행령 제3조의2). 즉, ① 해당 상가건물 임대차계약의 임대인·임차인, ② 해당 상가건물의 소유자, ③ 해당 상가건물 또는 그 대지의 등기부에 기록된 권리자 중 법무부령으로 정하는 자, ④ 동법 제5조 제7항에 따라 우선변제권을 승계한 금융기관 등, ⑤ 제1호부터 제4호까지에서 규정한 자에 준하는 지위 또는 권리를 가지는 자로서 임대차 정보의 제공에 관하여 법원의 판결을 받은 자를 말한다. ③ '법무부령으로 정하는 자'란 해당 상가건물 또는 대지의 등기부에 기록되어 있는 환매권자, 지상권자, 전세권자, 질권자, 저당권자·근저당권자, 임차권자, 신탁등기의 수탁자, 가등기권리자, 압류채권자 및 경매개시결정의 채권자를 말한다(동법 시행규칙 제4조 제2항).

임대차계약을 체결하려는 자는 임대인의 동의를 받아 관할 세무서장에게 정보제공을 요청할 수 있다. 확정일자부에 기재하여야 할 사항, 상가건물의 임대차에 이해관계가 있는 자의 범위, 관할 세무서장에게 요청할 수 있는 정보의 범위 및 그 밖에 확정일자 부여사무와 정보제공 등에 필요한 사항은 대통령령으로 정한다(동법 제4조 제4항과 제5항).

마. 임차인의 계약갱신요구권

임차인이 거액의 시설비를 투자하고 단기간에 명도당하는 불이익을 배제하기 위하여 임차인에게 최초의 임대차 기간을 포함한 전체 임대차 기간이 5년을 초과하지 않는 범위 내에서 임대인에 대해 갱신요구권을 행사할 수 있다. 이에 대해 임대인은 정당한 사유 없이는 이를 거절하지 못한다(제10조). 따라서 임차인은 재계약을 원할 경우 임대차기간 만료 전 6월부터 1월까지 사이에 내용증명 등을 발송하여 임대차계약의 갱신을 요구할 수 있다.

그러나 다음과 같은 사유가 있는 경우에는 임대인은 임차인의 갱신요구를 거절할 수 있다.

① 임차인이 3기의 차임액에 해당하는 금액에 이르도록 차임을 연체한 사실이

있는 경우,

② 임차인이 거짓이나 그 밖의 부정한 방법으로 임차한 경우,

③ 서로 합의하여 임대인이 임차인에게 상당한 보상을 제공한 경우,

④ 임차인이 임대인의 동의 없이 목적 건물의 전부 또는 일부를 전대(轉貸)한 경우,

⑤ 임차인이 임차한 건물의 전부 또는 일부를 고의나 중대한 과실로 파손한 경우,

⑥ 임차한 건물의 전부 또는 일부가 멸실되어 임대차의 목적을 달성하지 못할 경우,

⑦ 임대인이 다음의 어느 하나에 해당하는 사유로 목적 건물의 전부 또는 대부분을 철거하거나 재건축하기 위하여 목적 건물의 점유를 회복할 필요가 있는 경우, 즉, ㉠ 임대차계약 체결 당시 공사시기 및 소요기간 등을 포함한 철거 또는 재건축 계획을 임차인에게 구체적으로 고지하고 그 계획에 따르는 경우, ㉡ 건물이 노후·훼손 또는 일부 멸실되는 등 안전사고의 우려가 있는 경우, ㉢ 다른 법령에 따라 철거 또는 재건축이 이루어지는 경우

⑧ 그 밖에 임차인이 임차인으로서의 의무를 현저히 위반하거나 임대차를 존속하기 어려운 중대한 사유가 있는 경우 등이다(동법 제10조 제1항).

임차인의 계약갱신요구권은 최초의 임대차기간을 포함한 전체 임대차기간이 10년을 초과하지 아니하는 범위에서만 행사할 수 있다. 갱신되는 임대차는 전 임대차와 동일한 조건으로 다시 계약된 것으로 본다. 다만, 차임과 보증금은 동법 제11조에 따른 범위에서 증감할 수 있다. 임대인이 임대차기간이 만료되기 6개월 전부터 1개월 전까지의 기간 이내에 임차인에게 갱신거절의 통지 또는 조건 변경의 통지를 하지 아니한 경우에는 그 기간이 만료된 때에 전 임대차와 동일한 조건으로 다시 임대차한 것으로 본다. 이 경우에 임대차의 존속기간은 1년으로 본다. 이 경우 임차인은 언제든지 임대인에게 계약해지의 통고를 할 수 있고, 임대인이 통고를 받은 날부터 3개월이 지나면 효력이 발생한다(동법 제10조 제2항 내지 제5항).

바. 임대차기간의 보장

기간을 정하지 아니하거나 기간을 1년 미만으로 정한 임대차는 그 기간을 1년으로 본다. 다만, 임차인은 1년 미만으로 정한 기간이 유효함을 주장할 수 있다.

이를 편면적 강행규정이라고 하여 임대인에게만 강행규정으로서 효력을 발휘한다.

임대차가 종료한 경우에도 임차인이 보증금을 돌려받을 때까지는 임대차 관계는 존속하는 것으로 본다(동법 제9조 제1항 및 제2항).

사. 차임 등의 증감청구권

(1) 차임 등의 증감청구권

차임 또는 보증금이 임차건물에 관한 조세, 공과금, 그 밖의 부담의 증감이나 「감염병의 예방 및 관리에 관한 법률」 제2조 제2호에 따른 제1급감염병 등에 의한 경제사정의 변동으로 인하여 상당하지 아니하게 된 경우에는 당사자는 장래의 차임 또는 보증금에 대하여 증감을 청구할 수 있다. 그러나 증액의 경우에는 대통령령으로 정하는 기준에 따른 비율을 초과하지 못한다. 증액 청구는 임대차계약 또는 약정한 차임 등의 증액이 있은 후 1년 이내에는 하지 못한다(동법 제11조 제1항 및 제2항).

「감염병의 예방 및 관리에 관한 법률」 제2조 제2호에 따른 제1급감염병에 의한 경제사정의 변동으로 차임 등이 감액된 후 임대인이 제1항에 따라 증액을 청구하는 경우에는 증액된 차임 등이 감액 전 차임 등의 금액에 달할 때까지는 같은 항 단서를 적용하지 아니한다(동법 제11조 제3항).

동법 제11조 제1항의 규정에 의한 차임 또는 보증금의 증액청구는 청구당시의 차임 또는 보증금의 100분의 5의 금액을 초과하지 못한다(동법 시행령 제4조).

(2) 계약 갱신의 특례가 적용되는 차임증감청구권

동법 제2조 제1항 단서(다만, 제14조의2에 따른 상가건물임대차위원회의 심의를 거쳐 대통령령으로 정하는 보증금액을 초과하는 임대차에 대하여는 그러하지 아니하다)에 따른 보증금액을 초과하는 임대차의 계약갱신의 경우에는 당사자는 상가건물에 관한 조세, 공과금, 주변 상가건물의 차임 및 보증금, 그 밖의 부담이나 경제사정의 변동 등을 고려하여 차임과 보증금의 증감을 청구할 수 있다(동법 제10조의2).

차임 또는 보증금이 임차건물에 관한 조세, 공과금 그 밖의 부담의 증감이나 경제사정의 변동으로 인하여 상당하지 아니하게 된 때에는 당사자는 장래에 대하여 그 증감을 청구할 수 있다. 그러나 증액의 경우에는 대통령령이 정하는 기준에 따른 비율인 청구 당시의 차임 또는 보증금의 100분의 12의 금액을 초과하지 못한다(제11조).

아. 임차권등기명령

임차권등기명령제는 임대차가 종료한 후에 보증금을 반환받지 못한 임차인이 이사를 가거나 사업자등록을 옮기더라도 기존의 임차권의 대항력과 우선변제권을 유지되도록 임차인 단독으로 임차권의 등기신청을 가능하도록 하고 이에 의하여 임차권등기가 경료되도록 하는 제도이다. 이는 등기권리자와 등기의무자의 공동신청에 의할 것을 요하는 부동산등기신청의 원칙에 대한 예외이다.

임대차가 종료된 후 보증금이 반환되지 아니한 경우 임차인은 임차건물의 소재지를 관할하는 지방법원, 지방법원지원 또는 시·군법원에 임차권등기명령을 신청할 수 있다(동법 제6조 제1항).

임차권등기명령을 신청할 때에는 다음의 사항을 기재하여야 하며, 신청이유 및 임차권등기의 원인이 된 사실을 소명하여야 한다. 즉, ① 신청취지 및 이유, ② 임대차의 목적인 건물(임대차의 목적이 건물의 일부분인 경우에는 그 부분의 도면을 첨부한다), ③ 임차권등기의 원인이 된 사실(임차인이 제3조 제1항에 따른 대항력을 취득하였거나 제5조 제2항에 따른 우선변제권을 취득한 경우에는 그 사실) 및 ④ 그 밖에 대법원규칙으로 정하는 사항이다(동법 제6조 제2항).

임차권등기명령의 신청에 대한 재판, 임차권등기명령의 결정에 대한 임대인의 이의신청 및 그에 대한 재판, 임차권등기명령의 취소신청 및 그에 대한 재판 또는 임차권등기명령의 집행 등에 관하여는 「민사집행법」의 일부규정들(제280조제1항, 제281조, 제283조, 제285조, 제286조, 제288조제1항·제2항 본문, 제289조, 제290조제2항 중 제288조제1항에 대한 부분, 제291조, 제293조)을 준용한다. 이 경우 "가압류"는 "임차권등기"로, "채권자"는 "임차인"으로, "채무자"는 "임대인"으로 본다(동법 제6조 제3항). 임차권등기명령신청을 기각하는 결정에 대하여 임차인은 항고할 수 있다.

임차권등기명령의 집행에 따른 임차권등기를 마치면 임차인은 동법 제3조 제1항에 따른 대항력과 동법 제5조 제2항에 따른 우선변제권을 취득한다. 다만, 임차인이 임차권등기 이전에 이미 대항력 또는 우선변제권을 취득한 경우에는 그 대항력 또는 우선변제권이 그대로 유지되며, 임차권등기 이후에는 동법 제3조 제1항의 대항요건을 상실하더라도 이미 취득한 대항력 또는 우선변제권을 상실하지 아니한다(동법 제6조 제5항).

임차권등기명령의 집행에 따른 임차권등기를 마친 건물(임대차의 목적이 건물의 일부분인 경우에는 그 부분으로 한정한다)을 그 이후에 임차한 임차인은 제14조에 따른 우선변제를 받을 권리가 없다. 임차권등기의 촉탁, 등기관의 임차권등기 기입 등 임차권등기명령의 시행에 관하여 필요한 사항은 대법원규칙으로 정한다. 임차인은 임차권등기명령의 신청 및 그에 따른 임차권등기와 관련하여 든 비용을 임대인에게 청구할 수 있다. 금융기관 등은 임차인을 대위하여 제1항의 임차권등기명령을 신청할 수 있다(동법 제6조 제6항 내지 제9항).

자. 월차임 전환 시 산정률의 제한

보증금의 전부 또는 일부를 월 단위의 차임으로 전환하는 경우에는 그 전환되는 금액에 다음의 두 가지 중에서 낮은 비율을 곱한 월 차임의 범위를 초과할 수 없다. 첫째, 「은행법」에 따른 은행의 대출금리 및 해당 지역의 경제 여건 등을 고려하여 대통령령으로 정하는 비율이나 둘째, 한국은행에서 공시한 기준금리에 대통령령으로 정하는 배수를 곱한 비율이다(동법 제12조).

동법 제12조에서 첫째 '대통령령으로 정하는 비율'이란 연 1할 2푼을 말한다. 또한 동법 제12조에서 둘째 '대통령령으로 정하는 배수'란 4.5배를 말한다(동법 시행령 제5조).

이러한 제한은 임대인의 과다한 월세로 인한 임차인의 피해를 방지하고 안정된 임대차계약을 조성하여 임차인의 경제생활을 보다 안정적으로 유지하고자 하는 목적에서 규정되었다.

차. 권리금의 보장

(1) 권리금의 정의

권리금이란 임대차 목적물인 상가건물에서 영업을 하는 자 또는 영업을 하려는 자가 영업시설·비품, 거래처, 신용, 영업상의 노하우, 상가건물의 위치에 따른 영업상의 이점 등 유형·무형의 재산적 가치의 양도 또는 이용대가로서 임대인, 임차인에게 보증금과 차임 이외에 지급하는 금전 등의 대가를 말한다. 권리금 계약이란 신규임차인이 되려는 자가 임차인에게 권리금을 지급하기로 하는 계약을 말한다(동법 제10조의3 제1항 및 제2항).

(2) 권리금 회수기회 보호 등

임대인은 임대차기간이 끝나기 6개월 전부터 임대차 종료 시까지 다음의 어느 하나에 해당하는 행위를 함으로써 권리금 계약에 따라 임차인이 주선한 신규임차인이 되려는 자로부터 권리금을 지급받는 것을 방해하여서는 아니 된다. 즉, ① 임차인이 주선한 신규임차인이 되려는 자에게 권리금을 요구하거나 임차인이 주선한 신규임차인이 되려는 자로부터 권리금을 수수하는 행위, ② 임차인이 주선한 신규임차인이 되려는 자로 하여금 임차인에게 권리금을 지급하지 못하게 하는 행위, ③ 임차인이 주선한 신규임차인이 되려는 자에게 상가건물에 관한 조세, 공과금, 주변 상가건물의 차임 및 보증금, 그 밖의 부담에 따른 금액에 비추어 현저히 고액의 차임과 보증금을 요구하는 행위 및 ④ 그 밖에 정당한 사유 없이 임대인이 임차인이 주선한 신규임차인이 되려는 자와 임대차계약의 체결을 거절하는 행위이다(동법 제10조의4 제1항).

다만, 동법 제10조 제1항의 계약갱신요구를 거절할 수 있는 정당한 사유의 어느 하나에 해당하는 사유가 있는 경우에는 그러하지 아니하다(동법 제10조의4 제1항 단서).

그러나 다음의 어느 하나에 해당하는 경우에는 동법 제10조의4 제1항 제4호(그 밖에 정당한 사유 없이 임대인이 임차인이 주선한 신규임차인이 되려는 자와 임대차계약의 체결을 거절하는 행위)에서 규정하고 있는 정당한 사유가 있는 것으로 본다. 즉, ① 임차인이 주선한 신규임차인이 되려는 자가 보증금 또는 차임을 지급할 자력이 없는 경우, ② 임차인이 주선한 신규임차인이 되려는 자가 임차인으로서의 의무를 위반할 우려가 있거나 그 밖에 임대차를 유지하기 어려운 상당한 사유가 있는 경우, ③ 임대차 목적물인 상가건물을 1년 6개월 이상 영리목적으로 사용하지 아니한 경우 및 ④ 임대인이 선택한 신규임차인이 임차인과 권리금 계약을 체결하고 그 권리금을 지급한 경우이다(동법 제10조의4 제2항).

임대인이 동법 제10조의4 제1항을 위반하여 임차인에게 손해를 발생하게 한 때에는 그 손해를 배상할 책임이 있다. 이 경우 그 손해배상액은 신규임차인이 임차인에게 지급하기로 한 권리금과 임대차 종료 당시의 권리금 중 낮은 금액을 넘지 못한다. 이에 따라 임대인에게 손해배상을 청구할 권리는 임대차가 종료한 날부터 3년 이내에 행사하지 아니하면 시효의 완성으로 소멸한다. 임차인은 임대인에게 임차인이 주선한 신규임차인이 되려는 자의 보증금 및 차임을 지급할 자력 또는 그 밖에 임차인으로서의 의무를 이행할 의사 및 능력에 관하여 자신이 알고 있는 정보를 제공하여야 한다(동법 제10조의4 제3항 내지 제5항).

(3) 권리금 적용 제외

동법 제10조의4에서 규정하고 있는 '권리금 회수 기회의 보호 등'은 다음의 어느 하나에 해당하는 상가건물 임대차의 경우에는 적용하지 아니한다. 첫째, 임대차 목적물인 상가건물이 「유통산업발전법」 제2조에 따른 대규모점포 또는 준대규모점포의 일부인 경우(다만, 「전통시장 및 상점가 육성을 위한 특별법」 제2조제1호에 따른 전통시장은 제외한다)와 둘째, 임대차 목적물인 상가건물이 「국유재산법」에 따른 국유재산 또는 「공유재산 및 물품 관리법」에 따른 공유재산인 경우이다(동법 제10조의5 제1항 및 제2항).

(4) 표준권리금계약서의 작성 등

국토교통부장관은 법무부장관과 협의를 거쳐 임차인과 신규임차인이 되려는 자의 권리금 계약 체결을 위한 표준권리금계약서를 정하여 그 사용을 권장할 수 있다(동법 제10조의6).

(5) 권리금 평가기준의 고시

국토교통부장관은 권리금에 대한 감정평가의 절차와 방법 등에 관한 기준을 고시할 수 있다(동법 제10조의7).

타. 전대차관계에 대한 적용

「상가건물 임대차보호법」의 규정 중에서 일부 규정은 전대차관계에 대하여 적용되는데, ① 제10조(계약갱신요구 등), ② 제10조의2(계약갱신의 특례), ③ 제10조의8(차임연체와 해지), ④ 제10조의9(제10조 및 제10조의8에 관한 부분으로 한정한다)(계약 갱신요구 등에 관한 임시 특례), ⑤ 제11조(차임 등의 증감청구권) 및 ⑥ 제12조(월 차임 전환 시 산정률의 제한)는 전대인(轉貸人)과 전차인(轉借人)의 전대차관계에 적용한다(동법 제13조 제1항).

임대인의 동의를 받고 전대차계약을 체결한 전차인은 임차인의 계약갱신요구권 행사기간 이내에 임차인을 대위(代位)하여 임대인에게 계약갱신요구권을 행사할 수 있다(동법 제13조 제2항).

카. 상가건물임대차위원회와 상가건물임대차 분쟁조정위원회의 구성 및 운영

(1) 상가건물임대차위원회의 구성 및 운영

상가건물 임대차에 관한 다음의 사항을 심의하기 위하여 법무부에 상가건물임대차위원회(이하 '위원회'라 한다)를 둔다. 즉, 동법 제2조 제1항 단서에 따른 보증금액과 동법 제14조에 따라 우선변제를 받을 임차인 및 보증금 중 일정액의 범위와 기준에 관한 사항이다.

위원회는 위원장 1명을 포함한 10명 이상 15명 이하의 위원으로 성별을 고려하여 구성한다. 위원회의 위원장은 법무부차관이 된다.

위원회의 위원은 다음의 7개 분야의 어느 하나에 해당하는 사람 중에서 위원장이 임명하거나 위촉하되, 동법 제14조의2 제1항 제1호부터 제6호까지에 해당하는 위원을 각각 1명 이상 임명하거나 위촉하여야 하고, 위원 중 2분의 1 이상은 제1호·제2호 또는 제7호에 해당하는 사람을 위촉하여야 한다.

즉, ① 법학·경제학 또는 부동산학 등을 전공하고 상가건물 임대차 관련 전문지식을 갖춘 사람으로서 공인된 연구기관에서 조교수 이상 또는 이에 상당하는 직에 5년 이상 재직한 사람, ② 변호사·감정평가사·공인회계사·세무사 또는 공인중개사로서 5년 이상 해당 분야에서 종사하고 상가건물 임대차 관련 업무경험이 풍부한 사람, ③ 기획재정부에서 물가 관련 업무를 담당하는 고위공무원단에 속하는 공무원, ④ 법무부에서 상가건물 임대차 관련 업무를 담당하는 고위공무원단에 속하는 공무원(이에 상당하는 특정직공무원을 포함한다), ⑤ 국토교통부에서 상가건물 임대차 관련 업무를 담당하는 고위공무원단에 속하는 공무원, ⑥ 중소벤처기업부에서 소상공인 관련 업무를 담당하는 고위공무원단에 속하는 공무원 및 ⑦ 그 밖에 상가건물 임대차 관련 학식과 경험이 풍부한 사람으로서 대통령령으로 정하는 사람이다.

여기서 '대통령령으로 정하는 사람'이란 다음의 어느 하나에 해당하는 사람을 말한다. 첫째, 특별시·광역시·특별자치시·도 및 특별자치도(이하 '시·도'라 한다)에서 상가건물 정책 또는 부동산 관련 업무를 담당하는 주무부서의 실·국장 및 둘째, 법무사로서 5년 이상 해당 분야에서 종사하고 상가건물 임대차 관련 업무 경험이 풍부한 사람이다(동법 시행령 제7조의2).

(2) 상가건물임대차 분쟁조정위원회의 구성 및 운영

이 법의 적용을 받는 상가건물 임대차와 관련된 분쟁을 심의·조정하기 위하여 대통령령으로 정하는 바에 따라 「법률구조법」 제8조에 따른 대한법률구조공단의 지부, 「한국토지주택공사법」에 따른 한국토지주택공사의 지사 또는 사무소 및 「한국감정원법」에 따른 한국감정원의 지사 또는 사무소에 상가건물임대차분쟁조정위원회(이하 '조정위원회'라 한다)를 둔다. 특별시·광역시·특별자치시·도 및 특별자치도는 그 지방자치단체의 실정을 고려하여 조정위원회를 둘 수 있다(동법 제21조 제1항).

조정위원회는 다음 각의 사항을 심의·조정한다. 즉, ① 차임 또는 보증금의 증감에 관한 분쟁, ② 임대차기간에 관한 분쟁, ③ 보증금 또는 임차상가건물의 반환에 관한 분쟁, ④ 임차상가건물의 유지·수선 의무에 관한 분쟁, ⑤ 권리금에 관한 분쟁 및 ⑥ 그 밖에 대통령령으로 정하는 상가건물 임대차에 관한 분쟁이다(동법 제21조 제2항).

여기서 "대통령령으로 정하는 상가건물 임대차에 관한 분쟁"이란 다음의 분쟁을 말한다. 임대차계약의 이행 및 임대차계약 내용의 해석에 관한 분쟁, 임대차계약 갱신 및 종료에 관한 분쟁, 임대차계약의 불이행 등에 따른 손해배상청구에 관한 분쟁, 공인중개사 보수 등 비용부담에 관한 분쟁, 동법 제19조에 따른 상가건물임대차표준계약서의 사용에 관한 분쟁 및 그 밖에 위의 다섯 가지에 준하는 분쟁으로서 조정위원회의 위원장이 조정이 필요하다고 인정하는 분쟁을 말한다(동법 시행령 제9조).

조정위원회의 사무를 처리하기 위하여 조정위원회에 사무국을 두고, 사무국의 조직 및 인력 등에 필요한 사항은 대통령령으로 정한다. 사무국의 조정위원회 업무담당자는 「주택임대차보호법」 제14조에 따른 주택임대차분쟁조정위원회 사무국의 업무를 제외하고 다른 직위의 업무를 겸직하여서는 아니 된다(동법 제21조 제3항 및 제4항).

타. 기타 임차인보호 및 관련 법령의 준용

(1) 강행규정

이 법의 규정에 위반된 약정으로서 임차인에게 불리한 것은 효력이 없다(동법 제15조). 따라서 당사자 사이에 자유로운 의사에 기하여 임대차계약을 체결하였더라도 그 계약 내용 중의 일부가 임차인에게 불리한 경우에는 효력이 없고 무효이다.

(2) 표준계약서의 사용권장

법무부장관은 국토교통부장관과 협의를 거쳐 보증금, 차임액, 임대차기간, 수선비 분담 등의 내용이 기재된 상가건물임대차표준계약서를 정하여 그 사용을 권장할 수 있다(동법 제19조).

(3) 미등기전세에의 준용

목적건물을 등기하지 아니한 전세계약에 관하여 이 법을 준용한다. 이 경우 "전세금"은 "임대차의 보증금"으로 본다(동법 제17조).

(4) 소액사건심판법의 준용

임차인이 임대인에게 제기하는 보증금반환청구소송에 관하여는 「소액사건심판법」 제6조 · 제7조 · 제10조 및 제11조의2를 준용한다(동법 제18조).

(5) 벌칙적용에서 공무원 의제

공무원이 아닌 상가건물임대차위원회의 위원 및 상가건물임대차분쟁조정위원회의 위원은 「형법」 제127조, 제129조부터 제132조까지의 규정을 적용할 때에는 공무원으로 본다(동법 제22조).

(6) 일시사용을 위한 임대차에의 적용 제외

이 법은 일시사용을 위한 임대차임이 명백한 경우에는 적용하지 아니한다(동법 제16조).

제6절 금전소비대차와 보증

1. 금전소비대차의 법률문제

가. 거래관계의 명확화와 상대방확인

가까운 친척이나 친구 사이에도 불명확한 금전거래로 인하여 사이가 나빠지는 경우가 많다. 거래관계는 명확해야만 분쟁을 예방할 수 있는 것이다. 거래관계를 명확히 하는 가장 좋은 방법은 계약서나 영수증 등 문서를 작성하여 교환하는 것이다.

모르는 사람끼리 돈 거래가 이루어질 때 상대방의 직업, 주소, 성명 등을 주민등록증 등을 통해 확인하여야 한다. 상대방의 재력과 신용은 스스로 확인하여야 한다. 은행에 거래상황을 조회해 보는 것도 한 방법이 될 수 있으나 지능적인 사기범은 이를 이용하기도 한다.

미성년자에게 돈을 빌려줄 때는 보호자(부모)의 동의가 있어야 하고 동의가 없으면 미성년자의 보호자가 계약을 취소할 수 있으므로 손해를 볼 경우가 생긴다. 법인, 즉 회사 등과 거래할 경우에는 상대방이 그 회사를 대표하는 정당한 권한이 있는지를 확인하여야 하며 단지 그 회사의 임직원과 개인적으로 금전거래를 하는 형식의 계약서를 만들면 손해를 보는 경우가 생긴다.

나. 금전대차(빌려줄 때) 시 유의사항

돈을 빌려줄 때는 상대방의 재력과 신용을 확인하는 것이 중요하다. 그리고 보다 확실한 방법은 담보를 취득해 두는 것이다. 담보에는 인적 담보와 물적 담보가 있다.

인적담보는 제3자로 하여금 보증이나 연대보증을 서도록 하는 것인데 제3자의 재력 등도 확인하여야 한다. 물적 담보로는 흔히 부동산에 저당권이나 가등기를 설정하는 방법, 소유권이전등기를 받는 방법 등이 있고 동산이나 유가증권을 담보로 받아두는 경우도 있다.

전세보증금을 담보로 하는 경우에는 반드시 전세보증금 반환채권의 양도계약을 체결하고 집주인을 만나 승낙을 얻거나 채무자로 하여금 집주인에게 내용증명우편으로 통지를 하도록 조치해야만 효력이 생기고, 단지 채무자의 전세계약서를 받아 놓는 것만으로는 아무런 효력이 없음을 유의하여야 한다.

가정주부에게 돈을 빌려줄 때는 그 돈이 자녀들의 학비나 식비 등 일상 가사

비용으로 사용된다면 그 남편에게도 변제책임이 있으나 일상가사와 관계없이 주부가 계를 한다든지 사치나 유흥비로 쓴다든지 하는 경우는 남편이 별도로 보증을 서지 않는 한 단지 그러한 사실을 알고 있었다는 것만으로는 남편에게 변제책임이 없음을 유의하여야 한다.

약속어음을 할인하는 형식으로 돈을 빌려줄 때에는 약속어음의 배서가 연속되는가를 확인하여야 하고 배서인이나 발행인이 아니면 어음상의 책임을 지지 아니하므로 반드시 채무자의 배서를 받아야 한다.

수표는 부도를 내는 경우에 형사처벌을 받게 되므로 백지수표(주로 발행일자)를 담보로 돈을 빌려주는 경우가 많은데 발행일자를 기재하지 않고 제시를 하거나 기재한 발행일자보다 10일이 넘은 후에 제시하여 부도가 난 때에는 발행인의 형사책임이 면제되므로 이에 유의하여야 한다.

도박이나 강도와 같은 범죄에 제공될 자금인 줄 알면서 돈을 빌려준 경우에는 상대방이 임의로 갚아주지 않으면 법률상 청구할 수가 없으므로 나쁜 일에 돈을 빌려주지 말아야 한다.

다. 금전차용(빌릴 때) 시 유의사항

일반적으로 돈을 빌리는 사람은 다급하기 때문에 이자나 담보관계 등에 있어서 채권자의 요구에 따라 가혹한 조건을 강요당하는 경우가 많으므로 계약서의 내용을 상세히 파악하여야 한다.

원금이나 이자를 갚으면 반드시 영수증을 받아야 하고 원리금을 완전히 변제한 경우는 미리 교부해 주었던 차용증서나 어음, 수표 등을 회수하지 않으면 나쁜 채권자에게 이중으로 변제하여야 할 위험성이 크다.

악덕 사채업자 중에는 담보물을 헐값에 취득할 목적으로 변제기일에 일부러 만나주지 않거나 변제기일을 연기해 주겠다고 속여 안심시킨 후 변제기일을 넘겨 담보물을 처분하는 경우가 있으므로 이럴 때에는 지체 없이 공탁절차를 밟아야 한다.

이자는 약정이 없는 한 이를 지급할 필요가 없으나 변제기가 경과된 경우에는 연 5푼의 「민법」상 이자를 지급하여야 한다. 「이자제한법」이 폐지되기 전인 1998. 1. 13. 이전의 이자 약정으로서 연 2할 5푼을 초과하는 이자약정은 무효이므로 초과 부분은 물지 않아도 된다.

라. 채무의 상속 등의 법률문제

채무자가 사망한 경우 채무도 상속되므로 채권자는 그 상속인에게 변제를 청구할 수 있다. 상속인이 채무를 면하려면 상속을 포기하거나 상속의 한정승인을 하여야 한다.

채무자가 약속대로 변제를 하지 아니한다면 채권자는 결국 법적 절차에 따라 재판과 강제집행의 방법으로 변제를 받을 수밖에 없다. 그러한 경우에 앞서 설명한 대로 충분한 변제확보 방법을 강구해 놓지 못한 채권자는 손해를 볼 가능성이 많다.

그리고 실제로 불성실한 채무자가 재산도피 등의 방법으로 강제집행을 면탈하는 경우에도 증거가 부족하여 채무자의 형사처벌이 불가능한 때가 대부분이다. 그러나 그렇다고 하여 합법적 수단을 포기하고 속칭 해결사를 동원한다든지 하는 폭력수단으로 돈을 받아내려고 시도하는 것은 그 자체가 더 큰 범죄라는 사실을 명심하여야 할 것이다.

2. 보증에 관한 법률관계

가. 보증일반

(1) 보증의 의의

금전소비대차 등에서 채권자는 채무자가 계약을 지키지 않고 채무의 내용을 이행하지 않을 경우를 대비하여 채권의 확보방안으로 채무자 이외의 제3자의 재산으로 채권을 인적으로 담보하는 제도가 보증이다.

이 경우 채무자 이외의 제3자를 '보증인'이라 하고, 보증인이 부담하는 채무를 '보증채무'라고 하며, 보증채무를 발생케 하는 계약을 '보증계약'이라고 한다.

보증은 보증인의 일반재산으로 채권을 담보하나 다른 채권자에 우선할 수 있는 우선변제권이 없는 점에서 채권자가 다른 채권자에 우선하여 부동산이나 동산·주식 등의 특정재산으로부터 우선변제를 받을 수 있는 저당권, 질권 등 물적 담보제도와 구별된다.

(2) 보증의 성립

(가) 보증계약의 당사자

보증은 주채무자로부터 보증인이 되어 달라는 부탁을 받고 보증인이 되는 경우와 부탁 없이 자청하여 보증인이 되는 경우가 있으나 어느 경우나 보증인과 채권자가 보증계약의 당사자이고 주채무자는 보증계약과는 직접 관계가 없다.

그러나 현실적으로는 주채무자가 보증인의 사전 허락을 받아 대리인으로서 채권자와 보증계약을 체결하는 경우가 많다.

보증인이 채권자와 보증계약을 함에 있어서 주채무자에 의하여 기만당하거나 채무자의 자력, 담보 등에 관하여 착오가 있더라도 이를 보증계약의 내용으로 하지 않는 한 보증계약을 취소할 수 없다.

보증계약은 특별한 방식을 요구하지 않으므로 보증에 관한 당사자(보증인과 채권자)의 합의만 있으면 성립하나, 다툼을 피하기 위하여는 서면으로 명확히 할 필요가 있다.

(나) 보증인의 자격

보증계약도 의사능력 및 행위능력은 필요하다. 한편 법률상 또는 계약상 보증인을 세워야 할 의무가 있는 경우에는 그 보증인은 행위능력과 변제능력이 있어야 하고, 보증인이 변제자력이 없게 된 경우에는 채권자는 자신이 특정인을 보증인으로 지명한 때 이외에는 그 요건을 갖춘 자로 보증인의 변경을 요구할 수 있다.

(다) 보증채무와 주채무의 관계

보증채무는 주채무의 존재를 필요로 하므로 주채무가 불성립하거나 소멸하였을 때에는 무효이며, 주채무가 취소된 때에는 보증계약도 소급하여 무효가 되고, 주채무가 조건부로 효력이 생길 때에는 보증채무도 조건부로 효력이 생긴다. 장래의 채무를 위한 보증이나 장래 증감하는 채무를 결산기에 있어서 일정한 한도액까지 보증하는 근보증(根保證) 또는 계속적 보증도 가능하다.

(3) 보증의 내용

(가) 일반보증

보증의 내용은 보증계약에 의하여 정하여진다. 보증채무의 범위는 주채무의 범위보다 넓어서는 안 되며, 만약 넓을 때에는 주채무의 한도로 감축된다. 그러나 보증채무가 주채무보다 적은 것은 무방하다.

특약이 없는 한 보증채무는 주채무의 이자, 위약금, 손해배상 기타 주채무에 종속한 채무를 포함하나, 보증계약 성립 후에 주채무자와 채권자가 계약으로 주채무의 내용을 확장하는 경우와 같이 동일성이 없는 경우에는 보증채무가 확장되지 않는다.

(나) 근보증 또는 계속적 보증

계속적 보증계약에 기간의 약정이 없는 때에는 보증인은 보증계약 체결 후 상당한 기간이 경과되면 보증계약을 해지할 수 있으며, 계속적 보증은 원칙적으로 상속되지 아니한다.

또한 보증계약 체결 당시 예상할 수 없었던 특별한 사정, 즉 채무자의 자산상태가 급격히 악화된 경우에는 상당한 기간이 경과되지 않더라도 보증계약을 해지할 수 있다.

(4) 보증의 효력

(가) 채권자의 보증인에 대한 보증채무의 이행청구

채권자는 주채무자가 채무의 이행을 하지 않는 때에는 보증인에게 보증채무의 이행을 청구할 수 있다.

(나) 보증인의 최고 · 검색의 항변권 등

보증인은 채권자가 주채무자에게 청구를 하여 보지도 않고 보증인에게 청구하여 온 때에는 주채무자가 변제능력이 있다는 사실 및 그 집행이 용이하다는 것을 증명하여 먼저 주채무자에게 청구할 것을 요구할 수 있다. 그러나 연대보증인은 최고 · 검색의 항변권이 없다.

최고 · 검색의 항변권을 행사하였음에도 불구하고 채권자가 주채무자에게 청구하는 것을 태만히 하여, 그 후 주채무자로부터 주채무의 전부나 일부를 변제받지 못하게 된 때에는 곧 청구하였으면 변제받을 수 있었을 한도에서 보증인은 그 채무를 면하게 된다. 보증인은 주채무자가 채권자에 대하여 가지는 항변사유로 채권자에게 대항할 수 있다.

(다) 주채무자와 보증인에게 발생한 사유의 효력

주채무자에 관하여 생긴 사유는 원칙적으로 모두 보증인에게 효력이 생긴다. 따라서 주채무가 소멸하는 때에는 보증채무도 소멸한다. 그러나 보증인에게 생긴

사유는 주채무를 소멸시키는 행위(변제, 대물변제, 공탁, 상계 등) 이외에는 주채무자에게 영향을 미치지 않는다.

(5) 보증인의 구상권

보증인은 채권자에 대한 관계에 있어서는 자기의 채무를 변제하는 것이지만, 주채무자에 대한 관계에 있어서는 타인의 채무를 변제하는 것이 된다. 따라서 보증인의 변제 등으로 주채무자가 채무를 면하게 된 경우에는 보증인은 주채무자에 대하여 구상할 수 있는 권리를 가진다.

주채무자의 부탁으로 보증인이 된 자가 과실 없이 변제 기타의 출재(出財)로 주채무의 전부 또는 일부를 소멸하게 한 때에는 출재한 금액의 한도 내에서 주채무자에게 구상할 수 있는 권리를 가진다.

주채무자의 부탁 없이 보증인이 된 자가 변제 기타 자기의 출재로 주채무의 전부 또는 일부를 소멸하게 한 때에는 채무를 면하게 한 행위 당시 또는 구상권을 행사할 당시에 주채무자가 이익을 받고 있는 한도 내에서 구상할 수 있는 권리를 가진다.

보증인이 통지의무를 게을리하면 구상할 수 있는 권리가 제한된다.

보증인이 주채무자에게 미리 통지하지 않고 변제 기타 출재로 주채무를 소멸하게 한 경우에 주채무자가 채권자에게 대항할 수 있는 사유가 있었을 때에는 그 사유로 보증인에게 대항할 수 있어 그 범위에서 보증인의 구상권이 제한된다.

한편 주채무자가 통지를 게을리하여 부탁받은 보증인이 선의로 이중변제한 경우에는 보증인은 주채무자에게 구상할 수 있다.

나. 보증의 종류

(1) 연대보증

연대보증이라 함은 보증인이 주채무자와 연대하여 채무를 부담함으로써 주채무의 이행을 담보하는 보증채무를 말한다. 연대보증은 채권의 담보를 목적으로 하는 점에서 보통의 보증과 같으나 보증인에게 최고·검색의 항변권이 없으므로 채권자의 권리담보가 보다 확실하다.

채권자는 연대보증인이 수인인 경우 어느 연대보증인에 대하여서도 주채무의 전액을 청구할 수 있다. 연대보증은 보증인이 주채무자와 연대하여 보증할 것을 약정하는 경우에 성립한다.

연대보증인에게는 앞서 설명한 최고·검색의 항변권이 없으나 주채무자가 채권자에 대하여 가지는 항변권과 구상권 등은 가지고 있다.

(2) 신원보증

(가) 신원보증의 의의와 종류

신원보증은 고용계약에 부수하여 체결되는 보증계약이다.

신원보증에는 ① 노무자가 장래 고용계약상의 채무불이행으로 인하여 사용자에 대하여 손해배상채무를 부담하는 경우에 그 이행을 담보하는 일종의 장래채무의 보증 또는 근보증(根保證)과 ② 이보다 넓게 노무자가 사용자에 대하여 채무를 부담하는지 부담하지 않는지를 묻지 않고 노무자 고용에 의하여 발생한 모든 손해를 담보하는 일종의 손해담보계약과 ③ 기타 모든 재산상의 손해뿐만 아니라 노무자의 신상에 관하여 노무자 본인이 고용상의 의무를 위반하지 않을 것과 질병 기타에 의하여 노무에 종사할 수 없는 경우에 사용자에게 일체의 폐를 끼치지 않을 것을 담보하는 신원인수(身元引受)가 있다.

통상의 경우 신원보증은 손해담보계약으로 볼 수 있으나 구체적으로는 당사자의 의사에 따라 결정된다.

(나) 신원보증의 내용과 효력

신원보증도 보증인과 사용자와의 신원보증계약에 의하여 성립하는데, 신원보증의 계약내용이 광범위하고 장기간에 걸쳐 있는 것이 일반적이므로 신원보증 시 노무자의 성실성, 노무의 내용, 보증기간 등에 유의하여 신원보증계약을 체결하여야 한다.

신원보증과 관련하여 신원보증법이 있는데, 이에 위반하여 신원보증인에게 불리한 계약을 체결하는 것은 무효이다. 동 법에 의하면 기간을 정하지 않은 신원보증계약의 보증기간은 그 보증계약 일부터 2년간으로 되어 있다.

신원보증계약기간은 2년을 초과하지 못하고 이를 초과한 기간은 2년으로 단축된다. 또한 기간갱신을 할 수 있으나 2년을 초과할 수 없도록 하고 있다.

피용자를 고용한 사용자는 다음의 경우에 신원보증인에게 지체 없이 통지하여 계약해지의 기회를 주어야 한다.

① 피용자가 업무상 부적격자이거나 불성실한 행적이 있어 이로 말미암아 신

원보증인의 책임을 야기할 염려가 있음을 안 때

② 피용자의 업무 또는 업무수행의 장소를 변경함으로써 신원보증인의 책임을 가중하거나 또는 그 감독이 곤란하게 될 때

사용자가 고의 또는 중과실로 통지의무를 게을리 하여 신원보증인이 계약해지권을 행사하지 못한 경우 신원보증인은 그로 인하여 발생한 손해의 한도에서 의무를 면한다.

신원보증인의 보증책임이 발생한 경우 법원은 신원보증인의 손해배상의 책임과 그 금액을 정함에 있어 피용자의 감독에 관한 사용자의 과실의 유무, 신원보증인이 신원보증을 하게 된 사유 및 그에 대한 주의정도, 피용자의 업무·신원의 변화 기타 일체의 사정을 참작하도록 하고 있다.

신원보증계약은 신원보증인의 사망으로 그 효력은 상실하고 상속되지 않는다. 단, 이미 발생한 채무는 상속된다.

다. 보증보험제도

보증보험제도는 보증보험회사와 이용자가 보증보험계약을 체결하고 그 보험증권으로 보증을 대신할 수 있는 제도이다. 인적 담보제도는 보증인의 자력에 의존하는 것이므로 그 자력이 부족하면 채권을 담보할 수 없어 보증인의 자력확보가 문제였으나 이를 보완할 수 있는 제도가 보증보험제도이다.

보증보험은 가압류, 가처분 등의 보증공탁 시 공탁금을 보증보험증권으로 대체함으로써 비교적 많은 금액을 현금으로 납입해야 하는 불편을 덜어주며, 각종 할부구매, 신원보증의 경우는 물론 형사사건의 보석보증금 납부 필요 시에도 이용된다.

보증보험계약 체결시 보증보험회사에 납부하여야 할 보험료는 보험상품에 따라 차등이 있으나, 공탁보증보험의 경우 보험가입금액의 0.75%, 보석보증보험의 경우 보험가입금액의 0.8%의 저렴한 보험료로 각종 보증을 대신할 수 있는 편리한 제도이다.

보증보험청약서와 약정서 등을 작성할 때에는 그 내용을 정확히 숙지하여야 뜻하지 않은 불이익을 피할 수 있다.

제4장
가족생활과 법

생활 속의 법의 이해

민법은 재산관계와 가족관계에 관하여 규율하는 법이다. 재산관계는 재화의 생산 내지 재생산의 인간관계를 말하며, 가족관계는 혼인과 혈연을 중심으로 발생하는 인간관계를 말한다.

민법의 제4편 친족과 제5편 상속을 합하여 가족법이라고 한다. 친족 편은 부부관계, 친자관계를 규정하며, 상속 편은 상속관계와 유언에 대하여 규정하고 있다.

제1절 혼인과 이혼

1. 약혼(約婚)

가. 약혼적령기

장차 혼인할 것을 목적으로 하는 당사자 사이의 계약을 말한다. 18세가 된 사람은 부모나 미성년후견인의 동의를 받아 약혼할 수 있다. 이 경우 동의가 필요한 약혼은 미성년자가 혼인을 하는 경우에는 부모의 동의를 받아야 하며, 부모 중 한쪽이 동의권을 행사할 수 없을 때에는 다른 한쪽의 동의를 받아야 하고, 부모가 모두 동의권을 행사할 수 없을 때에는 미성년후견인의 동의를 받아야 한다. 피성년후견인은 부모나 성년후견인의 동의를 받아 혼인할 수 있다.

약혼은 일정한 방식이 필요 없다. 약혼은 강제이행을 청구하지 못하므로 당사자 일방이 혼인을 거부할 때는 손해배상만 청구할 수 있다.

나. 약혼해제사유 및 손해배상책임

정당한 약혼해제사유가 없는데 당사자 일방이 약혼을 파기하면 부당파기자로서 손해배상책임을 지게 된다.

약혼의 해제는 상대방에 대한 의사표시로 한다. 그러나 상대방에 대하여 의사표시를 할 수 없는 때에는 그 해제의 원인있음을 안 때에 해제된 것으로 본다.

민법 제804조에서는 당사자의 일방에 다음의 사유가 있는 때에는 상대방은 약혼을 해제할 수 있다.

(1) 약혼 후 자격정지이상의 형을 선고받은 경우

(2) 약혼 후 성년후견개시나 한정후견개시의 심판을 받은 경우

(3) 성병, 불치의 정신병 기타 불치의 병질(病疾)이 있는 경우

(4) 약혼 후 다른 사람과 약혼이나 혼인을 한 경우

(5) 약혼 후 다른 사람과 간음(姦淫)한 경우

(6) 약혼 후 1년 이상 생사(生死)가 불명한 경우

(7) 정당한 이유 없이 혼인을 거절하거나 그 시기를 늦추는 경우

(8) 그 밖에 중대한 사유가 있는 경우한 때

약혼이 해제된 때에는 당사자의 일방은 과실 있는 상대방에 대하여 이로 인한 손해배상(재산상의 손해+정신상의 고통에 대한 손해배상)을 청구할 수 있다.

약혼예물은 혼인의 성립을 예정한 것으로서 혼인의 불성립을 해제조건으로 증여한 것이다. 따라서 일방 당사자에게 과실이 있는 경우의 약혼파기에 있어서 책임이 없는 자는 반환청구권을 가지나 반환의무를 부담하지는 않는다.

2. 혼인(婚姻)

혼인은 부부로서 평생 동안 생활을 함께할 것을 목적으로 하는 남녀의 본능적 결합을 말한다.

가. 혼인의 성립요건

혼인이 유효하게 성립하기 위해서는 법이 정하는 일정한 요건, 즉 실질적 요건과 형식적 요건을 만족시켜야 한다.

(1) 실질적 요건

당사자 사이의 혼인의사의 합치가 있어야 한다. 당사자 간의 혼인의 합의가 없는 때는 그 혼인을 무효로 한다(민법 제815조 제1호).

혼인적령에 달해야 한다. 남자와 여자 모두 만 18세에 달하여야 한다. 미성년자와 피성년후견인은 부모 또는 후견인의 동의를 얻어야 한다.

성과 본이 같은 동성동본인 혈족 사이의 남녀라도 8촌 이내의 혈족이나 인척이 아니면 혼인할 수 있다. 동성동본이면 무조건 혼인을 금지하던 법조항에 대하

여 1997년 7월 헌법재판소에서 '헌법불합치' 결정이 내려졌기 때문이다.

중혼이 아니어야 한다. 일부일처제(一夫一妻制)는 헌법이 보장하는 기본적인 가족질서이다.

(2) 형식적 요건

가족관계의 등록 등에 관한 법률에 정한 바에 따라 신고하여야 한다. 신고는 당사자 쌍방과 성년자인 증인 2인이 연서한 서면으로 하여야 한다.

사실혼 부부의 경우 일방이 혼인신고에 협력하지 않을 경우에는 사실상 혼인관계 존부확인의 소송으로 혼인신고에 응하지 않는 상대방의 신고의사를 강제할 수 있다.

나. 혼인의 효과

(1) 일반적 효과

부부는 배우자로서의 신분을 가지며 친족이 된다. 성불변의 관습법이 있어서 배우자는 성이 변하지 않는다.

부부는 동거·부양·협조의 의무를 진다. 또한 성적 성실의무(정조의 의무)가 있다. 이 성적 성실의무를 위반하면 배우자의 부정한 행위가 되어 재판상 이혼원인이 된다.

(2) 재산적 효과

혼인성립 전에 체결하는 부부재산계약에 따라 재산적 효과가 발생한다. 그러나 그러한 계약이 없으면 민법의 규정에 따른다. 혼인 전에 가진 고유재산과 혼인 중 자기명의로 취득한 재산은 특유재산이다. 소속불분명한 재산은 부부의 공유로 추정한다.

부부간에는 일상가사 대리권이 있어서 서로 대리할 수 있으며, 일상가사채무는 연대책임이 있다. 일상가사라 함은 부부의 공동생활에 통상 필요한 일체의 사무를 말한다. 생활비용은 당사자 사이에 특약이 없으면 부부공동부담으로 한다.

다. 사실혼(事實婚)

부부로 살면서도 혼인신고를 하지 않은 부부를 사실혼 부부라고 한다. 사실혼 관계는 법적 절차를 따로 밟을 필요 없이 합의하에 또는 상대방에게 일방적으로 통보하여 헤어지면 된다. 그러나 상대방의 잘못으로 헤어지게 되었을 때에는 손해배상을 청구할 수 있다.

상대방의 동의 없이 일방적으로 혼인신고를 하면 무효이다. 또한 혼인당사자의 의사와는 상관없이 제3자가 한 혼인신고도 무효이다. 이미 혼인신고가 되었으면 혼인무효확인청구를 할 수 있다.

사실혼 관계에서는 친족관계나 상속이 이루어지지 않는다. 그러나 사실혼 배우자라도 상대방이 공무원, 군인, 사립학교 교원, 선원으로서 사망했을 때 지급되는 유족연금은 받을 수 있다. 그리고 제3자의 불법행위로 인한 손해배상청구도 가능하다.

3. 이혼(離婚)

이혼은 부부의 생존 중에 있어서의 혼인의 해소를 말한다. 이혼은 사망에 의하지 않는 배우자 관계의 소멸이다. 혼인취소사유에 해당하는 때에는 혼인은 장래에 향해서만 소멸되므로(민법 제824조) 취소될 때까지는 유효하다.

가. 협의상 이혼

부부는 이유 여하를 묻지 않고 협의에 의하여 이혼을 할 수 있다(민법 제834조). 이를 보통 합의이혼이라고 표현하기도 한다. 피성년후견인의 협의상 이혼에 관하여는 민법 제808조 제2항을 준용하여(민법 제835조), 피성년후견인은 부모나 성년후견인의 동의를 받아 이혼할 수 있다.

협의상 이혼은 가정법원의 확인을 받아「가족관계의 등록 등에 관한 법률」의 정한 바에 의하여 신고함으로써 그 효력이 생긴다. 이 신고는 당사자쌍방과 성년자인 증인 2인의 연서한 서면으로 하여야 한다(민법 제836조).

협의상 이혼을 하려는 자는 가정법원이 제공하는 이혼에 관한 안내를 받아야 하고, 가정법원은 필요한 경우 당사자에게 상담에 관하여 전문적인 지식과 경험을 갖춘 전문상담인의 상담을 받을 것을 권고할 수 있다. 가정법원에 이혼의사의 확인을 신청한 당사자는 이혼에 관한 안내를 받은 날부터 ① 양육하여야 할 자(포태 중인 자를 포함)가 있는 경우에는 3개월, ② 양육하여야 할 자가 없는 경우에는 1개월의 기간이 지난 후에 이혼의사의 확인을 받을 수 있다.

가정법원은 폭력으로 인하여 당사자 일방에게 참을 수 없는 고통이 예상되는 등 이혼을 하여야 할 급박한 사정이 있는 경우에는 앞의 3개월 또는 1개월의 기간을 단축 또는 면제할 수 있다.

양육하여야 할 자가 있는 경우 당사자는 민법 제837조에 따른 자(子)의 양육과 제909조 제4항에 따른 자(子)의 친권자결정에 관한 협의서 또는 제837조 및 제909조 제4항에 따른 가정법원의 심판정본을 제출하여야 한다.

가정법원은 당사자가 협의한 양육비부담에 관한 내용을 확인하는 양육비부담조서를 작성하여야 한다. 이 경우 양육비부담조서의 효력에 대하여는 「가사소송법」 제41조를 준용한다(민법 제836조의2 제1항 내지 제5항). 즉, 금전의 지급, 물건의 인도(引渡), 등기, 그 밖에 의무의 이행을 명하는 심판은 집행권원(執行權原)이 된다(가사소송법 제41조). 따라서 양육비부담조서에 따라 이행하지 않는 배우자 일방을 상대로 양육비부담조서에 집행문을 부여받아 강제집행을 할 수 있다.

이혼의 신고서에는 ① 당사자의 성명·본·출생연월일·주민등록번호 및 등록기준지(당사자가 외국인인 때에는 그 성명·국적 및 외국인등록번호), ② 당사자의 부모와 양부모의 성명·등록기준지 및 주민등록번호, ③ 「민법」 제909조 제4항 또는 제5항에 따라 친권자가 정하여진 때에는 그 내용을 기재하여야 한다(가족관계의 등록 등에 관한 법률 제74조).

협의상 이혼을 하고자 하는 사람은 등록기준지 또는 주소지를 관할하는 가정법원의 확인을 받아 신고하여야 한다. 다만, 국내에 거주하지 아니하는 경우에 그 확인은 서울가정법원의 관할로 한다. 이 신고는 협의상 이혼을 하고자 하는 사람이 가정법원으로부터 확인서등본을 교부 또는 송달받은 날부터 3개월 이내에 그 등본을 첨부하여 행하여야 한다. 이 3개월의 기간이 경과한 때에는 그 가정법원의 확인은 효력을 상실한다(가족관계의 등록 등에 관한 법률 제75조).

나. 재판상 이혼

부부는 법정의 이혼원인이 있는 경우 일방이 상대방을 상대로 가정법원에 이혼심판을 청구할 수 있다. 재판상 이혼원인을 법정하는 입법태도는 크게 두 가지로 나눌 수 있다.

① 유책주의(有責主義): 당사자 일방이 유책인 경우에 비로소 이혼청구가능하다.

② 파탄주의(破綻主義): 반드시 당사자 일방의 유책일 필요가 없이 혼인생활이

그 목적을 달성할 수 없을 정도로 심각하게 파탄된 경우에 이를 이유로 이혼을 인정한다.

민법에서 규정한 이혼원인은 다음과 같다.

(1) 배우자에 부정한 행위가 있었을 때,

(2) 배우자가 악의로 다른 일방을 유기한 때

(3) 배우자 또는 그 직계존속으로부터 심히 부당한 대우를 받았을 때

(4) 자기의 직계존속이 배우자로부터 심히 부당한 대우를 받았을 때

(5) 배우자의 생사가 3년 이상 분명하지 아니한 때

(6) 기타 혼인을 계속하기 어려운 중대한 사유가 있을 때

(1)에서 (5)까지의 사유는 개별·구체적인 이혼원인이며, (6)의 사유의 예시이기도 하다. 혼인을 계속하기 어려운 사유로 들 수 있는 것은 알코올 중독, 도박, 의처증, 불치의 정신병, 성적인 갈등, 빚이나 경제적 갈등, 종교 갈등, 배우자 가족과의 갈등, 성격차이, 애정상실 등이며 이로 인해 혼인생활을 계속하는 것이 불가능할 정도로 혼인관계가 파탄된 경우를 말한다.

다. 이혼의 효과

(1) 일반적 효과

부부 사이의 권리·의무는 모두 소멸하므로 재혼이 가능하다. 인척관계 또한 소멸한다.

(2) 미성년 지(子)에 대한 효과

미성년 자(子)의 양육에 대한 사항은 그 부모가 협의하여 정한다. 협의가 안되면 가정법원이 정한다. 자(子)를 양육하지 않는 부모 중 일방은 면접교섭권(面接交涉權)을 가진다. 가정법원은 자(子)의 양육을 위하여 필요 시 당사자의 청구에 의해 면접교섭을 금지·제한할 수 있다. 부모가 이혼한 경우 친권을 행사할 자는 부모의 협의로 정하며, 협의가 안 되면 가정법원이 정한다.

(3) 재산분할청구

혼인 중 부부의 협력으로 이룩한 재산에 대해 재산분할을 청구할 수 있다. 이혼에 책임이 있는 이혼배우자도 재산분할청구권을 행사할 수 있다. 이혼한 날로부

터 2년을 경과하면 청구할 수 없다. 당사자 사이에 협의가 안되면 가정법원이 정한다.

(4) 손해배상청구

재판상 이혼의 경우 당사자 일방은 과실 있는 상대방에 대하여 이혼으로 인한 재산상의 손해와 정신상 고통에 따른 손해배상청구(위자료)를 할 수 있다. 이는 재산분할청구와는 별개이다.

상대방 배우자뿐만 아니라 제3자가 이혼에 책임이 있을 경우에는 그 제3자를 상대로 한 손해배상청구(위자료)도 가능하다.

제2절 부모와 자(친족)

1. 친자관계(親子關係)

자연의 혈연관계에 의한 친생친자는 혼인 중의 자와 부모, 혼인 외의 자와 부모가 있으며, 법률상의 법정친자는 양친자가 있다.

자는 부의 성과 본을 따른다. 다만, 부모가 혼인신고 시 모의 성과 본을 따르기로 협의한 경우에는 모의 성과 본을 따른다. 부가 외국인인 경우에는 자는 모의 성과 본을 따를 수 있다. 부를 알 수 없는 자는 모의 성과 본을 따른다. 부모를 알 수 없는 자는 법원의 허가를 받아 성과 본을 창설한다. 다만, 성과 본을 창설한 후 부 또는 모를 알게 된 때에는 부 또는 모의 성과 본을 따를 수 있다. 혼인 외의 출생자가 인지된 경우 자는 부모의 협의에 따라 종전의 성과 본을 계속 사용할 수 있다. 다만, 부모가 협의할 수 없거나 협의가 이루어지지 아니한 경우에는 자는 법원의 허가를 받아 종전의 성과 본을 계속 사용할 수 있다. 자의 복리를 위하여 자의 성과 본을 변경할 필요가 있을 때에는 부, 모 또는 자의 청구에 의하여 법원의 허가를 받아 이를 변경할 수 있다. 다만, 자가 미성년자이고 법정대리인이 청구할 수 없는 경우에는 민법 제777조의 규정에 따른 친족 또는 검사가 청구할 수 있다(민법 제781조 제1항 내지 제6항).

친자관계는 친권·부양·상속 등의 효과가 생긴다.

가. 친생자

혼인 중의 자는 혼인관계가 있는 남녀 사이에서 출생한 자를 말한다. 처가 혼인 중에 포태한 자는 부의 자(子)로 추정한다. 혼인성립의 날로부터 200일 후 또는 혼인관계종료의 날로부터 300일 내에 출생한 자(子)는 혼인 중에 포태한 것으로 추정한다(의학적 통계).

혼인 외의 자(子)는 혼인 관계없는 남녀사이에서 출생한 자(子)를 말한다. 혼인 외의 자(子)와 그 부(夫)의 법률상의 부자관계는 인지에 의하여 생긴다. 모자관계는 자(子)의 출산이라는 사실에 의해 당연히 인정된다. 혼인 외의 子이더라도 부모가 혼인하며 그때부터 혼인 중의 자로 신분을 취득한다. 이를 준정(準正)이라고 한다.

나. 양자(養子)

양친자관계는 입양에 의하여 성립한다. 입양이 성립되기 위해서는 실질적 요건과 형식적 요건이 구비되어야 한다.

(1) 실질적 요건

① 당사자 사이에 입양의 합의가 있을 것(민법 제883조 제1호),

② 양친은 성년자일 것(민법 제866조),

③ 양자가 될 사람이 13세 이상의 미성년자인 경우에는 법정대리인의 동의를 받아 입양을 승낙하고, 양자가 될 사람이 13세 미만인 경우에는 법정대리인이 그를 갈음하여 입양을 승낙할 것(민법 제869조 제1항 · 제2항),

④ 성년양자는 부모 또는 다른 직계존속의 동의를 얻을 것(민법 제870조),

⑤ 미성년 양자는 부모 또는 다른 직계존속이 없으면 후견인의 동의를 얻어야 하며(민법 제871조 본문) 후견인이 동의를 할 경우에는 가정법원의 허가를 얻을 것(동조 단서),

⑥ 후견인이 피후견인을 양자로 하는 경우에는 가정법원의 허가를 얻을 것(민법 제872조),

⑦ 피성년후견인은 성년후견인의 동의를 받아 입양을 할 수 있고 양자가 될 수 있을 것(민법 제873조 제1항),

⑧ 배우자 있는 자가 양자를 할 때에는 배우자와 공동으로 하여야 하고(민법 제

874조 제1항) 양자가 될 때에는 다른 일방의 동의를 얻을 것(민법 제874조 제2항) 등이 요구된다.

(2) 형식적 요건

가족관계의 등록 등에 관한 법률에 정한 바에 의하여 입양신고를 하여야 한다(민법 제878조). 입양의 성립에 의하여 양자와 양친 사이에는 법정친자관계가 발생하고 양자는 양친의 혼인 중의 자로 된다.

다. 파양(罷養)

파양은 입양에 의하여 성립된 양친자관계를 해소하는 것을 말한다. 파양은 협의상 파양과 재판상 파양이 있다. 협의상 파양은 당사자 사이의 협의와 신고로 하며, 재판상 파양은 법정의 파양원인이 있는 경우에 할 수 있다.

민법 제905조에 의하면 재판상 파양원인이 있을 때, 양친자의 일방은 가정법원에 파양을 청구할 수 있다. 재판상 파양원인으로는 가족의 명예를 오독(汚瀆)하거나 재산을 경도(傾倒)한 중대한 과실이 있을 때, 다른 일방 또는 그 직계존속으로부터 심히 부당한 대우를 받았을 때, 자기의 직계존속이 다른 일방으로부터 심히 부당한 대우를 받았을 때, 양자의 생사가 3년 이상 분명하지 아니한 때, 기타 양친자관계를 계속하기 어려운 중대한 사유가 있을 때를 들고 있다.

파양을 할 경우 당사자 일방은 과실 있는 상대방에게 파양으로 인한 손해배상 청구를 할 수 있다.

▌2013년 7월 1일 시행되는 입양 등 관련 개정민법의 주요내용

성폭력 습벽자 등 부적격한 양부모에 의한 아동 학대를 방지하기 위하여 아동 입양 허가제 등을 도입한 민법(가족편) 개정안이 2011년 12월 29일 국회 본회의를 통과하였다.

▫ 입양 관련 개정된 법률안의 주요 내용
① 가정법원이 양부모의 양육능력, 입양 동기 등을 심사하여 미성년자의 입양 여부를 허가하고, 미성년자는 재판으로만 파양할 수 있도록 하였다.
② 부모가 미성년자를 학대·유기하거나 부양의무를 장기간 불이행하는 등 일정한 경우에는 그 부모의 동의가 없더라도 양자가 될 수 있도록 하였다.
③ 친부모와의 관계가 완전히 단절되는 친양자의 자격 요건을 현행 15세 미만자에서 미성

년자(19세 미만)로 확대하였다.

개정안은 부적격자의 아동 입양을 원천적으로 차단하여 아동 복리를 강화하고, 부모의 유기로 아동보호시설 등에 장기간 보호 중인 아동이 그 부모의 입양 동의가 없더라도 좋은 가정에 입양될 수 있도록 입양 요건을 일부 완화한 것으로, 2013년 7월 1일부터 시행되었다.

가. 미성년자의 입양·파양 시 가정법원의 필수적 관여

가정법원이 양부모의 양육능력, 입양 동기, 아동의 양육상황 등을 심사하여 미성년자의 입양 여부를 허가하도록 하였다. 현재 시·읍·면에의 신고로 입양이 손쉽게 이루어져 부적격자가 아동을 입양하여 학대하거나, 다자녀 아파트 특별분양을 위해 단기간 영아를 허위 입양하는 사례가 빈발하였다.

나아가 입양·파양에 신중을 기하도록 하기 위해 가정법원의 재판으로만 미성년자를 파양할 수 있도록 하였다. 2010년 통계를 살펴보면, 보통 입양 3,552건, 파양 838건(파양/입양 23.6%)에 달하고, 재판으로만 입양·파양이 가능한 친양자 입양 1,245건, 파양 5건(파양/입양 0.4%)에 이르고 있다.

나. 부모가 미성년자를 학대·유기하는 경우, 부모의 동의를 입양요건에서 제외

현재 양자가 되려면 반드시 부모의 동의를 받도록 되어 있어, 부모의 소재를 알 수 없거나 부모가 양육 의사가 없으면서도 동의를 거부하거나 동의의 대가로 금전을 요구하는 등으로 인해 미성년자가 장기간 아동보호시설 등에 장기 위탁되는 사례가 빈발하고 있다. 2010년 아동보호시설 입소 아동은 4,842명, 가정 위탁 아동은 2,124명에 이르고 있다.

따라서 ① 부모의 소재를 알 수 없는 경우, ② 부모가 미성년자를 3년 이상 양육하지 아니하는 경우, ③ 부모가 미성년자를 학대·유기하는 경우 등에는 예외적으로 부모의 동의 없이도 입양를 허가하도록 하였다. 예외적인 경우에 한해 부모의 동의를 입양요건에서 제외하고, 그 동의가 없더라도 가정법원이 후견적 지위에서 엄격히 심사하므로 부모와 미성년자 모두에게 불이익이 없도록 하였다.

다. 친양자 자격 요건을 현행 15세 미만자에서 미성년자로 확대

친양자제도는 친부모와의 관계를 단절시키고 양자에게 양부모의 친생자와 동일한 지위를 부여하여 양자의 복리를 증진시키기 위해 도입되어 2008년부터 시행되고 있다. 친양자는 보통 양자와 달리 친생부모와의 혈연관계가 법적으로 없어져 부양의무가 없고, 친생부모의 재산에 대한 상속권도 없다.

친양자와 양친 사이의 관계 정립 목적 때문에 입양 연령을 15세 미만으로 제한하였으나, 활용도 제고를 위해 제한 완화 필요성이 지속적으로 제기되어, 친양자 자격 요건을 완화하게 된 것이다. 2010년까지 4,402건의 입양이 이루어졌고, 주로 재혼가정에서 배우자의 자녀를 입양할 때 활용하고 있다.

□ 기타 개정 가족법 관련 내용

1. 법정대리인이 미성년자를 대신하여 입양을 승낙하는 대락(代諾) 입양 연령을 15세 미만

〈표 3〉 입양 관련 범죄사례

순번	사건 번호	범죄사실	선고 결과
1	대구지법 2011. 4. 27. 선고 2010고합555	보험금 수령을 위해 영아 입양 후 질병을 유발시켜 상해보험금을 수령하고, 영아가 1년 2개월 만에 사망하자, 영아를 재입양하여 또다시 질병을 유발시켜 상해보험금을 수령하고 거액의 사망보험금 수령을 위해 옷으로 코와 입을 막아 호흡을 못하게 하여 뇌사상태에 이르게 하고 저산소증 등으로 사망케 하여 살해	징역 15년
2	중앙지법 2011. 7. 8. 선고 2011고합342	5촌 조카를 입양한 후 초등학생 때부터 11년간 지속적으로 성폭행	징역 6년
3	중앙지법 2008. 4. 18. 선고 2008고단1289	아파트 분양을 희망하는 사람들을 모집한 후 다자녀 청약가점을 받을 수 있도록 000의 자녀 3명을 단기간 허위 입양을 하도록 주선	징역 10월

에서 13세 미만으로 하향하여 입양에 대한 의사결정을 스스로 할 수 있는 미성년자의 범위를 확대하였다. 현행법상 13세, 14세의 미성년자가 입양을 원하지 않더라도 부모의 결정만으로 양자가 되었으나 개정법률에 따르면 입양이 불가능하게 되었다.
2. 헌법재판소의 헌법불합치 결정('10. 7. 29.)을 반영하여 중혼(重婚, 이중 결혼)에서 취소청구권자에 직계비속을 추가하였다.
3. 혼인과 가족생활에 있어 양성평등을 구현하기 위해 처의 무능력을 제도적 배경으로 하는 부부계약취소권을 삭제함으로써 부부사이에 평등하게 계약을 체결할 수 있고 이를 마음대로 취소할 수 없도록 하였다.

2. 친권과 후견

가. 친권

친권은 미성년의 자에 대한 부모의 보호 · 교양 하는 권리 · 의무를 총칭한다. 친권자는 자(子)의 신상에 관한 사항으로서 자(子)의 보호 · 교양의 권리 · 의무, 거소지정권, 징계권, 신분상 행위의 대리권 · 동의권을 가진다. 자(子)의 재산에 관한 사항으로서 자(子)의 특유재산에 대한 관리권, 자(子)의 재산행위에 대한 대리권과 동의권을 가진다(민법 제913조, 제914조, 제916조).

부모는 미성년자인 자의 친권자가 된다. 양자의 경우에는 양부모(養父母)가 친권자가 된다. 친권은 부모가 혼인 중인 때에는 부모가 공동으로 이를 행사한다. 그러나 부모의 의견이 일치하지 아니하는 경우에는 당사자의 청구에 의하여 가정법원이 이를 정한다. 부모의 일방이 친권을 행사할 수 없을 때에는 다른 일방이 이를 행사한다. 혼인 외의 자가 인지된 경우와 부모가 이혼하는 경우에는 부모의 협의로 친권자를 정하여야 하고, 협의할 수 없거나 협의가 이루어지지 아니하는 경우에는 가정법원은 직권으로 또는 당사자의 청구에 따라 친권자를 지정하여야 한다. 다만, 부모의 협의가 자(子)의 복리에 반하는 경우에는 가정법원은 보정을 명하거나 직권으로 친권자를 정한다. 가정법원은 혼인의 취소, 재판상 이혼 또는 인지청구의 소의 경우에는 직권으로 친권자를 정한다. 가정법원은 자의 복리를 위하여 필요하다고 인정되는 경우에는 자의 4촌 이내의 친족의 청구에 의하여 정하여진 친권자를 다른 일방으로 변경할 수 있다(민법 제909조 제1항 내지 제6항).

가정법원은 부 또는 모가 친권을 남용하여 자녀의 복리를 현저히 해치거나 해칠 우려가 있는 경우에는 자녀, 자녀의 친족, 검사 또는 지방자치단체의 장의 청구에 의하여 그 친권의 상실 또는 일시 정지를 선고할 수 있다(민법 제924조 제1항). 또한 거소의 지정이나 그 밖의 신상에 관한 결정 등 특정한 사항에 관하여 친권자가 친권을 행사하는 것이 곤란하거나 부적당한 사유가 있어 자녀의 복리를 해치거나 해칠 우려가 있는 경우에나 법정대리인인 친권자가 부적당한 관리로 인하여 자녀의 재산을 위태롭게 한 경우에는 법률행위의 대리권·재산관리권의 상실 선고를 가정법원에 청구하여 제한할 수 있다(민법 제924조의2·제925조).

나. 후견

미성년자에게 친권자가 없거나 친권자가 친권의 상실이나 일시 정지의 선고, 친권의 일부 제한의 선고, 법률행위의 대리권과 재산관리권의 상실 선고, 대리권이나 관리권의 사퇴 등에 따라 친권의 전부 또는 일부를 행사할 수 없는 경우에는 미성년후견인을 두어야 한다(민법 제928조).

가정법원의 성년후견개시심판이 있는 경우에는 그 심판을 받은 사람의 성년후견인을 두어야 한다(민법 제929조). 미성년후견인의 수(數)는 한 명으로 한다. 성년후견인은 피성년후견인의 신상과 재산에 관한 모든 사정을 고려하여 여러 명을 둘 수 있다. 법인도 성년후견인이 될 수 있다(민법 제930조 제1항 내지 제3항).

제3절 상속

1. 상속제도의 의의

상속이란 일정한 친족관계가 있는 사람 사이에서, 한 사람(자연인)이 사망한 후에 다른 사람에게 재산에 관한 권리와 의무의 일체를 이어 주거나, 다른 사람이 사망한 사람으로부터 그 권리와 의무의 일체를 이어받는 것을 말한다. 여기에서 사망은 직접적인 사망 외에도 실종선고, 인정사망의 경우에도 법률적으로 사망한 것으로 보기 때문에 포함된다.

상속인은 상속이 개시된 때로부터 피상속인의 일신에 전속한 것을 제외하고, 그 재산에 관한 포괄적인 권리와 의무를 승계한다(민법 제1005조). 그러므로 상속을 포기하지 않는 한 상속재산에 관한 재산권적 권리는 물론 채무까지도 승계하게 된다.

상속제도를 여러 가지 유형으로 분류할 있지만, 우리나라에서는 기본적으로 사망상속(생전상속), 재산상속(신분상속), 법정상속(유언상속), 공동상속(단독상속), 임의상속(강제상속), 균분상속(불균분상속), 본위상속(대습상속) 등이 원칙적으로 인정되고, 예외적으로 유언상속, 불균분상속, 대습상속이 인정된다.

상속이 개시되는 장소는 피상속인의 주소지이며, 상속에 관한 비용은 상속재산에서 지급된다. 상속인이 될 수 있는 자격을 상속능력이라고 하며, 권리능력과 일치하지만 자연인에 대해서만 인정되고 법인은 상속자격이 없다. 태아는 상속순위에서 이미 출생한 것으로 본다(민법 제1000조 제3항).

2. 상속순위

민법 제1000조는 상속 순위를 정해놓아 피상속인의 직계비속과 배우자가 우선 상속받고, 피상속인의 직계비속이 없으면 직계존속과 배우자, 직계존속도 없으면 배우자가 단독 상속한다. 배우자도 없으면 형제자매가 상속하며, 형제자매도 없으면 4촌 이내의 방계혈족이 상속받도록 순위를 규정하고 있는 것이다. 이러한 상속을 보통 본위상속이라고 한다.

가. 제1순위: 피상속인의 직계비속

직계비속은 자신을 중심으로 아래 세대에 속하는 자녀, 손자녀, 외손자녀, 증손자녀 등을 말하며 법률상의 양자와 양자의 출생 자녀도 포함된다. 동순위의 상속인이 수인인 경우에는 최근친을 선순위로 하므로 자녀는 손자녀보다 앞선다. 동일한 촌수의 상속인이 수인인 경우에는 공동상속인이 된다.

나. 제2순위: 피상속인의 직계존속

직계존속은 자신을 중심으로 위로 연결된 부모, 조부모, 증조부모, 고조부모, 외조부모, 외증조부모 등을 말한다. 동순위의 상속인이 수인인 경우에는 최근친을 선순위로 하므로 부모는 조부모보다 앞선다.

다. 제3순위: 피상속인의 형제자매

라. 제4순위: 피상속인의 4촌 이내의 방계혈족

마. 배우자

배우자는 직계비속이 있는 경우에는 직계비속과 공동으로, 직계비속이 없을 경우 직계존속과 공동으로 상속하며, 직계존속이 없을 경우에는 단속으로 상속한다.

대습상속이란 상속인이 될 직계비속 또는 형제자매가 상속개시 전에 사망하거나 결격된 경우에 그 직계비속이나 배우자가 있는 때에는 그 직계비속과 배우자가 대신 상속하는 것을 말한다.

3. 법정상속분

피상속인은 유류분을 침해하지 않는 범위에서 유언으로 상속분을 지정할 수 있다. 상속분이란 공동상속인 상호간의 상속재산에 대한 각자의 배당률을 말한다.

동순위의 상속인이 수인인 때에는 균분하여 상속하며, 남자와 여자의 상속분은 균등하다. 피상속인의 배우자의 상속분은 직계비속과 공동상속 시에 직계비속의 상속분의 5할을 가산하며, 직계존속과 공동상속 시에도 역시 직계존속의 상속분의 5할을 가산한다. 대습상속인은 사망·결격된 자의 상속분을 상속한다.

공동상속인 중에서 피상속인으로부터 재산의 증여·유증을 받은 자가 있는 경우에는 그 수증재산이 자기의 상속분에 달하지 못한 때에는 그 부족분의 한도에서 상속분이 있다.

기여분제라 함은 공동상속인 중에 피상속인의 재산의 유지 또는 증가에 특별히 기여한 자(피상속인을 특별히 부양한 자 포함)가 있을 때 상속개시당시의 피상속인의 재산가액에서 공동상속인의 협의로 정한 그 자의 기여분을 공제한 것을 상속재산으로 보고 상속분을 정한 액에 기여분을 더한 것을 그 자의 상속분으로 하는 것을 말한다.

4. 상속의 승인과 포기

상속의 단순승인이라 함은 피상속인의 권리와 의무를 무제한, 무조건으로 승계하는 상속방법을 말한다.

한정승인이란 피상속인이 상속으로 인하여 취득한 재산의 한도에서 피상속인의 채무와 유증을 변제할 것을 조건으로 상속을 승인하는 것을 말한다.

상속의 포기는 상속개시에 의하여 발생한 상속의 효과를 상속개시 당시에 소급하여 소멸시키는 의사표시를 말한다.

상속의 한정승인이나 포기는 상속인이 상속개시 있음을 안 날로부터 3개월 내에 법원에 신고하여야 한다. 3개월의 기간은 이해관계인이나 검사의 청구에 의해 연장할 수 있다. 숙려기간 내에 한정승인이나 포기를 하지 않으면 단순승인으로 간주한다. 일단 승인이나 포기한 이상은 취소가 불가능하다. 그러나 민법총칙의 착오·사기·강박 등의 법률행위의 취소사유가 있으면 취소할 수 있다.

이 취소는 추인할 수 있는 날로부터 3개월, 승인·포기한 날로부터 1년 내에 행사하여야 하는 소멸시효를 적용받는다. 상속인이 수인 있을 때에 포기한 상속인의 상속분은 다른 상속인의 상속분의 비율로 귀속하게 된다.

5. 상속재산의 분리와 상속인의 부존재

상속재산의 분리라 함은 상속이 개시되면 상속재산과 상속인의 고유재산이 혼합하게 되어 상속채권자·유증을 받은 자 및 상속인의 채권자는 상호 이해가 대립되므로 재산분리의 청구가 가능하다.

재산분리청구는 상속개시일로부터 3개월 내에 법원에 청구할 수 있다. 상속채권자와 유증을 받은 자는 상속재산으로부터 전액변제를 못 받으면 상속인의 고유재산에서 변제를 받을 수 있으며, 상속인의 채권자는 상속인의 고유재산에서 우선변제를 받을 수 있다.

상속개시 후 재산상속인의 존부가 분명하지 아니한 경우 상속인을 수색하여 상속채권자와 유증을 받은 자의 이익을 위하여 상속재산에 대한 관리나 청산이 필요하다. 상속인 수색공고기간 내에 상속권을 주장하는 자가 없는 때에는 가정법원은 피상속인과 생계를 같이하고 있었던 자, 피상속인의 요양 간호를 한 자, 기타 피상속인과 특별히 연고가 있던 자의 청구에 의하여 재산분여를 청구할 수 있다. 이를 특별연고자의 재산분여청구제도라고 하며, 특별연고자도 없을 경우에는 상속재산은 최후로 국고에 귀속하게 된다.

제4절 유언과 유류분

1. 유언

가. 유언(遺言)의 의의

유언이란 유언자의 사망과 동시에 일정한 법적효과를 발생시킬 것을 목적으로 하는 요식의 법률행위를 말한다. 유언은 방식을 엄격하게 함으로써 유언자의 진의를 보장하고 있다.

또한 유언의 내용을 법정하여 법정사항에 대해서만 유언의 효력을 인정하고 있다. 재산의 증여, 재단법인의 설립, 인지, 친생부인의 소, 후견인 지정, 상속재산 분할방법의 지정 또는 위탁, 상속재산분할금지, 유언집행자의 지정 또는 위탁, 신탁 등에 한한다.

만 17세에 달한 자는 독립하여 유언할 수 있다. 피성년후견인도 그 의사능력이 회복된 때에는 유언이 가능하다. 다만 피성년후견인은 의사가 심신회복의 상태를 유언서에 부기하고 서명 · 날인하여야 한다.

나. 유언의 방식

유언은 민법의 정한 방식에 의하지 아니하면 효력이 생기지 아니한다. 유언의 방식에는 다섯 가지가 있다.

(1) 자필증서에 의한 유언

유언자가 유언서의 전문과 그 작성의 연월일, 주소·성명을 자서하고 날인함으로써 성립한다. 가장 많이 이용하는 유언의 방식이기도 하지만 유언장의 위조나 변조의 우려가 있어서 법적 분쟁이 많이 일어나기도 한다. 증인이 참여하지 않는 유언의 방식이다.

(2) 녹음에 의한 유언

유언자가 유언의 취지·그 성명과 연월일을 구술·녹음하고, 이에 참여한 증인이 유언의 정확성과 그 성명을 구술·녹음함으로써 성립한다.

(3) 공정증서에 의한 유언

증인 2인의 참여하에 유언자가 공증인의 면전에서 유언의 취지를 구수하고, 공증인이 이를 필기한 후 낭독하여, 유언자와 증인이 그 정확함을 승인한 다음에, 각자 서명 또는 기명·날인함으로써 성립한다.

(4) 비밀증서에 의한 유언

서면 자체에 특별한 방식이 없고 다만, 유언자가 유언서를 봉하고, 그 표면에 2인 이상의 증인의 서명 또는 기명날인을 받은 다음 5일 내에 공증인 또는 법원 서기의 확정일자인을 받아두는 것이다.

(5) 구수증서에 의한 유언

유언자가 급박한 사정으로 위 4종의 방식에 의한 유언을 할 수 없는 때에 할 수 있는 방식으로 유언자가 2인 이상의 증인이 참여한 가운데서 그 1인에게 유언의 취지를 구수하고, 구수를 받은 자가 이를 필기·낭독하여 유언자와 증인이 정확함을 승인한 후, 각자 서명 또는 기명·날인함으로써 성립한다. 이는 사유가 종료한 후 7 일내에 법원에 제출하여 검인을 신청하여야 한다.

다. 유언의 효력과 철회

유언은 유언했을 때 성립하지만, 유언자가 사망하여야 유언의 효력이 발생한다. 유언은 유언자가 새로운 유언이나 생전의 법률행위로 유언의 전부나 일부를 임의로 철회할 수 있다. 즉, 전후의 유언이 저촉되거나 유언 후 생전행위가 유언과 저촉되는 경우 저촉된 이전의 유언은 철회한 것으로 간주한다. 유언자가 고의로 유언증서나 유증의 목적물을 파훼시 그 부분은 유언을 철회한 것으로 간주한다.

2. 유류분

유언의 자유는 법률행위자유의 원칙상 인정되지만 유언의 자유의 절대성을 조절하여 합리화하는 것이 유류분제도이다. 유류분은 상속인이 상속인으로서 법률상 그 취득이 보장되어 있는 상속재산상의 이익에 대한 일정액을 말한다.

피상속인이 증여·유증에 의하더라도 상속인이 가지는 유류분의 이익을 침해할 수 없다는 것이다. 상속인은 그가 지니는 유류분의 한도까지 피상속인의 유증·증여로 인한 부족분의 반환을 청구할 수 있다. 유류분은 피상속인의 직계비속과 배우자는 법정상속분의 2분의 1, 피상속인의 직계존속과 형제자매는 법정상속분의 3분의 1이다.

유류분권이 있는 자는 상속권이 있는 자이다. 따라서 현실적으로 상속인이 되었을 때 행사할 수 있는 권리이다. 따라서 1순위 상속인이 있으면 2순위 상속인에게는 상속권이 없으므로 유류분권도 인정되지 않는다.

유류분의 반환 청구는 유언자가 사망한 사실과 제3자에게 유언으로 재산을 준 것을 안 날로부터 1년 이내에 할 수 있다. 그러나 사망한 지 10년이 넘으면 유류분의 반환을 청구할 수 없다.

제5장
헌법의 이해

생활 속의 법의 이해

제1절 헌법의 의의

1. 헌법의 의의

헌법(憲法 Constitution)은 한 나라의 최고의 법이다. 법은 일정한 체계를 가지고 있는데 입법부인 의회에서 만들어지는 법, 즉 우리가 흔히 이야기하는 '법', '청소년 보호법', '근로 기준법' 등은 헌법의 바로 하위인 법률에 해당된다.

법의 적용은 상위법이 우선시되므로 만일 어떤 법률이 헌법에 위배된다면 그 법은 효력을 상실하게 된다. 그만큼 헌법은 법률 이하의 모든 법 체계가 위반해서는 안 되는 중요한 근거가 되는 것이다.

일반적으로 각 국가는 헌법에 헌법 전문(前文)을 두고 헌법 제정의 역사적 의의와 목적, 제정 과정, 헌법의 이념을 담아 국가의 성격 및 국가가 지향하는 점을 밝혀 둔다. 대한민국 헌법 전문에도 우리나라의 건국 이념과 헌법의 기본 원리 및 헌법의 제정·개정의 역사, 헌법의 제정·개정의 주체를 밝혀 두고 있다. 다음은 1987년 제9차 개정 헌법 전문이다.

헌법 전문(前文)

유구한 역사와 전통에 빛나는 우리 대한 국민은 3·1 운동으로 건립된 대한민국 임시 정부의 법통과 불의에 항거한 4·19 민주 이념을 계승하고, 조국의 민주 개혁과 평화적 통일의 사명에 입각하여 정의·인도와 동포애로써 민족의 단결을 공고히 하고, 모든 사회적 폐습과 불의를 타파하며, 자율과 조화를 바탕으로 자유 민주적 기본 질서를 더욱 확고히 하여 정치·경제·사회·문화의 모든 영역에 있어서 각인(各人)의 기회를 균등히 하고, 능력을 최고도로 발휘하게 하며, 자유와 권리에 따르는 책임과 의무를 완수하게 하여, 안으로는 국민 생활의 균등한 향상을 기하고 밖으로는 항구적인 세계 평화와 인류 공영에 이바지함으로써 우리들과 우리들의 자손의 안전과 자유와 행복을 영원히 확보할 것을 다짐하면서 1948년 7월 12일에 제정되고 8차에 걸쳐 개정된 헌법을 이제 국회의 의결을 거쳐 국민 투표에 의하여 개정한다.

1987년 10월 29일

2. 대한민국 헌법의 주요 내용

대한민국 헌법에서 규정하고 있는 내용은 크게 두 가지로 언급할 수 있다. 첫 번째는 대한민국 국가기관의 조직·구성에 관련된 내용이다. 헌법 본문을 살펴보면 대한민국의 정부 형태가 규정되어 있으며, 고위 공직자인 대통령·국무총리·국회의원의 임기와 선출 방법 등이 명시되어 있다.

두 번째는 국민의 기본권 보장에 관련된 내용이다. 국가 권력에 의한 국민 인권의 침해는 인류의 역사에서 비일비재하게 일어났고, 근대 사회에 들어서야 국민의 기본권을 최우선적으로 보장하고자 하는 움직임들이 일어났다.

제1조 ① 대한민국은 민주 공화국이다.
② 대한민국의 주권은 국민에게 있고, 모든 권력은 국민으로부터 나온다.

시민 혁명을 통하여 인간의 기본권 보장, 인간 존중이라는 가치가 최우선적으로 중요시되었는데 여러 국가에서는 이를 헌법에 명문화하여 항상 지켜질 수 있도록 규정하였다. 미국의 독립 선언서, 프랑스 인권 선언문의 정신이 우리나라를 비롯한 각국 헌법의 기본 바탕이라고 볼 수 있다.

덧붙여 자본주의체제하에서 전체적인 부는 증가하지만 빈부 격차가 심화되고 노동자의 인권이 심각히 침해되는 현상이 발생한다. 1919년 바이마르 헌법[7]은 인간의 생존권적 기본권 보장을 규정하여 복지국가의 이상을 실현하고자 하는 세계 최초의 복지국가 헌법이라고 평가되는데, 대한민국 헌법에서도 사회권을 비롯하여 균형 있는 국민 생활 보장과 관련된 내용이 명시되어 있다.

3. 헌법 개정

헌법은 우리나라의 근본법으로 함부로 고치거나 삭제할 수 없도록 되어 있다. 그런데 시대가 변함에 따라 고쳐야 할 부분도 생기게 된다.

헌법의 개정은 대통령이나 국회의원의 제안으로 먼저 국회에서 의결이 이루어져야 하고, 최종적으로는 국민 투표를 거쳐야 한다. 특히 국민투표에서 국회의원 선거권자의 과반수 투표와 투표자 과반수의 찬성을 얻어내야 하므로 헌법의 개정은 국민적인 합의가 충분히 이루어져야 가능하다.

---

7) 바이마르 헌법(독일어: Weimarer Verfassung)이라고 불리는 독일의 헌법(독일어: Die Verfassung des Deutschen Reiches)은 바이마르 공화국(1919-1933)의 헌법으로서 독일에서 최초로 실행된 민주주의 헌법이다. 이 헌법은 의회민주주의와 연방제 공화국의 형태를 취하고 있다. 바이마르 헌법의 몇몇 조항은 현재의 독일 헌법에 그대로 남아 있다.

제2절 대한민국 헌법의 기본원리

대한민국 헌법에는 국민주권주의, 자유민주주의, 복지국가의 원리, 국제평화주의, 평화통일의 원리가 포함되어 있다. 이러한 기본원리는 국가가 추구하는 핵심적인 가치를 담고 있으며, 헌법이나 다른 법률의 해석기준이 되고, 법제정과 정책결정의 방향을 제시해 준다. 이러한 원리를 헌법 조항을 통해 알아보자.

1. 국민주권주의

국가 의사를 최종적으로 결정할 수 있는 최고의 권력이 국민에게 있다는 원리이다.

제1조 ① 대한민국은 민주 공화국이다.
② 대한민국의 주권은 국민에게 있고, 모든 권력은 국민으로부터 나온다.

2. 자유민주주의

개인의 자유가 존중되며, 국가권력이 국민의 동의와 지지를 바탕으로 행사되어야 한다는 원리이다.

제8조 ① 정당의 설립은 자유이며, 복수 정당제는 보장된다.
② 정당은 그 목적·조직과 활동이 민주적이어야 하며, 국민의 정치적 의사 형성에 참여하는 데 필요한 조직을 가져야 한다.

3. 복지국가의 원리

모든 국민의 인간다운 생활을 보장해 주는 것이 국가의 책임이며, 인간다운 생활은 국민이 당연히 누려야 할 권리라고 보는 원리이다.

제34조 ① 모든 국민은 인간다운 생활을 할 권리를 가진다.
② 국가는 사회 보장·사회 복지의 증진에 노력할 의무를 진다.

4. 국제평화주의

세계 평화와 인류의 공동 번영을 위해 노력한다는 원리이다.

제5조 ① 대한민국은 국제 평화의 유지에 노력하고 침략적 전쟁을 부인한다.
제6조 ② 헌법에 의하여 체결·공포된 조약과 일반적으로 승인된 국제 법규는 국내법과
　　　같은 효력을 가진다.

5. 평화통일의 원리

자유 민주적 기본질서에 입각한 평화적 통일을 추구한다는 원리이다.

제4조 대한민국은 통일을 지향하며, 자유민주적 기본질서에 입각한 평화적 통일 정책을 수
　　　립하고 이를 추진한다.

제3절 헌법상 국민의 기본권

국민의 기본권이란 국가에 대하여 청구할 수 있는 개인의 주관적 공권(公權)이
다. 이 기본권은 천부인권(天賦人權)으로 간주되어 프랑스혁명에서 〈인간과 시민의
권리선언〉에서 엄숙하게 선언되었다. 1789년의 프랑스 청원(權利請願), 1679년의
인신 보호법(人身保護法), 1689년의 권리 장전(權利章典)도 귀족과 왕과의 타협의
산물로서 왕이 귀족들에게 인정한 특허(特許)였다.

그러나 제2차 세계 대전 후의 헌법은 전부가 다 기본권을 천부인권으로서 규
정하고 있다. 대한민국 헌법도 이 경향을 따라서 헌법에 기본권을 천부인권으로서
규정하고 있다. 오늘날 기본권의 보장은 대한민국 헌법에서 보장됨은 물론이고 국
제법에서도 보장되고 있다. 국제연합헌장에서도 전문(前文)과 제1조 및 제13조에서
기본적 인권과 인간의 존엄 및 가치의 평등 보장을 규정하고, 9장에서 경제적·사
회적 기본권에 관한 규정을 두고 있다. 또 1948년에 나온 세계인권선언은 전문과
30조로써 구성되어 있는데, 모든 종류의 기본권을 보장하고 있다. 세계 인권 선언
은 법적 구속력이 약한 것으로 인정되어 국제인권규약에 따라 법적으로 기본적 인

권을 보장하게 되었다.

1. 인간의 존엄권

광의에서의 인간의 존엄권은 모든 기본권의 근거가 되는 주기본권이나 협의에서의 인간의 존엄권은 인간의 생명권, 평등권, 명예, 인격권, 사생활의 비밀을 보장받을 권리 등을 포함한다. 모든 인간은 평등하게 인간다운 생활을 할 권리와 자유롭게 살 권리와 명예와 인격을 존중받을 권리가 있기 때문에 이의 침해는 금지된다. 따라서 노예제도나 인신매매 · 고문 · 강제노역 · 집단학살 · 생체실험 · 추방 · 국외추방 · 인종차별 등은 금지된다.

미국의 대법원에서는 사형 제도는 인간의 존엄을 침해하는 잔혹한 형벌이라고 하여 위헌이라고 판시하였다. 그러나 대한민국의 대법원은 인간의 생명의 권리도 공공복리와 질서유지를 위해 법률로써 제한할 수 있다고 하여 이를 합헌이라고 하고 있다. 그러나 생명의 권리를 본질적인 내용을 침해하는 것이기 때문에 위헌이라고 보아야만 타당하다는 설이 유력하다. 김대중 정부 이후 사실상 사형을 집행하지 않음으로써 사형제는 폐지되었다 할 수 있다.

2. 행복추구권

대한민국 제9차 개정 헌법은 제10조 후단에서 "모든 국민은 …행복을 추구할 권리를 가진다."라는 행복추구권 조항을 신설하였다. 행복추구권에 관한 입법례로는 1776년의 버지니아 권리 장전, 1776년의 미국 독립 선언, 1947년의 일본 헌법 등을 들 수 있다. 행복추구권은 성질상 자연법상의 권리이지만, 행복추구권을 규정한 헌법 제10조 후단은 단순히 자연권을 선언한 것에 그치지 않고 실정권(實定權)으로도 그것을 보장하기 위해서 명문화한 것이므로 행복추구권은 자연법상의 권리인 동시에 실정법상의 권리로서의 성격도 아울러 가지고 있는 것이다.

인간의 존엄성 조항과 행복추구권과의 관계는 인간의 존엄성 조항과 그 밖의 기본권과의 관계와 마찬가지로 목적과 수단의 관계에 있다고 할 수 있으며, 행복추구권은 헌법에 규정된 각 기본권은 물론 헌법에 열거되지 아니한 자유와 권리일지라도 그것이 인간으로서의 존엄과 가치의 존중을 위하여 필요한 것이면 그 모두를 포괄하는 포괄적 기본권이다.

3. 평등권

근대 헌법은 개인의 자유와 그 평등을 보장하기 위하여 평등의 원칙을 규정하고 있다. 근대의 평등사상이 신분적·계급적 불평등을 타파하여 법 앞의 평등과 인간의 해방을 내용으로 하는 추상적·형식적 평등을 주장한 데 반하여 현대의 평등사상은 사회 현실 속의 구체적 불평등과 경제 생활에서의 생활약자(生活弱者)를 보호하여 모든 사람에게 인간다운 생활을 평등하게 보장하려는 의미를 가지게 되었다.

따라서 대한민국 헌법 11조 제1항은 "모든 국민은 법 앞에 평등하다. 누구든지 성별·종교 또는 사회적 신분에 의하여 정치적·경제적·사회적·문화적 생활의 모든 영역에서 차별을 받지 아니한다."라고 규정했다. 이 평등의 원칙은 민주 정치의 기본을 이루는 것이고, 따라서 평등권은 오늘날 천부인권(天賦人權)으로서 인정되고 있으며, 헌법의 기본원리의 하나이다. 또한 평등권은 자유권·생존권·사회권·참정권·청구권적 기본권 등에 모두 공통적으로 적용되는 권리 중의 권리라고 할 것이다.

여기서 '법(法)'이라 함은 국회의 의결을 거친 법률에 국한되지 않고 자연법을 포함한 일체의 국법을 포함한다. '법 앞에 평등'이라 함은 단순히 법의 적용, 즉 행정과 사법에 관해서만 평등한 것을 요구하는 데 그치지 않고, 모든 법현상형태(法現象形態)에서의 법을 통한 평등 대우, 즉 행정·사법뿐만 아니라 입법까지도 구속한다고 할 것이다. 따라서 법률이 불평등한 경우에는 위헌(違憲)으로서 무효가 된다고 할 것이다.

그리고 법 앞의 평등이란 모든 사람을 기계적으로 평등하게 대우하려는 것은 아니다. 법은 구체적인 인간의 규범이며 구체적인 인간이 사실상 차이를 가지고 있는 이상, 법 앞의 평등도 일률적일 수는 없다. 따라서 구체적 인간 사이의 차이에 상응한 실질적 평등, 즉 사실상의 평등은 평등하게, 그와 반대로 사실상의 차이는 그 특수 사정에 따라 다르게도 취급할 수 있는 것을 말한다. 그러나 이러한 경우에도 일정한 기준이 있어야 할 것인바 이에 관하여 미국의 판례는 그 표준을 합리성에서 구하여 불합리한 차별 대우를 위헌으로 하고 있으며, 독일에서는 주관적 자의(恣意)의 금지를 기준으로 하고 있다.

4. 자유권적 기본권

자유권적 기본권은 국가권력에서 자유로울 수 있는 국민의 권리, 즉 국민 각자가 그 자유로운 활동을 국가권력에 의하여 제한 또는 구속당하지 않는다고 하는 소극적인 권리이다.

자유권은 참다운 의미에서의 권리가 아니고 반사적 이익에 불과하다고 주장하는 학설도 있지만, 자유권은 자유가 국가에 의하여 위법적으로 침해되는 경우에 그 위법적인 침해의 배제를 청구할 수 있는 청구권을 포함하고 있기 때문에 소극적이나마 역시 권리인 것이다.

자유권이 국가에 앞서고 국가를 초월하는 자연법상의 권리이냐 또는 국민의 자유보장을 위하여 입헌 민주적 헌법에 의하여 실정법적(實定法的)으로 인정받게 된 실정법상의 권리이냐에 관하여는 학설이 날카롭게 대립되고 있다. 그리고 자유권이 권리로 성립한다면 그것은 포괄적인 권리인지가 문제된다. 이에 관하여 대한민국 헌법은 국민의 자유와 권리는 헌법에 열거되지 아니한 이유로 경시되지 아니한다(헌법 제37조 제1항)고 규정하고 있는바 한국인은 포괄적 자유권을 가지고 있다고 하겠다.

자유권적 기본권은 주 기본권인 일반적 신체의 자유권과 그 파생적인 자유권으로 구성되는데, 대체로 그 내용으로 보아 ① 신체의 자유, ② 사회적·경제적 자유, ③ 정신적 자유로 나누어 볼 수 있다.

5. 생존권적 기본권

생존권적 기본권은 생활권적 기본권(生活權的 基本權) 또는 사회권적 기본권(社會權的 基本權)이라고도 한다. 이는 국민이 인간다운 생활을 영위하는 데 필요한 모든 조건을 국가권력의 적극적인 관여에 의하여 확보할 것을 요청할 수 있는 권리이다.

자유권적 기본권이 개인의 자유에 대해 국가가 소극적으로 간섭하지 않는다는 국가권력의 제한을 의미하는 데 반하여 생존권적 기본권은 국가가 국민의 문화적인 최저한도의 생활을 보장해 주어야 하는 국가권력의 관여 내지는 의무를 의미하는 것이다. 이때 문화적인 최저한도의 생활은 경제적 조건이 충족됨으로써 달성할 수 있는 경우가 많으므로 생존권적 기본권을 경제적 기본권이라고 부르기도 한다.

사적 자치(私的自治)의 영역에 대한 권력적 개입을 배척하고 최대한의 경제적 자유를 용인하려는 것이 자본주의이다. 그러나 이 자본주의는 그 분배 체계의 모순으로 인하여 부(富)의 편재(偏在)를 가져와서 경제적 약자에게는 생활에 필요한 최저 조건조차 확보되지 않는 심각한 부작용을 가져왔다. 이에 국민 각자의 최저 한도의 문화생활을 보장해 주기 위한 경제적·사회적 기본권이 요청된 것인데 이것이 생존권적 기본권을 인정하게 된 배경이다.

생존권적 기본권 규정은 직접적으로 효력을 발생하는 규범이 아니고 입법에 의해서만 효력을 발생하는 방침 규정이라고 보는 견해와 생존권적 기본권도 현실적인 권리를 개개인에게 부여하며 따라서 이에 대응하는 법적 의무를 국가가 지고 있다고 보는 견해가 대립되고 있다. 그러나 구체적·현실적 권리이나 불완전한 권리라 보는 견해가 옳다고 하겠다. 생존권적 기본권은 주 생존권(主生存權)인 '인간다운 생활을 할 권리'와 그 파생권리로써 구성된다.

6. 청구권적 기본권

청구권적 기본권(수익권, 권리보호청구권, 권리를 보장하기 위한 기본권)은 옐리네크가 말한 적극적 지위에서 나온 수익권(受益權)을 생존권적 기본권과 청구권적 기본권으로 나누어 생존권적 기본권을 제외한 전통적 수익권만을 말하는 것인데, 이는 국가에 대하여 특정한 행위를 요구한다든가 국가의 보호를 요청한다든가 하는 적극적 공권(公權)이며, 국가 내적(國家 內的)인 권리로서 국가에 대한 청구를 내용으로 하는 공권으로 결코 법의 반사적 이익(反射的 利益)에 그치는 것이 아니다.

7. 참정권

참정권은 국민이 국가기관으로서 공무에 참여하는 권리로서 민주적·정치적 권리이며 능동적 공권(公權)이다. 이 참정권에 대해서는 민주 정치에서 필수 불가결의 권리라는 점을 강조하여 자연권적 기본권이라고 파악하는 견해도 없지 않으나, 참정권의 주체는 국가기관으로서의 국민이기 때문에 이는 국가 내적(國家 內的) 권리라고 보아야 할 것이다.

또한 참정권은 국민 개인의 불가양(不可讓)·불가침(不可侵)의 권리로서 대리 행사시킬 수 없는 극히 개인적 권리이다. 그러나 참정권이 의무를 수반하는 것인가에 대하여는 국민의 국가 기관성을 중시하여 긍정하는 견해도 있으나, 참정권은 국가 내적인 권리이고 실정법(實定法)에 의한 권리이니만큼 의무를 수반시킬 수도 있고, 개인의 자유에 맡길 수도 있겠는데, 대한민국 헌법은 이를 의무화하고 있지는 않다. 대한민국 법상에 규정된 참정권에는 다음과 같은 것이 있다.

제4절 헌법상 국민의 의무

대한민국 헌법은 국민의 의무로서 고전적인 납세의 의무·국방의 의무 외에 환경 보전의 의무, 재산권 행사의 공공복리 적합 의무(公共福利 適合義務), 근로의 의무·교육의 의무를 규정하고 있다. 고전적인 납세·국방의 의무는 국가를 유지하기 위한 의무였으나 사회권(社會權)에 대응하는 교육·근로의 의무규정은 사회에 대한 의무라 하겠다. 이들 의무는 사회의 공공복리를 증진시키기 위한 의무로서 중요한 의의를 가지고 있다.

고전적인 기본의무는 국가의 존립을 유지하고 보위(保衛)하기 위한 의무로서 국민의 의무라고 할 수 있으나, 사회에 대한 새로운 의무는 국적의 여하를 막론하고 모든 인간에게 공통되는 기본의무라고 하겠다.

1. 납세의 의무

헌법은 "모든 국민은 법률이 정하는 바에 의하여 납세의 의무를 진다(제38조)."라고 규정하고 있다. 납세의 의무의 구체적인 내용은 국회에서 통과된 법률로써 정하여야 한다. 대한민국 헌법은 조세법률주의(租稅法律主義)의 원칙을 확립하여 법률로써 조세의 종목과 세율을 정하고 있다(제59조). 납세의 의무는 국방의 의무와 함께 고전적 의무의 하나이며, 양자는 근대 헌법 이래 국민의 2대 의무가 되고 있다. 납세의 의무는 원래 군주(君主)에 의한 자의적이고 일방적인 조세 징수로부터 국민의 재산권을 보호하려는 소극적 성격의 것이었지만, 오늘날의 국가에서는 주권자로서의 국민 스스로가 국가 공동체의 재정력(財政力)을 마련하기 위한 것이라는 적극적 성격도 아울러 가지고 있는 것이다.

2. 국방의 의무

모든 국민은 법률이 정하는 바에 의하여 국방의 의무를 진다(제39조 제1항). 국방의 의무라 함은 외국의 침략 행위로부터 국가의 독립을 유지하고 영토를 보전하기 위한 국토방위의 의무를 말한다. 국방의 의무도 납세의 의무와 마찬가지로 자의적이고 일방적인 징집으로부터 국민의 신체의 자유를 보호한다고 하는 소극적인 의미와 함께 주권자로서의 국민 스스로가 국가 공동체를 외적의 침입으로부터 방위한다고 하는 적극적 성격을 아울러 띤 것이다.

국방의 의무에는 「병역법」에 의한 군복무 의무뿐만 아니라 「향토예비군설치법」에 의한 예비군복무 의무, 「민방위기본법」에 의한 방공 · 응급적인 방재(防災) · 구조 · 복구 및 군사 작전상 필요한 노력(勞力) 지원, 「전시근로동원법」에 의한 전투부대에 대한 군수품 지원을 위한 노력 동원 의무 등 광의(廣義)의 국방의 의무가 포함된다. 국방 의무의 주체는 국민만이고 외국인은 포함되지 아니한다. 현행 헌법은 "누구든지 병역 의무의 이행으로 인하여 불이익한 처우를 받지 아니한다(39조 제2항)."라고 규정함으로써 국민개병주의(國民皆兵主義)를 확립하고 군복무 의식의 고취를 도모하고 있다.

3. 교육을 받게 할 의무

헌법은 "모든 국민은 그 보호하는 자녀에게 적어도 초등 교육과 법률이 정하는 교육을 받게 할 의무를 진다(제31조 제2항. 가르칠 의무 또는 배우게 할 의무)."라고 규정하고 있다. 친권자 · 보호자는 그 보호하에 있는 자녀에게 초등 교육과 법률이 정하는 교육을 받게 할 의무를 지고 있다.

개인의 능력 함양과 인격 형성 그리고 건전한 사회 발전을 위해서 교육, 그중에서도 학교 교육이 불가결한 것임은 이론의 여지가 없다. 이 의무는 동조 1항의 '교육을 받을 권리'를 실효성이 있게 하기 위한 것이다. 그러한 의미에서 교육을 받게 할 의무는 한편으로는 모든 국민으로 하여금 생존에 필요한 최소한의 교양과 능력을 함양케 하는 생활권 보장으로서의 성격을, 또 한편으로는 문화국가의 이념을 실현하기 위한 제2세 교육이라는 성격을 띠고 있다. 교육을 받게 할 의무는 윤리적 의무가 아니라 법적 의무이므로 「교육법」 제164조가 그 의무 이행의 독촉을 받고 이를 이행하지 않는 자에 대하여 5만 원 이하의 과태료에 처하도록 한 것은 정당하다.

4. 근로의 의무

헌법은 "모든 국민은 근로의 의무를 진다. 국가는 근로의 의무의 내용과 조건을 민주주의 원칙에 따라 법률로 정한다(제32조 제2항)."라고 규정하고 있다. 따라서 근로의 의무는 법적인 의무이다. 그러나 이 의무는 직업 선택의 자유와 강제 노역의 금지라는 헌법 원칙에 위배되지 않는 범위 내에서만 법률로 정할 수 있다.

5. 환경 보전의 의무

헌법은 "… 국민은 환경 보전을 위하여 노력하여야 한다(제35조)."라고 규정함으로써 개인에 대해서도 환경 보전의 의무를 지우고 있다.

6. 재산권 행사의 공공복리 적합의 의무

헌법은 "재산권의 행사는 공공복리에 적합하여야 한다(제23조 제2항)."라고 규정하여, 국민은 자기의 재산권의 행사에서 이를 남용해서는 안 되며, 신의 성실(信義誠實)의 원칙에 좇아 행사할 의무를 진다.

제5절 헌법상 국가조직

1. 국회

가. 국회의 권한과 국회의원의 선거 등

입법권은 국회에 속한다. 국회는 국민의 보통·평등·직접·비밀선거에 의하여 선출된 국회의원으로 구성한다. 국회의원의 수는 법률로 정하되, 200인 이상으로 한다. 국회의원의 선거구와 비례대표제 기타 선거에 관한 사항은 법률로 정한다. 국회의원의 임기는 4년으로 한다(헌법 제40조 내지 제42조).

나. 국회의원의 겸직금지, 특권과 의무

국회의원은 법률이 정하는 직을 겸할 수 없다. 국회의원은 현행범인인 경우를 제외하고는 회기 중 국회의 동의 없이 체포 또는 구금되지 아니한다. 국회의원이 회기 전에 체포 또는 구금된 때에는 현행범인이 아닌 한 국회의 요구가 있으면 회기 중 석방된다. 국회의원은 국회에서 직무상 행한 발언과 표결에 관하여 국회 외에서 책임을 지지 아니한다(헌법 제43조 내지 제45조).

국회의원과 정부는 법률안을 제출할 수 있다(헌법 제52조).

국회의원은 청렴의 의무가 있다. 국회의원은 국가이익을 우선하여 양심에 따라 직무를 행한다. 국회의원은 그 지위를 남용하여 국가·공공단체 또는 기업체와의 계약이나 그 처분에 의하여 재산상의 권리·이익 또는 직위를 취득하거나 타인을 위하여 그 취득을 알선할 수 없다(헌법 제46조).

다. 국회의 회기 및 회의 운영

국회의 정기회는 법률이 정하는 바에 의하여 매년 1회 집회되며, 국회의 임시회는 대통령 또는 국회 재적의원 4분의 1 이상의 요구에 의하여 집회된다. 정기회의 회기는 100일을, 임시회의 회기는 30일을 초과할 수 없다. 대통령이 임시회의 집회를 요구할 때에는 기간과 집회 요구의 이유를 명시하여야 한다(헌법 제47조).

국회는 의장 1인과 부의장 2인을 선출한다. 국회는 헌법 또는 법률에 특별한 규정이 없는 한 재적의원 과반수의 출석과 출석의원 과반수의 찬성으로 의결한다. 가부동수인 때에는 부결된 것으로 본다(헌법 제48조, 제49조).

국회의 회의는 공개한다. 다만, 출석의원 과반수의 찬성이 있거나 의장이 국가의 안전보장을 위하여 필요하다고 인정할 때에는 공개하지 아니할 수 있다. 공개하지 아니한 회의 내용의 공표에 관하여는 법률이 정하는 바에 의한다. 국회에 제출된 법률안 기타의 의안은 회기 중에 의결되지 못한 이유로 폐기되지 아니한다. 다만, 국회의원의 임기가 만료된 때에는 그러하지 아니하다(헌법 제50조, 제51조).

라. 국회의 법률안 의결과 확정절차

국회에서 의결된 법률안은 정부에 이송되어 15일 이내에 대통령이 공포한다. 법률안에 이의가 있을 때에는 대통령은 제1항의 기간 내에 이의서를 붙여 국회로 환부하고, 그 재의를 요구할 수 있다. 국회의 폐회 중에도 또한 같다. 대통령은 법률안의 일부에 대하여 또는 법률안을 수정하여 재의를 요구할 수 없다. 재의의 요구가 있을 때에는 국회는 재의에 붙이고, 재적의원 과반수의 출석과 출석의원 3분의 2 이상의 찬성으로 전과 같은 의결을 하면 그 법률안은 법률로서 확정된다(헌법 제53조 제1항 내지 제4항).

대통령이 15일의 기간 내에 공포나 재의의 요구를 하지 아니한 때에도 그 법률안은 법률로서 확정된다. 대통령은 확정된 법률을 지체 없이 공포하여야 한다. 법률이 확정된 후 또는 확정법률이 정부에 이송된 후 5일 이내에 대통령이 공포하지 아니할 때에는 국회의장이 이를 공포한다. 법률은 특별한 규정이 없는 한 공포한 날로부터 20일을 경과함으로써 효력을 발생한다(헌법 제53조 제5항 내지 제7항).

마. 국회의 예산안 심의 및 통제

국회는 국가의 예산안을 심의·확정한다. 정부는 회계연도마다 예산안을 편성하여 회계연도 개시 90일 전까지 국회에 제출하고, 국회는 회계연도 개시 30일 전까지 이를 의결하여야 한다. 새로운 회계연도가 개시될 때까지 예산안이 의결되지 못한 때에는 정부는 국회에서 예산안이 의결될 때까지 다음의 목적을 위한 경비는 전년도 예산에 준하여 집행할 수 있다. 즉, 헌법이나 법률에 의하여 설치된 기관 또는 시설의 유지·운영, 법률상 지출의무의 이행 및 이미 예산으로 승인된 사업의 계속이다(헌법 제54조 제1항 내지 제3항).

한 회계연도를 넘어 계속하여 지출할 필요가 있을 때에는 정부는 연한을 정하여 계속비로서 국회의 의결을 얻어야 한다. 예비비는 총액으로 국회의 의결을 얻어야 한다. 예비비의 지출은 차기국회의 승인을 얻어야 한다. 정부는 예산에 변경을 가할 필요가 있을 때에는 추가경정예산안을 편성하여 국회에 제출할 수 있다(헌법 제55조 및 제56조).

국회는 정부의 동의 없이 정부가 제출한 지출예산 각항의 금액을 증가하거나 새 비목을 설치할 수 없다. 국채를 모집하거나 예산 외에 국가의 부담이 될 계약을 체결하려 할 때에는 정부는 미리 국회의 의결을 얻어야 한다. 조세의 종목과 세율은 법률로 정한다(헌법 제57조 내지 제59조).

바. 국회의 조약체결·비준 동의권 등

국회는 상호원조 또는 안전보장에 관한 조약, 중요한 국제조직에 관한 조약, 우호통상항해조약, 주권의 제약에 관한 조약, 강화조약, 국가나 국민에게 중대한 재정적 부담을 지우는 조약 또는 입법사항에 관한 조약의 체결·비준에 대한 동의권을 가진다. 국회는 선전포고, 국군의 외국에의 파견 또는 외국군대의 대한민국

영역 안에서의 주류에 대한 동의권을 가진다(헌법 제60조).

사. 국회의 국정감사조사권 및 국정처리상황에 대한 질의권 등

국회는 국정을 감사하거나 특정한 국정사안에 대하여 조사할 수 있으며, 이에 필요한 서류의 제출 또는 증인의 출석과 증언이나 의견의 진술을 요구할 수 있다. 국정감사 및 조사에 관한 절차 기타 필요한 사항은 법률로 정한다(헌법 제61조).

국무총리·국무위원 또는 정부위원은 국회나 그 위원회에 출석하여 국정처리상황을 보고하거나 의견을 진술하고 질문에 응답할 수 있다. 국회나 그 위원회의 요구가 있을 때에는 국무총리·국무위원 또는 정부위원은 출석·답변하여야 하며, 국무총리 또는 국무위원이 출석요구를 받은 때에는 국무위원 또는 정부위원으로 하여금 출석·답변하게 할 수 있다(헌법 제62조).

국회는 국무총리 또는 국무위원의 해임을 대통령에게 건의할 수 있다. 해임건의는 국회 재적의원 3분의 1 이상의 발의에 의하여 국회 재적의원 과반수의 찬성이 있어야 한다(헌법 제63조).

아. 국회의 탄핵소추권

대통령·국무총리·국무위원·행정각부의 장·헌법재판소 재판관·법관·중앙선거관리위원회 위원·감사원장·감사위원 기타 법률이 정한 공무원이 그 직무집행에 있어서 헌법이나 법률을 위배한 때에는 국회는 탄핵의 소추를 의결할 수 있다. 탄핵소추는 국회 재적의원 3분의 1 이상의 발의가 있어야 하며, 그 의결은 국회 재적의원 과반수의 찬성이 있어야 한다. 다만, 대통령에 대한 탄핵소추는 국회 재적의원 과반수의 발의와 국회 재적의원 3분의 2 이상의 찬성이 있어야 한다(헌법 제65조 제1항·제2항).

탄핵소추의 의결을 받은 자는 탄핵심판이 있을 때까지 그 권한행사가 정지된다. 탄핵결정은 공직으로부터 파면함에 그친다. 그러나 이에 의하여 민사상이나 형사상의 책임이 면제되지는 아니한다(헌법 제65조 제3항·제4항).

2. 정부

가. 대통령

(1) 대통령의 지위와 책무

대통령은 국가의 원수이며, 외국에 대하여 국가를 대표한다. 대통령은 국가의 독립·영토의 보전·국가의 계속성과 헌법을 수호할 책무를 진다. 대통령은 조국의 평화적 통일을 위한 성실한 의무를 진다. 행정권은 대통령을 수반으로 하는 정부에 속한다(헌법 제66조 제1항 내지 제4항).

(2) 대통령 선거, 취임선서 및 임기

대통령은 국민의 보통·평등·직접·비밀선거에 의하여 선출한다. 대통령 선거에 있어서 최고득표자가 2인 이상인 때에는 국회의 재적의원 과반수가 출석한 공개회의에서 다수표를 얻은 자를 당선자로 한다. 대통령후보자가 1인일 때에는 그 득표수가 선거권자 총수의 3분의 1 이상이 아니면 대통령으로 당선될 수 없다. 대통령으로 선거될 수 있는 자는 국회의원의 피선거권이 있고 선거일 현재 40세에 달하여야 한다. 대통령의 선거에 관한 사항은 법률로 정한다(헌법 제67조 제1항 내지 제5항).

대통령은 취임에 즈음하여 다음의 선서를 한다.

"나는 헌법을 준수하고 국가를 보위하며 조국의 평화적 통일과 국민의 자유와 복리의 증진 및 민족문화의 창달에 노력하여 대통령으로서의 직책을 성실히 수행할 것을 국민 앞에 엄숙히 선서합니다(헌법 제69조)."

대통령의 임기는 5년으로 하며, 중임할 수 없다. 대통령이 궐위되거나 사고로 인하여 직무를 수행할 수 없을 때에는 국무총리, 법률이 정한 국무위원의 순서로 그 권한을 대행한다(헌법 제70조 및 제71조).

(3) 대통령의 권한

대통령은 필요하다고 인정할 때에는 외교·국방·통일 기타 국가안위에 관한 중요정책을 국민투표에 붙일 수 있다. 대통령은 조약을 체결·비준하고, 외교사절을 신임·접수 또는 파견하며, 선전포고와 강화를 한다. 대통령은 헌법과 법률이 정하는 바에 의하여 국군을 통수한다. 국군의 조직과 편성은 법률로 정한다. 대통령은 법률에서 구체적으로 범위를 정하여 위임받은 사항과 법률을 집행하기 위하여 필요한 사항에 관하여 대통령령을 발할 수 있다(헌법 제72조 내지 제75조).

대통령은 내우·외환·천재·지변 또는 중대한 재정·경제상의 위기에 있어서 국가의 안전보장 또는 공공의 안녕질서를 유지하기 위하여 긴급한 조치가 필요하고 국회의 집회를 기다릴 여유가 없을 때에 한하여 최소한으로 필요한 재정·경제상의 처분을 하거나 이에 관하여 법률의 효력을 가지는 명령을 발할 수 있다(헌법 제76조 제1항).

대통령은 전시·사변 또는 이에 준하는 국가비상사태에 있어서 병력으로써 군사상의 필요에 응하거나 공공의 안녕질서를 유지할 필요가 있을 때에는 법률이 정하는 바에 의하여 계엄을 선포할 수 있다(헌법 제77조 제1항).

대통령은 헌법과 법률이 정하는 바에 의하여 공무원을 임면한다. 대통령은 법률이 정하는 바에 의하여 사면·감형 또는 복권을 명할 수 있다. 일반사면을 명하려면 국회의 동의를 얻어야 한다. 사면·감형 및 복권에 관한 사항은 법률로 정한다. 대통령은 법률이 정하는 바에 의하여 훈장 기타의 영전을 수여한다. 대통령은 국회에 출석하여 발언하거나 서한으로 의견을 표시할 수 있다. 대통령의 국법상 행위는 문서로써 하며, 이 문서에는 국무총리와 관계 국무위원이 부서한다. 군사에 관한 것도 또한 같다. 대통령은 국무총리·국무위원·행정각부의 장 기타 법률이 정하는 공사의 직을 겸할 수 없다. 대통령은 내란 또는 외환의 죄를 범한 경우를 제외하고는 재직 중 형사상의 소추를 받지 아니한다. 전직 대통령의 신분과 예우에 관하여는 법률로 정한다(헌법 제78조 내지 85조).

나. 행정부

(1) 국무총리와 국무위원

국무총리는 국회의 동의를 얻어 대통령이 임명한다. 국무총리는 대통령을 보좌하며, 행정에 관하여 대통령의 명을 받아 행정각부를 통할한다. 군인은 현역을 면한 후가 아니면 국무총리로 임명될 수 없다(헌법 제86조 제1항 내지 제3항).

국무위원은 국무총리의 제청으로 대통령이 임명한다. 국무위원은 국정에 관하여 대통령을 보좌하며, 국무회의의 구성원으로서 국정을 심의한다. 국무총리는 국무위원의 해임을 대통령에게 건의할 수 있다. 군인은 현역을 면한 후가 아니면 국무위원으로 임명될 수 없다(헌법 제87조 제1항 내지 제4항).

(2) 국무회의

국무회의는 정부의 권한에 속하는 중요한 정책을 심의한다. 국무회의는 대통령·국무총리와 15인 이상 30인 이하의 국무위원으로 구성한다. 대통령은 국무회의의 의장이 되고, 국무총리는 부의장이 된다(헌법 제88조 제1항 내지 제3항).

(3) 행정각부

행정각부의 장은 국무위원 중에서 국무총리의 제청으로 대통령이 임명한다. 국무총리 또는 행정각부의 장은 소관사무에 관하여 법률이나 대통령령의 위임 또는 직권으로 총리령 또는 부령을 발할 수 있다. 행정각부의 설치·조직과 직무범위는 법률로 정한다(헌법 제94조 내지 제96조).

(4) 감사원

국가의 세입·세출의 결산, 국가 및 법률이 정한 단체의 회계검사와 행정기관 및 공무원의 직무에 관한 감찰을 하기 위하여 대통령 소속하에 감사원을 둔다. 감사원은 원장을 포함한 5인 이상 11인 이하의 감사위원으로 구성한다. 원장은 국회의 동의를 얻어 대통령이 임명하고, 그 임기는 4년으로 하며, 1차에 한하여 중임할 수 있다. 감사위원은 원장의 제청으로 대통령이 임명하고, 그 임기는 4년으로 하며, 1차에 한하여 중임할 수 있다. 감사원은 세입·세출의 결산을 매년 검사하여 대통령과 차년도국회에 그 결과를 보고하여야 한다(헌법 제97조 내지 제99조).

3. 법원

사법권은 법관으로 구성된 법원에 속한다. 법원은 최고법원인 대법원과 각급법원으로 조직된다. 법관의 자격은 법률로 정한다(헌법 제101조 제1항 내지 제3항).

대법원에 부를 둘 수 있다. 대법원에 대법관을 둔다. 다만, 법률이 정하는 바에 의하여 대법관이 아닌 법관을 둘 수 있다. 대법원과 각급법원의 조직은 법률로 정한다(헌법 제102조 제1항 내지 제3항).

법관은 헌법과 법률에 의하여 그 양심에 따라 독립하여 심판한다(헌법 제103조). 대법원장은 국회의 동의를 얻어 대통령이 임명한다. 대법관은 대법원장의 제청으로 국회의 동의를 얻어 대통령이 임명한다. 대법원장과 대법관이 아닌 법관은 대법관회의의 동의를 얻어 대법원장이 임명한다(헌법 제104조 제1항 내지 제3항).

대법원장의 임기는 6년으로 하며, 중임할 수 없다. 대법관의 임기는 6년으로 하며, 법률이 정하는 바에 의하여 연임할 수 있다. 대법원장과 대법관이 아닌 법관의 임기는 10년으로 하며, 법률이 정하는 바에 의하여 연임할 수 있다. 법관의 정년은 법률로 정한다(헌법 제105조 제1항 내지 제4항).

법관은 탄핵 또는 금고 이상의 형의 선고에 의하지 아니하고는 파면되지 아니하며, 징계처분에 의하지 아니하고는 정직·감봉 기타 불리한 처분을 받지 아니한다. 법관이 중대한 심신상의 장해로 직무를 수행할 수 없을 때에는 법률이 정하는 바에 의하여 퇴직하게 할 수 있다(헌법 제106조 제1항·제2항).

법률이 헌법에 위반되는 여부가 재판의 전제가 된 경우에는 법원은 헌법재판소에 제청하여 그 심판에 의하여 재판한다. 명령·규칙 또는 처분이 헌법이나 법률에 위반되는 여부가 재판의 전제가 된 경우에는 대법원은 이를 최종적으로 심사할 권한을 가진다. 재판의 전심절차로서 행정심판을 할 수 있다. 행정심판의 절차는 법률로 정하되, 사법절차가 준용되어야 한다(헌법 제107조 제1항 내지 제3항).

4. 헌법재판소

헌법재판소는 다음 사항을 관장한다(헌법 제111조 제1항). 첫째, 법원의 제청에 의한 법률의 위헌 여부를 심판한다. 둘째, 대통령을 비롯한 헌법이 정한 국가공무원에 대한 탄핵의 심판이다. 셋째, 정당의 해산 심판이다. 넷째, 국가기관 상호간, 국가기관과 지방자치단체 간 및 지방자치단체 상호간의 권한쟁의에 관한 심판이다. 다섯째, 법률이 정하는 헌법소원에 관한 심판이다.

헌법재판소는 법관의 자격을 가진 9인의 재판관으로 구성하며, 재판관은 대통령이 임명한다. 재판관 중 3인은 국회에서 선출하는 자를, 3인은 대법원장이 지명하는 자를 임명한다. 헌법재판소의 장은 국회의 동의를 얻어 재판관 중에서 대통령이 임명한다(헌법 제111조 제2항 내지 제4항).

헌법재판소 재판관의 임기는 6년으로 하며, 법률이 정하는 바에 의하여 연임할 수 있다. 헌법재판소 재판관은 정당에 가입하거나 정치에 관여할 수 없다. 헌법재판소 재판관은 탄핵 또는 금고 이상의 형의 선고에 의하지 아니하고는 파면되지 아니한다(헌법 제112조 제1항 내지 제3항).

헌법재판소에서 법률의 위헌결정, 탄핵의 결정, 정당해산의 결정 또는 헌법소원에 관한 인용결정을 할 때에는 재판관 6인 이상의 찬성이 있어야 한다. 헌법재판소는 법률에 저촉되지 아니하는 범위 안에서 심판에 관한 절차, 내부규율과 사무처리에 관한 규칙을 제정할 수 있다. 헌법재판소의 조직과 운영 기타 필요한 사항은 법률로 정한다(헌법 제113조 제1항 내지 제3항).

5. 선거관리

선거와 국민투표의 공정한 관리 및 정당에 관한 사무를 처리하기 위하여 선거관리위원회를 둔다. 중앙선거관리위원회는 대통령이 임명하는 3인, 국회에서 선출하는 3인과 대법원장이 지명하는 3인의 위원으로 구성한다. 위원장은 위원 중에서 호선한다. 위원의 임기는 6년으로 한다. 위원은 정당에 가입하거나 정치에 관여할 수 없다. 위원은 탄핵 또는 금고 이상의 형의 선고에 의하지 아니하고는 파면되지 아니한다. 중앙선거관리위원회는 법령의 범위 안에서 선거관리·국민투표관리 또는 정당사무에 관한 규칙을 제정할 수 있으며, 법률에 저촉되지 아니하는 범위 안에서 내부규율에 관한 규칙을 제정할 수 있다. 각급 선거관리위원회의 조직·직무범위 기타 필요한 사항은 법률로 정한다(헌법 제114조 제1항 내지 제7항).

6. 지방자치

지방자치단체는 주민의 복리에 관한 사무를 처리하고 재산을 관리하며, 법령의 범위 안에서 자치에 관한 규정을 제정할 수 있다. 지방자치단체의 종류는 법률로 정한다(헌법 제117조 제1항·제2항).

지방자치단체에 의회를 둔다. 지방의회의 조직·권한·의원선거와 지방자치단체의 장의 선임방법 기타 지방자치단체의 조직과 운영에 관한 사항은 법률로 정한다(헌법 제118조 제1항·제2항).

제6장
형법의 이해

제1절 형법의 의의

1. 형법의 개념

형법이란 일반적 범죄와 형벌의 관계를 규정한 국가법규범의 총체, 즉 어떤 행위가 범죄이고 그 범죄에 대한 법률효과로 어떠한 형벌을 과할 것인가를 규정하는 법규범을 말한다. 보안처분을 형벌에 포함하여 범죄에 대하여 형벌과 보안처분이라는 형사제재를 규정한 법규범의 총체라고 해석하는 것이 일반적이다.

다른 사람을 살해하거나 또는 남의 물건을 훔치는 등 사회에 유해한 행위를 한 경우에 징역이나 벌금 심지어는 사형까지도 당하게 된다는 것을 알고 있다. 사회공동생활을 해치는 행위에 대한 처벌 내지 제재를 규정한 법규범이 형법이다. 형법은 먼저 살인, 절도 등 사회에 유해한 행위로서 처벌이 필요한 행위 즉 범죄행위의 종류, 요건 등에 대하여 규정을 두고 있다. 그리고 그러한 범죄행위에 대한 효과로서 형벌이나 보안처분 등의 제재수단에 대하여 규정을 하고 있다. 따라서 형법은 범죄와 형벌(또는 보안처분)에 관한 법이라고 할 수 있다.

2. 형식적 의미의 형법과 실질적 의미의 형법

가. 형식적 의의의 형법(협의의 형법)

범죄와 그에 대한 형벌(보안처분)을 규정한 법률로 대표적인 것이 1953. 9. 18. 법률 제293호로 공포된 형법전이며 이를 형식적 의의의 형법 또는 좁은 의미의 형법(협의의 형법)이라 할 수 있다. 실질적 의미의 형법은 형법전뿐만 아니라 각종 형사처벌을 규정하고 있는 특별법이나 행정법규를 망라하여 일컫는 것이다.

형식적 의미의 형법에는 실질적 의미의 형법에 해당되지 않는 것도 포함되어 있다. 예컨대 소추조건인 친고죄에 있어서의 고소, 양형의 조건, 형의 집행, 형의 실효 및 시효에 관한 사항 등이 있다. 보통 우리가 형법이라고 말할 때 좁은 의미의 형법을 말한다.

나. 실질적 의미의 형법(광의의 형법)

그 명칭이나 형식을 불문하고 범죄와 형사제재를 규정한 모든 법규범을 실질적 의미의 형법 또는 넓은 의미의 형법(광의의 형법)이라고 한다. 광의의 형법에는 협의의 형법은 물론 특별형법(예를 들어 군형법, 구가보안법, 폭력행위 등 처벌에 관한 법률, 특정강력범죄처벌에 관한 특별조치법, 특정범죄가중처벌 등에 관한 법률, 성폭력범죄의 처벌 및 피해자보호 등에 관한 법률, 도로교통법, 관세법 등)과 보안처분을 규정하고 있는 법률(형법, 보호관찰법, 소년법, 치료감호법 등)이 있다. 이들은 형법보다도 실생활에서 보다 많이 적용되어 중요한 규범력을 발휘하고 있다. 이들을 특별형법 또는 형사특별법이라 하며 일반 형법과 함께 넓은 의미의 형법에 포함된다.

형법에 규정된 것이라도 범죄와 형사제재를 규정한 것이 아니면 광의의 형법이 아니다. "법률 없으면 범죄도 없다."에서 '법률'은 광의의 형법을 말한다. 주의할 점은 형사소송법, 행형법, 경찰관직무집행법 등은 실질적 의의의 형법이라고 할 수 없으며, 행정법규를 위반하여 부과되는 과태료, 범칙금을 규정하고 있는 법체계는 질서위반법이라고 하여 실질적 의의의 형법과는 구별하고 있다.

다. 형법의 구성

사회에 유해한 행위로서 처벌이 대상이 되는 범죄행위는 살인, 상해, 절도, 강도 등 무수히 많다. 이들 범죄행위를 체계적이고 효과적으로 규율하기 위하여 우리 형법은 총칙과 각칙으로 나누어 규정하고 있다. 총칙에서는 범죄와 형벌의 일반적인 요소에 대한 규정을 두고 있다. 각칙에서는 개별적인 범죄와 형벌의 요소에 대하여 규정하고 있다. 이는 마치 곤충에 대하여 공부를 할 때 곤충의 공통된 요소로서 머리, 가슴, 배의 세부분으로 구성되어 있다는 일반적인 이해를 한 후, 잠자리, 나비 등 개별적인 곤충의 특징에 대하여 공부를 함으로써 곤충에 대한 체계적이고도 정확한 이해를 할 수 있는 것과 같다고 할 수 있다. 아래에서도 개별적인 범죄를 떠나서 모든 범죄에 공통된 범죄와 형벌의 일반적인 요소 내지 특성에 대한 이해를 한 후 개별적인 범죄와 형벌의 내용에 대하여 공부하기로 한다.

라. 형법의 기능

형법의 기능에는 일반적으로 보호적 기능, 사회질서의 유지 기능 및 보장적 기능의 세 가지로 나누어 볼 수 있다.

첫 번째, 보호적 기능이다. 형법은 형벌이라는 수단을 통하여 법익을 보호하는 기능을 한다. 형법은 형벌과 같은 특수한 강제력을 통해 법익을 보호한다는 의미에서 다른 법과는 다른 특성이 있다. 형법은 형벌이라는 수단을 통하여 사회 · 윤리적 행위 가치를 보호하는 기능을 한다. 즉, 형법은 범죄와 형벌을 규정하고, 범죄를 처벌함으로써 일반 시민의 사회·윤리적 판단을 형성하며 또한 그들이 법에 충실한 심정이 항상 유지될 수 있도록 보호·강화해 주는 기능을 한다. 형법이 범죄 행위에 대하여 내리는 부정적 가치 판단의 밑바탕에는 사회·윤리적 평가가 있다. 즉 일정한 행위에 대하여 사회·윤리적 비난이 고조되면서 사회 여론은 그 행위에 대한 처벌을 요청하고, 이러한 요청이 형법에 수용되면서 불법으로 평가되는 과정을 일반적으로 거친다.

두 번째, 사회질서의 유지 기능이다. 형법은 범죄로부터 사회질서를 보호하고 유지하는 기능을 가진다. 형벌(또는 보안처분)을 통해 일반인의 범죄 발생을 억제하는 일반예 기능과 범죄인에 대한 사회복귀 촉진기능을 수행하는 특별예방기능을 한다.

세 번째, 형법은 국가 형벌권의 한계를 명확하게 하여 자의적인 국가형벌권의 행사로부터 국민의 자유와 권리를 보장하는 기능을 한다(보장적 기능).

제2절 형법의 기본원칙

1. 죄형법정주의

가. 죄형법정주의 의의

형법을 적용하여 범죄자를 처벌하는 데 있어서 가장 기본이 되는 원칙이 죄형법정주의라 할 수 있다. 죄형법정주의는 흔히 "법률 없으면 범죄와 형벌이 없다."라는 표어로 표현된다. 이는 어떤 행위가 범죄로 되고 그에 대하여 어떤 처벌을 과할 것인가는 미리 법률에 규정이 있어야 한다는 원칙을 말한다.

국가는 형벌에 의하여 신체의 자유와 재산권을 박탈할 수 있고 개인의 생명까지도 빼앗을 수 있다. 범죄자에 대하여 형벌을 통한 고통의 부과는 사회질서의 유지를 위하여 불가결한 것이기는 하지만 형벌권이 자의적으로 행사되는 경우 돌이킬 수 없는 결과를 초래하게 된다. 이러한 형벌권의 남용을 방지하기 위하여는 형벌권 행사에 있어서 미리 일정한 기준을 마련할 필요가 있는데, 이러한 요청에 따른 것이 죄형법정주의이다. 즉, 형벌에 의하여 신체의 자유 등 국민의 기본권을 침해할 경우에는 국민의 대표로 구성된 국회에 의하여 제정된 법률의 근거를 필요로 하며 미리 법률에 규정이 없는 경우에는 아무리 사회에 유해한 행위라 하더라도 형벌에 의한 기본권의 침해는 할 수 없는 것이다.

나. 죄형법정주의의 내용

죄형법정주의는 죄와 형벌은 법률로 정하여야 한다는 원칙을 말한다. 죄형법정주의는 다음과 같은 네 가지 원칙이 지켜질 때 국민의 기본권 보장이라는 본래의 취지를 달성할 수 있다.

(1) 법률주의

어느 행위를 범죄로 인정하여 형벌을 부과하려면 반드시 '법률'로 규정을 두어야 한다. 여기서 법률은 국회가 제정한 형식적 의미의 법률을 말한다. 따라서 법률이 아닌 명령, 조례, 규칙 등에 의하여는 범죄와 형벌을 창설할 수 없다. 그러나 범죄와 형벌을 법률에서 개괄적으로 규정하고 그 구체적인 내용을 행정부의 명령이나 지방자치단체의 조례 등에 위임하는 것은 무방하다. 법률주의의 원칙상 법률 아닌 관습에 의한 처벌도 금지된다(관습형법금지의 원칙).

(2) 소급효금지의 원칙

범죄와 형벌은 범죄행위 당시의 법률에 의하여 결정되어야 한다(헌법 제13조, 형법 제1조 제1항). 즉 형법은 그 시행 이후의 행위에 대하여만 적용되고 시행 이전의 행위에 대하여는 소급하여 적용될 수 없는데 이를 소급효금지의 원칙이라고 한다. 사후의 법률에 의하여 처벌이 이루어지는 경우에 개인의 생활은 불안정할 수 없기 때문에 법적 안정성과 예측가능성을 보장하기 위하여 소급효금지의 원칙이 준수되어야 한다.

소급효금지의 원칙은 형벌법규가 범죄행위자에게 불리한 경우 즉 범죄와 형벌을 신설하거나 가중처벌하는 경우에만 적용된다. 범죄 후 법률의 변경에 의하여 어느 행위가 범죄를 구성하지 않거나 형벌이 가볍게 변경되는 경우에는 행위자에게 유리하기 때문에 소급효가 인정되어 신법이 적용된다(형법 제1조 제2항).

(3) 유추해석금지의 원칙

형법은 법조문에 규정되어 있는 사실에 대하여만 적용되며 법조문에 규정되지 않은 유사한 사실에 적용되어서는 안 된다는 원칙을 유추해석금지의 원칙이라고 한다. 죄형법정주의 원칙상 개인은 형법에 규정된 행위만 하지 않으면 어떠한 경우에도 처벌되지 않으며 이 한도에서 자유로운 생활을 보장받는다. 형법전에 규정되지 않은 사항에 대하여 법조문에 규정된 것과 유사하다는 이유로 해당 법조문을 적용하여 처벌할 경우 개인의 생활은 지극히 불안정해지기 때문에 유추해석은 금지되어야 한다. 다만 형법을 비롯한 모든 법규범은 복잡·다양한 사회현상을 일일이 나열하여 규정할 수 없고 추상적인 형태로 규정을 둘 수밖에 없는데 이러한 추상적인 법조문의 의미는 해석을 통하여 구체화된다. 예컨대 도전(盜電)행위를 형법상 절도죄로 처벌할 수 있는가 하는 문제를 해결하기 위하여는 전기가 재물에 해당하는가 하는 점이 밝혀져야 한다. 형법 제329조는 "타인의 재물을 절취한 자는 6년 이하의 징역 또는 1천만원 이하의 벌금에 처한다."고 규정하고 있는데 전기가 재물에 해당하느냐 여부는 재물이라는 구성요건표지의 해석에 의하여 밝혀지게 된다. 일반적으로 재물의 개념에 대하여는 관리가능성설의 입장에서 관리가능한 실체는 재물로 이해하고 있다. 따라서 재물이라는 법문언(法文言)의 범위에 전기도 포함되게 되며 도전(盜電)행위를 절도죄로 처벌하는 것은 정당한 해석에 의한 것으로 허용된다. 그러나 서류를 복사하는 등 타인의 정보를 훔쳐내는 행위는 절도죄로 처벌할 수 없다. 재물의 개념에 정보는 포함될 수 없기 때문이다. 관리가능성설에 의하더라도 재물은 물리적으로 관리가능한 것만을 의미하고 사물적으로 관리가능한 것은 포함되지 않기 때문이다. 따라서 정보를 훔치는 행위를 절도죄로 처벌하는 것은 유추해석으로서 허용되지 않는다. 결국 (일반)해석은 허용되지만 유추해석은 허용되지 않으며 그 한계는 법문언의 의미에 개별적인 사실관계가 포함되느냐에 의하여 결정되게 된다.

한편 이처럼 금지되는 유추해석은 범죄행위자에게 불리한 경우에 한하며 행위자에게 유리한 유추해석은 허용된다. 따라서 위법성이나 책임 등 범죄성립을 조각시키거나 형벌을 감경하는 사유에 대한 유추해석은 허용된다.

(4) 명확성의 원칙

국가의 형벌권 행사로부터 국민의 자유를 보장하기 위하여는 어떠한 행위가 어느 정도의 형벌로 처벌되는가를 알 수 있도록 형법에 명확히 규정되어 있어야 하는데 이를 명확성의 원칙이라고 한다. 명확성의 원칙은 두 가지 방향에서 요구된다. 첫째, 형법에 의하여 금지된 행위가 무엇인가를 명확히 해야 한다(구성요건의 명확성). 따라서 '행실이 불량한 자', '공공질서에 반하는 행위를 한 자'를 처벌하도록 하는 규정은 명확성의 원칙에 반하여 무효가 된다. 명확성원칙은 형사제재의 측면에서도 요구된다(제재의 명확성). 처벌되는 행위가 명확하더라도 그에 대한 형벌이 불명확하면 범죄행위를 한 자의 지위가 불안정하기 때문이다. 따라서 형기를 전혀 한정하지 않은 절대적 부정기형은 금지된다(절대적 부정기형금지의 원칙). 그러나 장기를 한정하여 일정한 범위에서 형기를 정하는 상대적 부정기형은 허용된다. 예컨대 5년 이하의 범위에서 행실이 양호해질 때 석방하도록 형벌을 부과하는 것은 허용된다. 우리 소년법은 이러한 상대적 부정기형을 인정하고 있다(소년법 제60조).

제3절 범죄의 성립요건

1. 범죄성립요건의 3요소

어떤 행위를 범죄라고 규정하기 위해서는 우선 그 행위가 법률이 금지하고 있는 행위에 해당해야 하고(구성요건 해당성), 그다음으로 그 행위가 위법해야 하며(위법성), 끝으로 책임이 인정되어야(책임성) 한다. 이를 범죄성립의 3요소라고 한다.

가. 구성요건 해당성

법률이 금지하고 있는 행위를 한 경우이다. 법률로 금지하고 있는 행위를 했다면 구성 요건에 해당했다고 본다. 예를 들어 다른 사람의 개를 죽였다면 이것은 '사람'을 '살해'한 경우가 아니므로 살인죄는 성립하지 않는다. 다만, 다른 사람의 개를 죽이는 행위는 '타인의 재물'을 '손괴'한 경우에 해당하여 재물손괴죄가 성립한다.

나. 위법성

어떤 행위가 구성 요건에 해당하더라도 법질서에 위반하는 위법성이 있어야 한다. 그러나 예외적으로 일정한 요건을 갖춘 때(위법성 조각사유가 있는 경우)에는 위법성이 부정된다. 위법성 조각 사유에는 정당방위, 긴급피난, 자구행위, 피해자의 승낙·추정적 승낙, 정당행위가 있으며, 이에 해당하는 경우에는 구성요건에 해당하는 행위를 했다 하더라도 위법성이 인정되지 않아 처벌되지 않는다.

다. 책임성

어떤 행위가 구성요건에 해당하고 위법하다고 하더라도 그러한 행위를 법적으로 비난하여 책임을 물을 수 있어야 한다. 책임을 물을 수 없는 경우에는 이를 비난 가능성이 없다고 하는데 책임을 묻기 어려운 경우로 우선 행위자가 만 14세가 되지 않은 경우에는 형사책임을 물을 수 없기 때문에 형벌을 부과할 수 없다. 다만 10세 이상인 경우에는 「소년법」에 의하여 소년원 송치와 같은 보호처분을 받을 수는 있다. 또 14세 이상인 경우라 하더라도 정신장애로 인하여 옳고 그름을 판단할 수 없거나 자신의 행동을 통제할 능력을 상실한 사람이 위법행위를 한 경우에는 책임을 묻지 않는다. 책임조각사유에는 형사 미성년자뿐만 아니라 심신장애로 사물변별 능력이 없거나 의사 결정 능력이 없는 자가 있다. 심신장애는 정신병, 정신지체, 심한 의식장애, 기타 중대한 정신이상 상태를 말한다. 하지만 술을 마시는 등 자신의 선택으로 스스로 심신장애 상태를 만든 후 범죄를 저지른 때에는 책임능력을 인정하여 처벌할 수 있다. 그리고 심신미약자인 경우 심신장애로 인하여 사물변별 또는 의사 결정 능력이 미약한 것이므로 형벌을 감경한다.

2. 가벌성의 요건과 소추요건

범죄는 구성요건 해당성·위법성 및 책임성의 어느 하나도 결여되면 범죄가 성립되지 아니한다. 이러한 범죄성립요건과 구별되어야 하는 것에는 가벌성의 요건과 소추요건(訴追要件)이 있다. 전자에는 파산범죄에서 파산선고의 확정이라든가 친족상도례에서의 직계혈족·배우자·동거의 친족과 같은 인적처벌조각사유의 부존재 등이 있으며, 후자에는 친고죄의 고소·형법 제110조의 외국정부의 의사에 반하여 논할 수 없다는 것 등이 있다. 또 학설 중에는 가벌성의 요건을 범죄성립 요건 중에 포함시켜 가벌성의 요건이라는 관념을 부정하는 견해도 있다.

제7장
소비생활과 법

제1절 소비자의 기본적 권리

사업자와 소비자의 대등성을 회복하고 경제사회 구조로서 소비자주권의 원리를 회복시키기 위하여 소비자가 가지는 권리를 명확하게 할 필요가 있는데, 이러한 소비자의 권리를 시민의 권리에서 떼어내어 최초로 구체화 시킨 사람이 미국의 케네디대통령이다. 그는 1962년 3월 15일 미국 연방의회에 보낸 '소비자의 권리보호에 관한 특별교서'에서 최초로 ① 안전할 권리 ② 알 권리 ③ 선택할 권리 ④ 의견을 반영할 권리 등 4가지 소비자권리를 선언하였다. 이후 국제기구 및 세계 각국에서는 소비자권리를 선언하고 이를 보장하기 위한 정책을 세워 추진하고 있다.

우리나라 소비자기본법은 소비자의 기본권익을 보호하기 위하여 소비자의 기본적 권리 8가지를 규정하고 있다(소비자기본법 제4조).[8]

1. 안전할 권리

소비자는 '물품 또는 용역(이하 '물품 등'이라 한다)으로 인한 생명·신체 또는 재산에 대한 위해로부터 보호받을 권리'를 가진다. 이는 소비자에게 가장 중요한 '안전할 권리'를 인정한 것으로 국가는 소비자의 안전을 도모하기 위해서 안전기준을 제정하고 위해상품을 수거·파기할 의무가 있다.

2. 정보를 제공받을 권리(알 권리)

소비자는 '물품 등을 선택함에 있어서 필요한 지식 및 정보를 제공받을 권리'를 가진다. 이는 '알 권리'라고도 하며, 물품 또는 용역을 선택함에 있어서 필요한 지식 및 정보를 제공받을 권리로 합리적 소비생활을 이루기 위한 전제조건이다. 이들을 구매하기 전에는 각종 상품정보나 상품표시(Labeling) 등을 통해 사용목적에의 부합 여부를 정확히 판단해야 하고, 사용과정에서는 올바른 사용(취급)방법, 주의사항을 통해 최대의 효용 수준을 충족해야 한다.

---

8) 최병록, 소비자와 권리, 박영사, 2019년.

3. 선택할 권리

소비자는 '물품 등을 사용함에 있어서 거래상대방·구입장소·가격 및 거래조건 등을 자유로이 선택할 권리'를 가진다. 물품 및 용역을 사용 또는 이용함에 있어서 거래의 상대방, 구입장소, 가격, 거래조건 등을 자유로이 선택할 권리로 자유롭고 공정한 경쟁이 이루어지는 시장에서 보장될 수 있다. 특히 우리나라는 방문판매원들의 허위·기만행위 등으로부터 소비자의 선택할 권리를 보장하기 위해 1991년 할부거래에 관한 법률, 방문판매 등에 관한 법률을 제정하여 시행하고 있다.

4. 의견을 반영할 권리

소비자는 '소비생활에 영향을 주는 국가 및 지방자치단체의 정책과 사업자의 사업활동 등에 대하여 의견을 반영시킬 권리'를 가진다. 소비자의 권익증진을 위한 소비자정책위원회에 소비자대표가 직접 참여하는 것을 비롯하여 소비자 관련 기관이 사업자의 특정 행위를 조사한 결과를 토대로 관계당국에 정책을 건의하고, 사업자에게 시정을 촉구하는 것도 의견을 반영할 권리를 행사하는 것이다.

5. 피해보상을 받을 권리

소비자는 '물품 등의 사용으로 인하여 입은 피해에 대하여 신속·공정한 절차에 따라 적절한 보상을 받을 권리'를 가진다. 이를 위해 정부가 물품 등의 품목별로 소비자분쟁해결기준을 고시하여 운영하고 있다. 또한 사업자 및 사업자단체는 소비자로부터 제기되는 의견이나 불만 등을 기업경영에 반영하고, 소비자의 피해를 신속하게 처리하기 위한 기구(이하 '소비자상담기구'라 한다)의 설치·운영에 적극 노력하여야 한다(소비자기본법 제53조 제1항). 나아가 소비자 관련 단체에서 소비자 불만, 피해구제업무를 수행하는 것 등은 소비자의 피해보상을 받을 권리를 실현시키는 정책의 일환이다.

6. 교육을 받을 권리

소비자는 '합리적인 소비생활을 위하여 필요한 교육을 받을 권리'를 가진다. 소비자의 '교육을 받을 권리'는 소비자의 자주적, 주체적 소비생활을 통해 소비자권익이 옹호되도록 하기 위함이다. 대체로 소비자교육은 어린이를 대상으로 하는 가정소비자교육과 학생을 대상으로 하는 체계적인 학교소비자교육, 그리고 성인을 대상으로 하는 소비자 관련 기관의 사회교육 및 계몽 활동 등으로 구분된다.

7. 단체를 조직·활동할 권리

소비자는 '소비자 스스로의 권익을 증진하기 위하여 단체를 조직하고 이를 통하여 활동할 수 있는 권리'를 가진다. 현재 많은 소비자단체가 자발적인 조직체를 형성하여 소비자의 목소리를 대변하고 소비자의 기본적인 권리를 보장하기 위한 다양한 활동을 하고 있다.

8. 안전하고 쾌적한 소비생활 환경에서 소비할 권리

소비자는 '안전하고 쾌적한 소비생활 환경에서 소비할 권리'를 가진다. 소비자는 다양한 물품 등으로부터 위의 일곱 가지 권리를 누릴 뿐만 아니라 안전하고 쾌적한 소비생활환경에서 소비할 권리가 있다. 이는 소비자 측면에서 환경권을 인정한 것이다.

제2절 방문판매 등

1. 방문판매 등 특수판매의 개념

소비자가 직접 판매업자의 점포를 방문하여 필요한 물품이나 용역을 구매하는 것인 전통적인 구매방법이었다. 그러나 오늘날 판매방법의 다양화로 판매업자가 소비자를 직접 방문하거나 우편, 전기통신 등의 매체를 통하여 거래하는 점포 외에서의 판매형태가 등장하였는데 이를 통틀어서 특수판매라고 한다. 이러한 판매유형은 판매업자의 현란한 세일즈 토크(sales talk)에 현혹되거나 정보가 부족한 소비자가 일방적으로 제공하는 사업자의 정보에 의해 구매결정을 함으로써 공정한 거래가 보장되지 못하는 새로운 유형의 소비자피해가 발생하게 된다.

「방문판매 등에 관한 법률」(이하 '방문판매법'이라 한다)은 방문판매, 전화권유판매, 다단계판매, 계속거래 및 사업권유거래 등에 의한 재화 또는 용역의 공정한 거래에 관한 사항을 규정함으로써 소비자의 권익을 보호하고 시장의 신뢰도 제고를 통하여 국민경제의 건전한 발전에 이바지함을 목적으로 한다. 방문판매법은 1991년 12월 31일 제정된 후 수차례 개정되어 시행되고 있다.

가. 방문판매

재화 또는 용역(일정한 시설을 이용하거나 용역의 제공을 받을 수 있는 권리를 포함)의 판매(위탁 및 중개 포함)를 업으로 하는 자(이하 '판매업자'라 한다)가 방문의 방법으로 그의 영업소·대리점 기타 총리령이 정하는 영업장소 외의 장소에서 소비자에게 권유하여 계약의 청약을 받거나 계약을 체결(사업장 외의 장소에서 권유 등 총리령이 정하는 방법에 의하여 소비자를 유인하여 사업장에서 계약의 청약을 받거나 계약을 체결하는 경우를 포함)하여 재화 또는 용역을 판매하는 것을 말한다.

나. 전화권유판매

전화를 이용하여 소비자에게 권유하여 계약의 청약을 받거나 계약을 체결하는 등 총리령이 정하는 방법으로 재화 등을 판매하는 것을 말한다.

다. 다단계판매

판매업자가 특정인에게 ① 당해 판매업자가 공급하는 재화 등을 소비자에게 판매할 것 ② 소비자의 전부 또는 일부를 당해 특정인의 하위판매원으로 가입하도록 하여 그 하위판매원이 당해 특정인의 활동과 같은 활동을 하면 일정한 이익(다단계판매에 있어서 다단계판매원이 소비자에게 재화 등을 판매하여 얻는 소매이익과 다단계판매업자가 그 다단계판매원에게 지급하는 후원수당을 말한다)을 얻을 수 있다고 권유하여 판매원의 가입이 단계적(판매조직에 가입한 판매원의 단계가 3단계 이상인 경우)으로 이루어지는 다단계판매조직(판매조직에 가입한 판매원의 단계가 2단계 이하인 판매조직 중 사실상 3단계 이상인 판매조직으로 관리·운영되는 경우로서 대통령령이 정하는 판매조직을 포함)을 통하여 재화 등을 판매하는 것을 말한다.

후원수당이라 함은 판매수당·알선수수료·장려금·후원금 등 그 명칭 및 지급형태를 불문하고, 다단계판매업자가 ① 다단계판매원에게 속하는 하위판매원들에 대한 조직관리 및 교육훈련실적, ② 다단계판매원 자신의 재화 등의 판매실적이나 그 다단계판매원에게 속하는 하위판매원들의 재화 등의 판매실적과 관련하여 다단계판매원에게 지급하는 경제적 이익을 말한다.

라. 계속거래

대통령령이 정하는 일정 기간 이상 계속하여 재화 등을 공급하는 계약으로서 중도에 해지할 경우 대금환급의 제한 또는 위약금에 관한 약정이 있는 거래를 말한다.

마. 사업권유거래

사업자가 소득기회를 알선·제공하는 방법으로 거래 상대방을 유인하여 재화 등을 구입하게 하는 거래를 말한다.

2. 계약체결 전의 정보제공의무 및 계약서 교부의무

가. 방문판매 또는 전화권유판매

방문판매자등은 재화 등의 판매에 관한 계약을 체결하기 전에 소비자가 계약의 내용을 이해할 수 있도록 다음의 사항을 설명하여야 한다.

① 방문판매업자등의 성명(법인인 경우에는 대표자의 성명을 말한다)·상호·주소·전화번호·전자우편주소

② 방문판매원등의 성명·주소·전화번호·전자우편주소. 다만, 방문판매업자등이 소비자와 직접 계약을 체결하는 경우는 제외한다.

③ 재화 등의 명칭·종류 및 내용

④ 재화 등의 가격과 그 지급 방법 및 시기

⑤ 재화 등의 공급 방법 및 시기

⑥ 청약의 철회 및 계약의 해제의 기한·행사방법·효과에 관한 사항 및 청약철회 등의 권리 행사에 필요한 서식

⑦ 재화 등의 교환·반품·수리보증 및 그 대금 환불의 조건과 절차

⑧ 전자매체로 공급이 가능한 재화 등의 설치·전송 등과 관련하여 요구되는 기술적 사항

⑨ 소비자피해보상·재화 등에 대한 불만 및 소비자와 사업자 사이의 분쟁처리에 관한 사항

⑩ 거래에 관한 약관

⑪ 그 밖에 소비자의 구매 여부 판단에 영향을 주는 거래조건 또는 소비자의 피해구제에 필요한 사항으로서 대통령령이 정하는 사항

방문판매자등은 재화 등의 판매에 관한 계약을 체결할 때에는 제1항 각호의 사항을 기재한 계약서를 소비자에게 교부하여야 한다.

방문판매자등은 재화 등의 계약을 미성년자와 체결하고자 하는 경우에는 법정대리인의 동의를 얻어야 한다. 이 경우 법정대리인의 동의를 얻지 못하는 경우에는 미성년자 본인 또는 법정대리인이 계약을 취소할 수 있다는 내용을 고지하여야 한다.

계약서 중 전화권유판매에 관한 계약서의 경우에는 소비자의 동의를 얻어 당해 계약의 내용을 모사전송이나 전자문서(전자거래기본법 제2조 제1호의 규정에 의한 전자문서를 말한다)로 송부하는 것으로 갈음할 수 있으며, 모사전송 또는 전자문서에 의하여 송부한 계약의 내용이나 도달에 관하여 다툼이 있는 경우에는 전화권유판매자가 이를 입증하여야 한다.

방문판매업자등은 소비자에게 표시 또는 고지한 거래조건을 신의에 좇아 성실하게 이행하여야 한다.

나. 다단계판매

방문판매에서의 규정(제7조)은 다단계판매의 방법으로 재화 등의 판매에 관한 계약을 체결하는 경우에 이를 준용한다. 이 경우 '방문판매자등'은 '다단계판매자'로, '방문판매업자 등'은 '다단계판매업자'로, '방문판매원등'은 '다단계판매원'으로 본다.

다. 계속거래 또는 사업권유거래

계속거래 또는 사업권유거래(이하 '계속거래등'이라 한다)를 업으로 하는 자(이하 '계속거래업자등'이라 한다)는 대통령령이 정하는 금액 및 기간 이상을 거래조건으로 하는 계속거래 등에 관한 계약을 체결하는 경우에는 계약을 체결하기 전에 소비자(사업권유거래에서 재화 등을 구매하는 자를 포함한다)가 계약의 내용을 이해할 수 있도록 다음의 사항을 설명하고 계약을 체결하는 때에는 다음의 사항을 기재한 계약서를 소비자에게 교부하여야 한다.

① 계속거래업자등의 성명(법인인 경우에는 대표자의 성명을 말한다) · 상호 · 주소 · 전화번호 · 전자우편주소

② 계속거래를 통하여 판매하는 재화등(계속거래와 관련하여 따로 구입할 필요가 있는 다른 재화등이 있는 경우에는 그 재화등을 포함한다)이나 사업권유거래를 통하여 판매하는 재화등의 명칭, 종류 및 내용

③ 재화등의 대금(가입비, 설치비 등 명칭 여하를 불문하고 재화 등의 거래와 관련하여 지급하는 금액을 포함한다)과 그 지급시기 및 방법

④ 재화등의 거래방법과 거래기간 및 시기

⑤ 사업권유거래의 경우에는 제공되는 사업에 관한 거래조건으로 대통령령이 정하는 사항

⑥ 계약의 해지와 그 행사방법·효과에 관한 사항 및 해지권의 행사에 필요한 서식

⑦ 소비자 피해보상·재화 등에 대한 불만 및 소비자와 사업자 사이의 분쟁처리에 관한 사항

⑧ 거래에 관한 약관

⑨ 그 밖에 거래 여부의 판단에 영향을 주는 거래조건 또는 소비자의 피해구제에 필요한 사항으로서 대통령령이 정하는 사항

방문판매와 마찬가지로 계속거래업자 등이 미성년자와 계약을 체결하는 경우에 이를 준용한다. 또한 계속거래업자등은 소비자에게 표시 또는 고지한 거래조건을 신의에 좇아 성실하게 이행하여야 한다.

3. 청약철회 등

가. 방문판매 또는 전화권유판매

(1) 청약철회권의 행사기간

방문판매 또는 전화권유판매의 방법으로 재화 등의 구매에 관한 계약을 체결한 소비자는 다음의 기간(거래당사자 사이에 다음의 기간보다 긴 기간으로 약정한 경우에는 그 기간) 이내에 당해 계약에 관한 청약철회 등을 할 수 있다.

① 계약서를 교부받은 날부터 14일. 다만, 그 계약서를 교부받은 때보다 재화 등의 공급이 늦게 이루어진 경우에는 재화 등을 공급받거나 공급이 개시된 날부터 14일

② 계약서를 교부받지 아니한 경우, 방문판매자등의 주소 등이 기재되지 아니한 계약서를 교부받은 경우 또는 방문판매자등의 주소 변경 등의 사유로 ①의 기간 이내에 청약철회등을 할 수 없는 경우에는 그 주소를 안 날 또는 알 수 있었던 날부터 14일

(2) 청약철회권의 제한

소비자는 다음의 어느 하나에 해당하는 경우에는 방문판매자등의 의사에 반하여 청약철회등을 할 수 없다.

① 소비자에게 책임 있는 사유로 재화 등이 멸실 또는 훼손된 경우. 다만, 재화 등의 내용을 확인하기 위하여 포장 등을 훼손한 경우를 제외한다.

② 소비자의 재화 등의 사용 또는 일부 소비에 의하여 그 가치가 현저히 감소한 경우. 이 경우 방문판매자등이 사용 또는 소비에 의하여 그 가치가 현저히 감소할 가능성에 대하여 미리 조치를 취한 때에 한한다.

③ 시간의 경과에 의하여 재판매가 곤란할 정도로 재화 등의 가치가 현저히 감소한 경우

④ 복제가 가능한 재화 등의 포장을 훼손한 경우

⑤ 그 밖에 거래의 안전을 위하여 대통령령이 정하는 경우

(3) 청약철회권의 행사방법

소비자는 재화 등의 내용이 표시·광고의 내용과 다르거나 계약내용과 다르게 이행된 경우에는 당해 재화 등을 공급받은 날부터 3월 이내, 그 사실을 안 날 또는 알 수 있었던 날부터 30일 이내에 청약철회 등을 할 수 있다.

청약철회 등을 서면으로 하는 경우에는 청약철회 등의 의사표시가 기재된 서면을 발송한 날에 그 효력이 발생한다.

재화 등의 훼손에 대하여 소비자의 책임이 있는지의 여부, 계약이 체결된 사실 및 그 시기, 재화 등의 공급사실 및 그 시기 또는 계약서의 교부사실 및 그 시기 등에 관하여 다툼이 있는 경우에는 방문판매자등이 이를 입증하여야 한다.

방문판매자등은 청약철회 등이 불가능한 재화 등의 경우 그 사실을 재화 등의 포장 기타 소비자가 쉽게 알 수 있는 곳에 명기하거나 시용(試用)상품을 제공하는 등의 방법으로 재화 등의 사용이나 일부 소비 등에 의하여 청약철회 등의 권리의

행사가 방해받지 아니하도록 조치하여야 한다.

(4) 청약철회 등의 효과

소비자는 청약철회 등을 한 경우에는 이미 공급받은 재화등을 반환하여야 한다.

방문판매자등(소비자로부터 재화 등의 대금을 지급받은 자 또는 소비자와 방문판매 등에 관한 계약을 체결한 자를 포함)은 재화등을 반환받은 날부터 3영업일 이내에 이미 지급받은 재화등의 대금을 환급하여야 한다. 이 경우 방문판매자등이 소비자에게 재화 등의 대금의 환급을 지연한 때에는 그 지연기간에 따라 공정거래위원회가 고시하는 지연이자율을 곱하여 산정한 지연이자(이하 '지연배상금'이라 한다)를 지급하여야 한다.

방문판매자등은 재화등의 대금을 환급함에 있어 소비자가 「여신전문금융업법」 제2조 제3호의 규정에 의한 신용카드 그 밖에 대통령령이 정하는 결제수단(이하 '신용카드 등'이라 한다)으로 재화 등의 대금을 지급한 때에는 지체 없이 당해 신용카드 등 대금결제수단을 제공한 사업자(이하 '결제업자'라 한다)로 하여금 재화등의 대금의 청구를 정지 또는 취소하도록 요청하여야 한다. 다만, 방문판매자등이 결제업자로부터 당해 재화 등의 대금을 이미 지급받은 때에는 지체 없이 이를 결제업자에게 환급하고 그 사실을 소비자에게 통지하여야 한다. 이때 방문판매자등으로부터 재화 등의 대금을 환급받은 결제업자는 지체 없이 소비자에게 이를 환급하거나 환급에 필요한 조치를 취하여야 한다.

방문판매자등 중 환급의 지연으로 소비자로 하여금 대금을 결제하게 한 방문판매자등은 그 지연기간에 대한 지연배상금을 소비자에게 지급하여야 한다.

소비자는 방문판매자등이 정당한 사유 없이 결제업자에게 대금을 환급하지 아니하는 경우에는 환급받을 금액에 대하여 결제업자에게 당해 방문판매자등에 대한 다른 채무와 상계할 것을 요청할 수 있다. 이 경우 결제업자는 대통령령이 정하는 바에 따라 당해 방문판매자등에 대한 다른 채무와 상계할 수 있다.

소비자는 결제업자가 상계를 정당한 사유 없이 게을리 한 경우 결제업자에 대해 대금의 결제를 거부할 수 있다. 이 경우 방문판매자등과 결제업자는 그 결제의 거부를 이유로 당해 소비자를 「신용정보의 이용 및 보호에 관한 법률」 제2조 제7호의 규정에 의한 신용불량자로 처리하는 등 소비자에게 불이익을 주는 행위를 하여서는 아니 된다.

방문판매자등은 이미 재화 등이 사용 또는 일부 소비된 경우에는 그 재화 등의 사용 또는 일부 소비에 의하여 소비자가 얻은 이익 또는 그 재화 등의 공급에 소요된 비용에 상당하는 금액으로써 대통령령이 정하는 범위의 금액의 지급을 소비자에게 청구할 수 있다.

청약철회 등의 경우 공급받은 재화 등의 반환에 필요한 비용은 방문판매자등이 부담하며 방문판매자등은 소비자에게 청약철회 등을 이유로 위약금 또는 손해배상을 청구할 수 없다.

방문판매자등, 재화 등의 대금을 지급받은 자 또는 소비자와 방문판매 등에 관한 계약을 체결한 자가 동일인이 아닌 경우, 각자는 청약철회 등에 따른 재화 등의 대금 환급과 관련한 의무의 이행에 있어서 연대하여 책임을 진다.

나. 다단계판매

방문판매에서의 청약철회에 관한(제8조) 규정은 다단계판매의 방법으로 재화 등의 구매에 관한 계약을 체결한 소비자가 청약철회 등을 하는 경우에 이를 준용한다. 이 경우 '방문판매자등'은 '다단계판매자'로 본다. 다만, 소비자가 다단계판매원과 재화 등의 구매에 관한 계약을 체결한 경우에는 다단계판매원에게 우선적으로 청약철회 등을 하고, 다단계판매원의 소재불명 등 대통령령이 정하는 사유로 인하여 다단계판매원에 대하여 청약철회 등을 하는 것이 곤란한 경우에 한하여 소비자는 당해 재화 등을 공급한 다단계판매업자에게 청약철회 등을 할 수 있다.

다단계판매의 방법으로 재화 등의 구매에 관한 계약을 체결한 다단계판매원은 다단계판매업자에게 재고의 보유를 허위로 알리는 등의 방법으로 재화 등의 재고를 과다하게 보유한 경우, 재판매가 곤란한 정도로 재화 등을 훼손한 경우 그 밖에 대통령령이 정하는 경우를 제외하고는 계약을 체결한 날부터 3월 이내에 서면으로 당해 계약에 관한 청약철회 등을 할 수 있다.

이 경우 계약이 체결된 사실 및 그 시기, 재화 등의 공급사실 및 그 시기, 재화 등의 훼손 여부 및 책임소재 등에 관하여 다툼이 있는 경우에는 재화 등을 판매한 자가 이를 입증하여야 한다.

다. 계속거래 또는 사업권유거래에서의 계약해지

(1) 계약해지권의 행사

계속거래업자등과 계속거래등의 계약을 체결한 소비자는 언제든지 계약기간 중 계약을 해지할 수 있다. 다만, 다른 법률에 별도의 규정이 있거나 거래의 안전 등을 위하여 대통령령이 정하는 경우에는 그러하지 아니하다.

(2) 계약 해지 또는 해제의 효과와 위약금등

계속거래업자등은 자신의 귀책사유 없이 계속거래등의 계약이 해지 또는 해제된 경우(청약이 철회된 경우를 제외한다) 소비자에게 해지 또는 해제로 인해 발생하는 손실을 현저하게 초과하는 위약금을 청구하거나 가입비 그 밖의 명칭 여하를 불문하고 실제 공급된 재화 등의 대가를 초과하여 수령한 대금의 반환을 부당하게 거부하여서는 아니 된다.

계속거래등의 계약이 해지 또는 해제된 경우 소비자는 반환할 수 있는 재화 등을 계속거래업자등에게 반환할 수 있으며, 계속거래업자등은 대통령령이 정하는 바에 따라 대금의 환급 또는 위약금의 경감 등의 조치를 취하여야 한다.

계속거래업자등은 자신의 귀책사유 없이 계약이 해지 또는 해제된 때에 소비자로부터 받은 재화등의 대금(재화등이 반환된 경우 환급하여야 할 금액을 포함한다)이 이미 공급한 재화등의 대금에 위약금을 더한 금액보다 많은 경우에는 그 차액을 소비자에게 환급하여야 한다. 이 경우 환급이 지연되는 경우에는 총리령이 정하는 지연기간에 대한 지연배상금을 더하여 환급하여야 한다.

계약의 해지 또는 대금의 환급에 관하여 소비자의 책임이 있는지 여부, 계약이 체결된 사실 및 그 시기, 재화 등의 공급사실 및 그 시기에 관하여 다툼이 있는 경우에는 계속 거래업자 등이 이를 입증하여야 한다.

공정거래위원회는 위약금의 청구와 대금의 환급 또는 위약금의 경감과 관련한 분쟁을 방지하기 위하여 필요한 경우 위약금 및 대금의 환급에 관한 산정기준을 정하여 고시할 수 있다.

4. 손해배상청구금액의 제한 등

가. 방문판매 또는 전화권유판매

소비자에게 책임 있는 사유로 인하여 재화 등의 판매에 관한 계약이 해제된 경우 방문판매자등이 소비자에게 청구하는 손해배상액은 다음에서 정한 금액에 대금미납에 따른 지연배상금을 더한 금액을 초과할 수 없다.

① 공급받은 재화 등이 반환된 경우에는 ㉠ 반환된 재화 등의 통상 사용료액 또는 그 사용에 의하여 통상 얻어지는 이익에 상당하는 금액과 ㉡ 반환된 재화 등의 판매가액에서 그 재화 등이 반환된 당시의 가액을 공제한 금액 중 큰 금액

② 공급받은 재화 등이 반환되지 아니한 경우에는 그 재화 등의 판매가액에 상당하는 금액

공정거래위원회는 방문판매자등과 소비자 간의 손해배상청구에 따른 분쟁의 원활한 해결을 위하여 필요한 경우 손해배상액의 산정기준을 정하여 고시할 수 있다.

나. 다단계판매

방문판매에서 규정한 손해배상청구금액의 제한은 다단계판매자와의 재화 등의 판매 계약이 해제된 경우(청약철회 등이 된 경우를 제외한다)에 이를 준용한다. 이 경우 '방문판매자등'은 '다단계판매자'로, '소비자'는 '상대방'으로 본다.

제3절 할부거래

1. 할부거래의 의의

할부거래란 동산 또는 용역을 제공받는 자가 동산의 매도인 또는 용역을 제공하는 자에게 동산의 대금 또는 용역의 대가를 2개월 이상의 기간에 걸쳐 3회 이상 분할하여 지급하기로 하거나, 매수인이 신용제공자(주로 신용카드회사)에게 목적물의 대금을 2개월 이상의 기간에 3회 이상 분할하여 지급하기로 하여 약정하고, 그 대금완납 전에 목적물의 인도 등을 받기로 하는 계약에 의한 거래를 말한다.

할부거래의 공정을 기함으로써 소비자 등의 이익을 보호할 목적으로, 할부거래를

규제하기 위한 「할부거래에 관한 법률」(이하 '할부거래법'이라 한다)이 제정되어 있다.

2. 할부거래계약 체결 시 매도인의 의무

할부계약을 체결하기 전에 매도인은 목적물의 종류 및 내용, 현금가격, 할부가격, 각 할부금의 금액·지급횟수 및 시기, 할부수수료의 실제연간요율, 계약금 등에 관한 사항을 매수인에게 서면으로 제시하여 보여주거나 사업소 내 매수인이 보기 쉬운 장소에 게시하여야 하고, 이를 이행하지 않으면 과태료의 처벌을 받게 된다.

할부계약은 대부분 기간이 장기이고 내용이 복잡하기 때문에 거래내용을 매수인에게 주지시켜 분쟁을 방지하고 거래의 공정을 기하기 위하여 반드시 서면으로 계약을 체결하도록 하고 있다. 즉, 할부계약을 체결할 때에는 반드시 매도인·매수인·신용제공자의 성명 및 주소, 목적물의 종류·내용 및 목적물의 인도 등의 시기, 현금가격, 할부가격, 각 할부금의 금액·지급횟수 및 시기, 목적물에 대한 소유권의 유보, 매수인의 청약철회권 행사방법에 관한 사항 등 법정사항을 기재한 할부계약서를 사용하여야 한다.

3. 매수인의 청약철회권

할부거래법은 충동구매나 비합리적인 구매결정으로부터 매수인을 보호하기 위해 매수인에게 할부계약에 관한 청약 또는 계약을 철회할 수 있는 권리를 부여하였다. 즉 매수인은 계약서를 교부받은 날 또는 계약서를 교부받지 아니한 때에는 목적물의 인도를 받은 날로부터 7일 이내에 할부계약에 관한 청약을 철회할 수 있다.

매수인이 철회권을 행사하려면 철회의 내용을 담은 서면을 매도인에게 발송하여야 하며, 철회를 했다는 내용을 증명하기 위해서는 이를 내용증명우편으로 보내는 것이 바람직하다.

그러나, 사용으로 인하여 그 가치가 현저히 감소할 우려가 있는 물건을 매수인이 실제로 사용한 경우, 설치에 전문인력 및 부속자재 등이 요구되는 경우, 할부가격이 10만 원 이하인 때(다만, 신용카드 거래의 경우에는 20만 원 이하인 경우) 및 매수인에게 책임 있는 사유로 목적물이 멸실 또는 훼손된 때에는 매수인은 철회권을 행사할 수 없다.

철회권을 행사한 매수인은 이미 인도받은 물건이나 용역을 반환하여야 하고 매도인은 이미 받은 할부금을 반환하여야 한다. 이미 용역이 제공된 경우에는 매도인은 이미 제공된 용역과 동일한 용역의 반환이나 대가 또는 그로 인하여 얻은 이익에 상당하는 금액의 지급을 청구할 수 없다. 또한 목적물의 반환에 필요한 비용은 매도인이 부담하고 매도인은 매수인에게 어떠한 위약금 또는 손해배상을 청구할 수 없다.

신용제공자가 개입된 할부계약의 경우 철회권을 행사하려면 철회권 행사기간(7일) 내에 신용제공자에게도 철회한다는 내용을 담은 서면을 발송하여야 한다.

4. 할부계약의 기한

가. 매수인의 기한이익 상실

매수인이 연속하여 2회 이상 할부금을 지급하지 않고, 그 연체액이 할부가격의 10분의 1을 초과하는 경우나, 생업에 종사하기 위하여 외국에 이주하거나 외국인과 결혼 및 연고관계로 이주하는 때에는 매수인은 할부매매에 의한 기한의 이익을 상실하고 모든 채무를 한꺼번에 변제하여야 한다.

나. 매수인의 기한 전 할부금지급권

매수인은 기한이 도래하기 전이라도 할부금을 일시에 지급할 권리가 인정되며, 그 금액은 할부금의 합계에서 나머지 기간에 대한 할부수수료를 공제한 금액만을 지급하면 된다.

5. 매수인의 항변권

매수인은 다음의 경우에는 할부금지급을 거절할 수 있는 항변권이 있다. 즉 ① 할부계약이 무효·취소 또는 해제된 경우, ② 목적물의 전부 또는 일부가 인도되지 않은 경우, ③ 매도인이 하자담보 책임을 이행하지 않은 경우, ④ 기타 매도인의 채무불이행으로 할부계약의 목적달성이 불가능한 경우에는 할부금지급을 거절할 수 있다.

항변권의 행사방법은 통지(의사표시)이다. 신용제공자(신용카드회사)가 따로 있는 경우에는 할부가격이 10만 원(신용카드를 사용한 할부거래의 경우에는 20만 원) 이상인 경우에 한하여 신용제공자에게 할부금지급을 거절한다는 통지를 한 후에 할부금의 지급을 거절할 수 있다.

제4절 전자상거래

1. 전자상거래 및 통신판매

현대사회는 비대면의 전자상거래의 급증으로 다양한 소비자 문제가 발생하고 있다. 최근에 급속도로 신장되고 있는 홈쇼핑, 인터넷 쇼핑몰 등이 이들에 해당하는 것이다. 전자상거래에서 발생하는 소비자피해를 예방하고 건전한 상거래를 제고하기 위하여 「전자상거래 등에서의 소비자보호에 관한 법률」(이하 '전자상거래법'이라 한다)을 제정하여 시행하고 있다. 이 법의 목적은 "전자상거래 및 통신판매 등에 의한 재화 또는 용역의 공정한 거래에 관한 사항을 규정함으로써 소비자의 권익을 보호하고 시장의 신뢰도를 높여 국민경제의 건전한 발전에 이바지함"에 있다.

이 법에서 '전자상거래'라 함은 재화나 용역을 거래함에 있어서 그 전부 또는 일부가 정보처리시스템에 의하여 전자적 형태로 작성, 수신·송신 또는 저장된 정보인 전자문서에 의하여 처리되는 거래를 말한다.

또한 '통신판매'라 함은 우편·전기통신 등의 방법을 통하여 재화 또는 용역의 판매에 관한 정보를 제공하고, 소비자의 청약에 의하여 재화 또는 용역을 판매하는 것을 말한다.

2. 사업자의 신상 및 거래정보의 확인

전통적인 대면거래에서는 소비자가 거래를 위한 접촉 단계에서 사업자의 신상, 사업장 소재지와 물적 시설, 거래물품의 내용과 거래조건 등을 확인하기가 상대적으로 수월하고 그 과정에서 사업자에 대한 신용판단도 어느 정도 가능하다. 그러나 통신망을 통하여 비대면으로 이루어지는 전자거래에 있어서는 사업자가 일방적으로 제공하는 사업자의 정보 및 거래정보에 의하여 거래가 이루어지므로 기만 및 사기거래의 가능성이 높고 사업자가 계약 후 잠적할 위험성도 크며, 기타 진정한 사업자가 아닌 무권한자에 의한 거래가 발생하여 소비자에게 피해가 발생할 우려도 생기므로 규제의 필요성이 크다.

이에, 「전자상거래에 있어서 소비자보호에 관한 법률」은 소비자의 보호를 위하여 사업자의 신원 및 거래정보의 제공의무 등에 관한 상세한 규정을 두고 있다.

3. 허위·과장광고로 인한 피해의 구제

사업자의 허위·과장광고로 인하여 전자계약이 체결된 경우에도 계약은 일단 유효한 것으로 보아야 하나, 소비자는 기망 또는 착오에 의한 의사표시임을 이유로 민법에 근거하여 계약을 취소할 수 있으며, 매도인의 하자담보책임을 물을 수도 있을 것이다. 특히 허위·과장광고로 인하여 손해를 입은 소비자는 불법행위로 인한 손해배상을 청구할 수 있으며, 이 경우 「표시·광고의 공정화에 관한 법률」에 의하여 사업자는 고의 또는 과실이 없음을 들어 피해자에 대한 책임을 면할 수 없다. 즉, 소비자를 두텁게 보호하기 위하여 민법상의 손해배상책임의 요건을 완화하여 사업자에게 무과실책임을 지운 것이다.

4. 청약의 철회권

전자거래나 통신판매 시에는 소비자가 불충분하고 제한적인 정보에 기하여 충동적으로 상품과 용역의 구매의사를 표시하거나, 즉흥적인 판단과 반응, 또는 잘못된 키의 조작 및 시스템 장애로 인한 오작동 구매, 중복주문 등이 발생할 가능성이 높고, 실물을 확인하지 않고 거래가 이루어지는 특성상 실제 배송된 상품이 성능이나 효능, 디자인, 색상 등 모든 면에서 소비자가 예상하였던 것과 많은 차이가 있을 수 있다.

그리하여 법은 소비자의 보호를 위하여 일정기간 내에 조건 없는 청약의 철회를 인정하고 있다. 즉 전자거래 또는 통신판매의 방법으로 상품 등을 구매한 소비자는 계약 내용에 의한 서면을 교부받은 날부터 7일 이내에, 그 서면을 교부받은 때보다 상품 등의 공급이 늦게 이루어진 경우에는 상품 등의 공급을 받거나 공급이 개시된 날부터 7일 이내에, 그리고 계약 내용에 관한 서면을 교부받지 아니하거나 통신판매업자의 주소 등이 기재되지 아니한 서면을 교부받은 경우 또는 통신판매업자의 주소변경 등의 사유로 위 기간 내에 청약철회 등을 할 수 없는 경우에는 그 주소를 안 날 또는 알 수 있었던 날부터 7일 이내에 당해 계약에 관한 청약의 철회 내지 해제를 할 수 있다.

다만, ① 소비자에게 책임 있는 사유로 재화 등이 멸실, 훼손된 경우, ② 소비자의 사용 또는 일부 소비에 의하여 재화 등의 가치가 현저히 감소한 경우, ③ 시간의 경과에 의하여 재판매가 곤란할 정도로 재화 등의 가치가 현저히 감소한 경우 등에는 청약의 철회를 할 수 없다.

한편, 이러한 경우와는 달리 상품 등의 내용이 표시·광고 내용과 다르거나, 계약 내용과 다르게 이행된 경우에는 당해 상품 등을 공급받은 날부터 3월 이내, 그 사실을 안 날 또는 알 수 있었던 날부터 30일 이내에 청약의 철회를 할 수 있다.

제5절 신용카드거래

1. 신용카드거래

신용카드거래는 신용카드업자로부터 신용카드를 발급받은 회원이 신용카드 가맹점에 카드를 제시하여 필요한 상품 및 서비스를 제공받고, 가맹점은 매출전표를 신용카드업자에게 제시하여 그 대금을 지급받고, 신용카드업자는 매월 정하여진 일자까지 회원의 신용카드 이용대금을 계산 청구하여 그 대금을 지급받는 방식으로 이루어진다.

2. 신용카드를 도난·분실한 경우

신용카드를 도난·분실한 경우에는 서둘러 도난·분실신고를 함으로써 신용카드가 타인에 의해 부정사용되는 것을 방지하여야 한다. 또한, 현재 국내에 통용되고 있는 대부분의 신용카드 회원약관은 도난·분실신고 접수일 15일 이후에(최소한 신고 접수일 이후) 발생한 일체의 부정사용금액에 대하여 회원은 2만 원만을 부담하고, 나머지는 신용카드업자가 책임지도록 규정하고 있기 때문에 신고를 빨리하면 할수록 회원에게 유리하다고 할 수 있다. 도난·분실신고는 회원약관에 정한 서면 또는 전화 등의 방법으로 하면 된다.

대부분의 신용카드 회원약관은 도난·분실신고 접수일 16일 이전의 부정사용금액에 대하여는 회원이 그 대금지급 책임을 지는 것으로 규정하고 있는데, 만일 가맹점에서 부정사용자인지 여부 등에 대한 확인을 게을리한 과실이 있다면 신의성실의 원칙상 회원의 책임이 감면된다는 것이 판례의 태도이다.

한편, 대부분의 신용카드 회원약관은 신용카드 서명란의 미서명, 관리소홀, 대여·양도, 보관, 이용위임, 담보제공, 불법대출 등 회원의 과실로 인한 부정사용의 경우에는 회원이 모든 책임을 진다고 규정하고 있으므로, 이와 같은 경우에는 신고 접수일 이전의 부정사용금액에 대하여도 아무런 보호를 받을 수 없음을 주의하여야 한다. 그러나, 만약 신고 이후에 이루어진 부정사용금액에 대하여도 회원이 책임을 지도록 회원약관에 규정을 하였다면, 이는 「여신전문금융업법」의 규정에 위반하는 것이므로, 이러한 약관의 내용이 무효임을 다투어 면책을 주장할 수 있다.

3. 매매계약과 관련한 회원의 항변권

신용카드 회원이 매매계약의 당사자가 아닌 신용카드업자에 대하여 매매계약과 관련하여 가맹점 사이에서 생긴 항변사유로 대항할 수 있는지 여부가 문제된다. 즉, 신용카드 가맹점과 회원 사이의 매매계약의 불성립, 무효, 취소, 해제 등이나 상품의 하자, 상품의 미인도 등의 사정을 이유로 회원이 신용카드업자에 대하여 그 대금 지급을 거절할 수 있는지가 문제된다.

가. 일시불의 경우

만일 일시불로 구매계약을 하였고, 회원이 아직 신용카드 대금을 지급하지 않은 경우, 회원은 그 금액의 지급거절을 신용카드 회사 및 가맹점에 통보하여 거래에 대한 지급책임을 면할 수 있다고 보는 것이 일반적인데, 아직은 법령이나, 판례에 의하여 정립된 바가 없으므로, 문제해결이 여의치 않으면 법률전문가와 상의를 하여 해결하는 것이 좋을 것이다.

일시불로 구매계약을 하였는데, 신용카드회사가 가맹점에 대금을 모두 지급하고, 회원도 신용카드회사에 대금을 모두 결제한 경우에는 회원은 더 이상 신용카드회사에 대하여 대금의 반환을 청구하지 못하고 단지 매매계약의 당사자인 가맹점에 대하여 매매계약의 효력이 상실되었음을 이유로 부당이득의 반환을 청구할 수 있을 뿐이라고 보는 것이 일반적인 해석이다.

나. 분할급의 경우

할부거래에 있어서는 「할부거래에 관한 법률」 제12조에서 할부금의 지급을 거절할 수 있는 일정한 경우를 구체적으로 규정하고 있는데, 이에 의하면 매수인인 회원은 ① 무효·취소·해제·목적물의 미인도·하자담보책임불이행 등의 사유에 해당되고, ② 신용카드할부거래에 있어서 그 거래금액이 20만 원 이상이며, ③ 할부구매기간 이내에 해당 가맹점 및 신용카드업자에게 서면으로 요청할 것 등의 요건이 갖추어진 경우에 한하여, 신용카드업자에게 아직 결제되지 아니한 나머지 할부금을 한도로 그 지급을 거절할 수 있다.

4. 신용카드에 의한 할부거래에 있어서의 철회권

신용카드에 의한 할부거래도 역시 할부거래에 해당하는 것이므로, 할부거래에 있어서의 철회와 동일하게 7일 이내에는 신용카드에 의한 할부거래를 철회할 수 있다.

5. 미성년자의 신용카드 발급 · 이용행위

미성년자는 민법상 행위제한능력자이므로 법정대리인의 동의가 없이 이루어진 행위는 취소할 수 있다. 즉 미성년자가 법정대리인의 동의를 받지 않고 신용카드를 발급받아 그 카드를 이용하여 용역이나 물품을 구매한 경우, 미성년자 또는 그 법정대리인은 미성년자의 행위를 취소하여 무효화시킬 수가 있다. 다만, 그 행위로 인하여 받은 이익이 현존하는 한도에서 이를 상환할 책임이 있음에 유의하여야 한다(민법 제141조).

제6절 소비자피해구제절차

1. 소비자피해의 개념과 유형

가. 소비자피해의 개념

소비자피해(consumer damages)란 '소비자가 상품(용역)을 구입하여 사용(이용)하는 과정에서 품질상의 결함으로 인하여 소비자가 입는 생명 · 신체상의 손해와 부당한 가격이나 거래조건, 그리고 불공정한 거래방법 등으로 인해 소비자가 입는 재산상의 손해를 총칭'하는 것을 말한다.

따라서 이러한 소비자피해는 '사업자와 거래한 상품 또는 용역의 거래조건 및 방법과 내용 등에 관하여 소비자가 가졌던 합리적인 기대와 현실 사이에 불일치가 있는 상태, 즉 물품의 사용으로부터 소비자에게 귀속되는 효용 수준이 기대수준보다 낮을 때 나타나는 심리적 불일치 상태'인 소비자불만(consumer complaints)과는 의미상 다소의 차이가 있다. 현실적으로는 소비자불만은 대체로 사업자나 소비자 관련 단체·기관 등과의 상담 과정을 통해 처리되며(settlement), 이 과정은 소비자의 의견을 반영할 권리(Right to reflect their opinions in business activities of enterprisers)를 실현시키는 방법의 하나가 되고 있다. 소비자피해는 합의권고나 조정 또는 사법적 판결 등의 제도적 분쟁 해결 절차를 통해 처리되며(remedy), 이 같은 절차들은 소비자피해를 보상받을 권리(Right to obtain proper compensation for damages)를 실현시키는 수단이 되고 있다.

소비자불만 및 피해는 대량생산, 판매 및 소비를 근간으로 하는 현대 자본주의 체제의 시장경제구조하에서는 그 발생이 보편화되어 있으며, 피해 정도도 매우 심각하여 중장기적인 신체부작용 등으로 나타날 수 있으며 피해의 파급효과도 광범위하게 나타나고 있다.

이와 같은 소비자피해는 그 원인 규명이 곤란하고 또 피해자인 소비자는 가해자인 사업자에 비해 교섭상 매우 열등한 지위에 있는 등의 특성 때문에 소비자는 적절한 구제를 받지 못하는 경우가 많이 있다. 또한 이러한 소비자피해나 불만들을 시장기능 자체만으로는 해결할 수 없는 시장기능의 한계영역에 해당되기 때문에 신속하고 적절한 소비자의 권리실현을 위해서는 국가나 사회단체 등의 제3자가 직·간접적으로 소비자피해구제과정에 개입할 수밖에 없는 실정이다.

나. 소비자피해의 유형

소비자피해를 발생 면에서 유형화하면 내용상의 피해와 거래상의 피해로 나눌 수 있다. 내용상의 피해는 상품이나 용역의 내용상의 흠이나 결함으로 인한 피해를 말하며, 거래상의 피해는 비밀카르텔에 의한 불공정한 가격형성, 부당표시, 부당한 계약조건 등으로 인한 피해를 말한다.

성질 면에서 유형화하면 소비자의 생명이나 신체상의 안전을 침해하는 비재산적 피해와 소비자의 재산적인 피해를 야기하는 경우의 경제적 피해로 나눌 수 있다.

피해형태 면에서 유형화하면 다수소액피해, 다수고액피해, 소수소액피해 및 소수고액피해의 네 가지로 나눌 수 있다. 다수소액피해는 대량생산품의 가격표시나 결함으로 인한 발생하는 피해이며, 다수고액피해는 결함상품, 의약품, 자동차 등에 의한 소비자의 생명 또는 신체상의 피해를 말한다. 소수소액피해는 일상소비품의 중량부족에서 오는 피해이며, 소수고액피해는 의료과오에 의한 생명, 신체상의 피해 및 허위과장광고로 인한 대지, 건물 등에 발생하는 피해를 말한다.

2. 소비자피해구제 관련법

소비자가 상품이나 용역을 구입하여 사용하거나 이용하는 과정에서 품질상의 결함으로 인하여 소비자가 입는 생명·신체상의 비재산적 손해와 부당한 가격이나 거래조건 기타 불공정한 거래방법 등으로 인해 소비자가 입는 재산상의 손해를 구제하는 법은 크게 실체법과 절차법으로 나눌 수 있다. 실체법은 소비자의 손해배상청구권이라는 권리와 사업자의 손해배상의무가 발생하는 요건을 정한 법률을 말하며, 민법, 상법 등이 일반사법과 제조물책임법, 할부거래법 및 방문판매법 등의 특별법을 들 수 있다.

절차법은 실체법에서 발생한 권리를 구제하는 절차를 규정한 법률로서 「민사소송법」과 「소액사건심판법」, 「소비자기본법」의 일부 분쟁해결 관련 규정을 들 수 있다.

가. 민법·상법 기타 특별법

(1) 민법

민법은 개인과 개인 사이의 재산관계와 가족관계에 관하여 적용하는 사법의 기본법이다. 특히 사업자와 소비자 사이에서 일어나는 계약상의 책임과 불법행위 책임에 관하여 기본적으로 적용되는 법으로서 채무불이행, 하자담보책임, 계약해제 및 손해배상책임에 관하여 대부분의 규정을 포함하고 있다.

(가) 미성년자가 체결한 계약의 효력

만 19세로 성년이 되므로 성년이 되지 못한 미성년자가 법률행위(예컨대 계약)를 함에는 법정대리인의 동의를 얻어야 한다(민법 제5조). 법정대리인의 동의를 얻지 아니한 법률행위는 미성년자 본인이나 법정대리인이 취소할 수 있다. 취소하게 되면 소급하여 처음부터 무효가 되고 당사자는 계약한 제품을 돌려주고 대금을 반환받게 되는 원상회복의무가 있다. 예를 들면 미성년자가 부모의 동의없이 고가의 제품을 구입하는 계약을 체결하였을 경우 미성년자 본인이나 부모가 계약을 취소하면 미성년자는 지급한 대금을 돌려받게 되고, 구입한 제품을 현상 그대로 돌려주면 된다.

그러나 부모인 법정대리인의 동의 없이도 미성년자 단독으로 할 수 있는 예외가 있다. 권리만을 얻거나 의무만을 면하는 행위(민법 제5조 제1항 단서), 법정대리인이 범위를 정하여 처분을 허락한 재산의 임의처분(민법 제6조), 미성년자가 법정대리인으로부터 허락을 얻은 특정한 영업에 관한 행위(민법 제8조), 대리행위(민법 제117조), 유언행위(민법 제1062조)등이 있으며, 법률상 혼인한 미성년자는 성년자로 보기 때문에(성년의제, 민법 제826조의2) 단독으로 법률행위를 할 수 있다.

(나) 채무불이행책임

채무자가 채무의 내용에 좇은 이행을 하지 아니한 때에는 채권자는 손해배상을 청구할 수 있다(민법 제390조). 이 조항은 채무불이행에 관한 기본적인 조항이며, 채무불이행의 유형은 이행지체, 이행불능, 불완전이행의 세 가지가 있다. 예컨대 자동차를 구입하기로 계약을 체결하였는데 자동차 인도일을 지나도 자동차를 건내 주지 아니하여 독촉을 하자 출고가 늦어서 그렇다고 하면서 몇 개월 기다려야 한다는 답변을 들었을 때 이는 이행지체에 해당하며, 이때 소비자는 자동차회사를 상대로 손해배상을 청구하거나 계약을 해제할 수 있다.

(다) 하자담보책임

매매의 목적물에 하자가 있는 때에 매수인(소비자)이 매도인(판매자)에게 손해배상청구 또는 계약해제를 할 수 있는 것을 내용으로 하는 책임에 관한 것을 하자담보책임이라고 한다(민법 제580조).

이 경우 매수인이 하자 있는 것을 알았거나 과실로 인하여 이를 알지 못한 때에는 책임을 물을 수 없다. 이러한 매수인의 권리는 매수인이 그 사실을 안 날로부터 6월 내에 행사하여야 한다.

(라) 불법행위책임

고의 또는 과실로 인한 위법행위로 타인에게 손해를 가한 자는 그 손해를 배상할 책임이 있다(민법 제750조). 타인의 신체, 자유 또는 명예를 해하거나 기타 정신상 고통을 가한 자는 재산 이외의 손해에 대하여도 배상할 책임이 있다. 그리고 타인의 생명을 해한 자는 피해자의 직계존속, 직계비속 및 배우자에 대하여는 재산상의 손해가 없는 경우에도 손해배상의 책임이 있다.

채소종자의 종류매매와 매도인의 담보책임

채소종자와 같이 그 일부가 불량한 경우 이를 나머지 양호한 부분과 분류할 수 없는 상태로 상호 혼합되어 있는 물건의 거래에 있어서 그 일부가 불량한 경우 특단의 사정이 없는 한 매수인이 받게 되는 손해를 일률적으로 물건전체거래가격을 기준으로 불량부분과 그렇지 않는 부분과의 비율에 의하여 결정할 수는 없고 매수인이 인도받은 채소종자가 발아된 30퍼센트만을 제외하고는 나머지 전부 불량품인 경우 그 전량이 불량성을 갖게 된다고 봄이 상당하다.

〈출처: 대법원 1977. 4. 12. 선고 76다3056 판결〉

부품판매업자의 부품의 하자로 인한 확대손해발생 책임요건

매도인이 매수인에게 공급한 부품이 통상의 품질이나 성능을 갖추고 있는 경우, 나아가 내한성이라는 특수한 품질이나 성능을 갖추고 있지 못하여 하자가 있다고 인정할 수 있기 위하여는 매수인이 매도인에게 완제품이 사용될 환경을 설명하면서 그 환경에 충분히 견딜수 있는 내한성 있는 부품의 공급을 요구한 데 대하여 매도인이 부품이 그러한 품질과 성능을 갖춘 제품이라는 점을 명시적으로나 묵시적으로 보증하고 공급하였다는 사실이 인정되어야만 할 것이고, 특히 매매목적물의 하자로 인하여 확대손해 내지 2차 손해가 발생하였다는 이유로 매도인에게 그 확대손해에 대한 배상책임을 지우기 위하여는 채무의 내용으로 된 하자 없는 목적물을 인도하지 못한 의무위반사실 외에 그러한 의무위반에 대하여 매도인에게 귀책사유가 인정될 수 있어야만 한다.

〈출처: 대법원 1997. 5. 7. 선고 96다39455 판결〉

신축건물의 매도인이 하자보수를 약정한 경우 책임을 지는 하자의 범위

신축건물이나 신축한 지 얼마 되지 않아 그와 다름없는 건물을 매도하는 매도인이 매수인에 대하여 매도건물에 하자가 있을 때에는 책임지고 그에 대한 보수를 해주기로 약정한 경우, 특별한 사정이 없는 한, 매도인은 하자 없는 완전한 건물을 매매한 것을 보증하였다고 할 것이므로 매도인은 계약 당시 또는 매수인이 인도받은 후에 용이하게 발견할 수 있는 하자뿐만 아니라 건물의 본체 부분의 구조상의 하자, 특히 품질이 떨어지는 재료를 사용하는 등 날림공사로 인한 하자 등 바로 발견할 수 없는 하자는 물론 당초의 하자로부터 확산된 하자에 대하여도 책임을 져야 한다.

〈출처: 대법원 1993. 11. 23. 선고 92다38980 판결〉

(2) 상법

상법은 상인과 상인 사이의 사법적인 법률관계에 관하여 규정한 민법의 특별법으로서 상인과 비상인 사이에도 적용된다. 따라서 소비자와 사업자 사이에 일어나는 법률관계에도 적용될 수 있는데 소비자와 관련되는 상법상의 규정으로는 명

의대여자의 책임(상법 제24조)을 비롯하여 여객운송에서 여객이 받은 손해의 배상책임(상법 제148조 제1항)과 여객수화물에 관한 책임(상법 제149조 및 제150조), 공중접객업자의 책임(상법 제151조 내지 제154조), 창고업자의 손해배상책임(상법 제160조) 등을 들 수 있다.

(가) 명의대여자의 책임

상법 제24조에 의하면 타인에게 자기의 성명 또는 상호를 사용하여 영업을 할 것을 허락한 자는 자기를 영업주로 오인하여 거래한 제3자에 대하여 그 타인과 연대하여 변제할 책임이 있다. 일반적으로 타인에게 하는 거래가 자기의 거래처럼 외형을 조작한 자는 이 외형을 신뢰하고 거래한 제3자에 대하여 스스로 책임을 져야 한다. 따라서 소비자가 유명 상호나 회사 이름을 믿고 거래한 경우에 비록 유명회사가 자신이 직접 영업행위를 하지 않았다고 주장하더라도 그 회사를 상대로 책임을 물을 수 있다.

(나) 여객운송에서 여객이 받은 손해의 배상책임과 여객수화물에 관한 책임

상법 제148조 제1항에 의하면 운송인(철도청이나 버스회사)은 자기 또는 사용인이 운송에 관한 주의를 해태하지 아니하였음을 증명하지 아니하면 여객이 운송으로 인하여 받은 손해를 배상할 책임을 면하지 못한다. 그리고 동조 제2항에는 손해배상의 액을 정함에는 법원은 피해자와 그 가족의 정상을 참작하여야 한다.

상법 제149조에 의하면 운송인은 여객으로부터 인도를 받은 수하물에 관하여는 운임을 받지 아니한 경우에도 물건운송인과 동일한 책임이 있다. 수하물이 도착지에 도착한 날로부터 10일 내에 여객이 그 인도를 청구하지 아니한 때에는 상법 제67조의 규정을 준용하여 공탁하거나 최고하여 경매할 수 있다. 그러나 주소 또는 거소를 알지 못하는 여객에 대하여는 최고와 통지를 요하지 아니한다.

그리고 상법 제150조에 의하면 운송인은 여객으로부터 인도를 받지 아니한 수하물의 멸실 또는 훼손에 대하여는 자기 또는 사용인의 과실이 없으면 손해를 배상할 책임이 없다.

(다) 공중접객업자의 책임

상법 제151조부터 제154조에서는 극장, 여관, 음식점 기타 객의 집래를 위한 시설에 의한 거래를 영업으로 하는 자인 공중접객업자에 관한 규정을 두고 있다.

제152조에 의하면 공중접객업자는 객으로부터 임치를 받은 물건의 멸실 또는 훼손에 대하여 불가항력으로 인함을 증명하지 아니하면 그 손해를 배상할 책임을 면하지 못한다. 그리고 공중접객업자는 객으로부터 임치를 받지 아니한 경우에도 그 시설 내에 휴대한 물건이 자기 또는 그 사용인의 과실로 인하여 멸실 또는 훼손된 때에는 그 손해를 배상할 책임이 있다. 이때 객의 휴대물에 대하여 책임이 없음을 게시한 때에도 공중접객업자는 위의 책임을 면하지 못한다.

판 례 공중접객업소의 자동차보관에 대한 책임

[1] 자동차손해배상 보장법 제3조에서 자동차 사고에 대한 손해배상 책임을 지는 자로 규정하고 있는 '자기를 위하여 자동차를 운행하는 자'란 사회통념상 당해 자동차에 대한 운행을 지배하여 그 이익을 향수하는 책임주체로서의 지위에 있다고 할 수 있는 자를 말하고, 이 경우 운행의 지배는 현실적인 지배에 한하지 아니하고 사회통념상 간접지배 내지는 지배가능성이 있다고 볼 수 있는 경우도 포함한다.

[2] 여관이나 음식점 등의 공중접객업소에서 주차 대행 및 관리를 위한 주차요원을 일상적으로 배치하여 이용객으로 하여금 주차요원에게 자동차와 시동열쇠를 맡기도록 한 경우에 위 자동차는 공중접객업자가 보관하는 것으로 보아야 하고 위 자동차에 대한 자동차 보유자의 운행지배는 떠난 것으로 볼 수 있다. 그러나 자동차 보유자가 공중접객업소의 일반적 이용객이 아니라 공중접객업자와의 사업·친교 등 다른 목적으로 공중접객업소를 방문하였음에도 호의적으로 주차의 대행 및 관리가 이루어진 경우, 일상적으로는 주차대행이 행하여지지 않는 공중접객업소에서 자동차 보유자의 요구에 의하여 우발적으로 주차의 대행 및 관리가 이루어진 경우 등 자동차 보유자가 자동차의 운행에 대한 운행지배와 운행이익을 완전히 상실하지 아니하였다고 볼 만한 특별한 사정이 있는 경우에는 달리 보아야 한다.

〈출처: 대법원 2009. 10. 15. 선고 2009다42703,42710 판결〉

그러나 상법 제153조에 의하면 화폐, 유가증권 기타의 고가물에 대하여는 객이 그 종류와 가액을 명시하여 임치하지 아니하면 공중접객업자는 그 물건의 멸실 또는 훼손으로 인한 손해를 배상할 책임이 없다. 이상의 공중접객업자의 책임은 공중접객업자가 임치물을 반환하거나 객이 휴대물을 가져간 후 6월을 경과하면 소멸시효가 완성하여 책임이 없다. 시효기간은 물건이 전부 멸실한 경우에는 객이 그 시설을 퇴거한 날로부터 기산한다.

(라) 창고업자의 손해배상책임

상법 제155조에 의하면 타인을 위하여 창고에 물건을 보관함을 영업으로 하는 자를 창고업자라 한다. 해외근무나 여러 가지 사정으로 몇 개월 또는 일시적으로 가재도구들을 맡기는 법률관계는 임치계약에 의하게 되는데 이때 창고업자는 자기 또는 사용인이 임치물의 보관에 관하여 주의를 해태하지 아니하였음을 증명하지 아니하면 임치물의 멸실 또는 훼손에 대하여 손해를 배상할 책임을 면하지 못한다. 당사자가 임치기간을 정하지 아니한 때에는 창고업자는 임치물을 받은 날로부터 6월을 경과한 후에는 언제든지 이를 반환할 수 있다. 임치물을 반환함에는 2주간 전에 예고하여야 한다. 부득이한 사유가 있는 경우에는 창고업자는 언제든지 임치물을 반환할 수 있다.

(3) 특별법(제조물책임법)

소비자 피해구제와 관련되는 법률로는 전문업종별로 금융, 의료, 변호사 등의 서비스에 대한 분쟁을 해결할 법률이 있으며, 2002. 7. 1.부터 시행하고 있는 「제조물책임법」이 대표적이라고 할 수 있다.

「제조물책임법」은 제조물의 결함으로 소비자의 생명·신체 또는 재산상의 손해가 발생한 데 대하여 제조업자 등이 지는 손해배상책임을 지도록 하는 민법의 특별법이다. 민법의 과실책임원칙의 특칙으로 제조물의 결함책임을 규정하여 피해자(소비자)의 입증책임(증명책임)을 경감하여 쉽게 손해배상을 받을 수 있도록 하기 위하여 제정하였다. 그럼에도 불구하고 제조물 분야의 기술적·전문적 성격으로 인하여 피해자(소비자)가 실질적인 손해배상을 받는 것은 여전히 어렵다는 비판이 계속되어 징벌적 손해배상제의 도입, 공급업자의 책임 확대 및 피해자의 입증책임 완화 등을 주요 골자로 하는 「제조물책임법」의 개정안이 2017. 3. 30. 통과되었고, 개정된 「제조물책임법」은 2018. 4. 19.부터 시행되고 있다.[9]

나. 소비자기본법, 소비자기본법 시행령 및 소비자분쟁해결기준

「소비자기본법」은 우리나라 소비자보호에 관한 기본법으로서 주로 소비자보호주체(국가, 지방자치단체, 사업자, 소비자단체, 한국소비자원 등)의 책임과 역할에 대하여 규정하고 있다. 한국소비자원에서 처리하는 피해구제업무 중에 합의권고나 분쟁조정은 피해구제에 관한 절차적인 규정이다.

「소비자분쟁해결기준」은 소비자와 사업자 사이에 발생하는 분쟁을 원활하게 해결하기 위한 합의 또는 권고의 기준이다. 당사자 사이에 분쟁해결방법에 관한 별도의 의사표시가 없는 경우에 한해 적용한다.

현재 소비자와 사업자 사이에 발생하는 분쟁을 원활히 해결하기 위해 「소비자기본법」에 따라 「소비자분쟁해결기준」(공정거래위원회고시 제2021-7호, 2021. 5. 25. 발령·시행)이 마련되어 있는데, 이 기준에는 분쟁해결의 일반적 원칙을 정한 '일반적 소비자분쟁해결기준'과 품목별로 소비자피해의 보상기준을 정한 '품목별 소비자분쟁해결기준'이 있다(소비자기본법 제16조 제2항 및 소비자기본법 시행령 제8조).

「소비자분쟁해결기준」은 다음과 같은 규정에 의하여 적용하게 된다. 첫째, 다른 법령에 따른 분쟁해결기준이 소비자에게 더 유리한 경우에는 그 분쟁해결기준이 우선해서 적용된다(소비자기본법 시행령 제9조 제1항).

둘째, 품목별 소비자분쟁해결기준에서 해당 품목에 대한 분쟁해결기준이 없는 경우에는 같은 기준에서 정한 유사품종에 대한 분쟁해결기준이 준용될 수 있다(소비자기본법 시행령 제9조 제2항).

---

9) 자세한 내용은 최병록, 개정 제조물책임법, 박영사, 2019년 참고.

셋째, 품목별 소비자분쟁해결기준에서 동일한 피해에 대한 분쟁해결기준이 두 가지 이상 정해져 있는 경우에는 소비자가 선택하는 분쟁해결기준이 적용된다(소비자기본법 시행령 제9조 제3항).

다. 민사소송법 등 절차법

민법 기타 다른 법에 의하여 발생한 피해자의 민사상 권리를 구제하는 절차를 규정한 법이 민사소송법이다. 민사소송법은 소송의 당사자인 법원, 원고(소를 제기한 자)와 피고(소송을 제기당한 자)가 벌이는 권리관계에 관한 다툼을 해결하는 절차를 규정하고 있으며, 대부분 기술적인 규정으로 되어 있다. 소액사건에 관하여는 「민사소송법」상의 특례를 규정하여 간이하면서 신속하게 구제절차를 마련한 것이 「소액사건심판법」이 있다.

3. 소비자피해의 구제방법

소비자는 물품 및 용역의 사용 또는 이용으로 인하여 입은 피해에 대하여 신속하고 공정한 절차에 따라서 적절한 보상을 받을 권리를 가진다(소비자기본법 제3조 제5호). 그러나 소비자가 구입하는 상품이나 용역으로부터 생명이나 신체 또는 재산상의 피해를 받지 않도록 예방하는 것이 최선책이고 이상적이라고 할 수 있다. 일단 피해가 발행한 때에는 신속하고 공정한 절차에 따라 그 피해를 적절히 보상받을 수 있어야 한다. 이것은 차선책이고, 현실적이라고 할 수 있다. 소비자의 피해구제를 받을 권리를 적절하게 실현하기 위해서는 소비자피해의 특성에 적합한 소비자 피해구제제도가 마련되어야 한다. 소비자의 피해의 특성은 여러 가지이지만 특히 소액 다수의 피해의 경우에도 적절히 구제되어야 한다.

소비자의 피해보상청구권 확보를 위하여 국가 및 지방자치단체에 대하여 소비자 피해구제를 위하여 필요한 조치를 강구할 의무(동법 제12조 제1항) 등을 지우고 있다. 사업자에 대해서는 소비자의 합리적인 선택이나 이익을 침해할 우려가 있는 거래조건이나 방법을 사용하여서는 아니 된다(동법 제15조 제1항). 그리고 사업자는 소비자의 정당한 의견이나 불만을 반영하고 그 피해를 보상 처리하는 피해보상기구를 설치하여 적절한 피해보상을 할 의무(동법 제17조)를 규정하고 있었으나 1998년 5차 개정에서 사업자에 대한 규제완화 차원에서 삭제되어 사업자의 자율에 맡기고 있다.

가. 당사자 상호교섭에 의한 구제

소비자피해의 양 당사자인 소비자와 사업자가 직접 상호교섭에 의하여 소비자 피해를 처리하는 것으로써, 가장 바람직한 처리방법이면서 가장 빈번하게 이용되는 구제방법이다. 그러나 양 당사자의 지위의 불대등성으로 말미암아 소비자에게 불리한 구제가 이루어질 수 있는 여지도 있다.

나. 소비자단체에 의한 구제

소비자들이 스스로의 권익보호를 위해 자주적으로 단체를 결성하여 공정거래위원회 또는 지방자치단체에 등록할 수 있다. 등록한 소비자단체는 「소비자기본법」 제28조에 의하여 소비자단체의 업무를 수행할 수 있다. 즉, ① 국가 및 지방자치단체의 소비자의 권익과 관련된 시책에 대한 건의, ② 물품 등의 규격·품질·안전성·환경성에 관한 시험·검사 및 가격 등을 포함한 거래조건이나 거래방법에 관한 조사·분석, ③ 소비자문제에 관한 조사·연구, ④ 소비자의 교육, ⑤ 소비자의 불만 및 피해를 처리하기 위한 상담·정보제공 및 당사자 사이의 합의의 권고를 수행한다.

공정거래위원회에 등록한 소비자단체의 협의체는 소비자의 불만 및 피해를 처리하기 위하여 자율적 분쟁조정(紛爭調停)을 할 수 있다. 다만, 다른 법률의 규정에 따라 설치된 전문성이 요구되는 분야의 분쟁조정기구(紛爭調停機構)로서 대통령령이 정하는 기구에서 관장하는 사항에 대하여는 분쟁조정을 할 수 없다.

다른 법률에 따른 분쟁조정기구로는 ① 「금융소비자 보호에 관한 법률」에 따라 설치된 금융분쟁조정위원회, ② 「의료사고 피해구제 및 의료분쟁 조정 등에 관한 법률」에 따라 설립된 한국의료분쟁조정중재원, ③ 「환경분쟁 조정법」에 따라 설치된 환경분쟁조정위원회, ④ 「저작권법」에 따른 한국저작권위원회, ⑤ 「개인정보 보호법」에 따라 설치된 개인정보 분쟁조정위원회, ⑥ 「전기사업법」에 따라 설치된 전기위원회, ⑦ 「우체국예금·보험에 관한 법률」에 따라 설치된 우체국보험분쟁조정위원회 및 ⑧ 그 밖에 다른 법령에 따라 설치된 분쟁조정기구로서 공정거래위원회가 필요하다고 인정하여 지정·고시하는 분쟁조정기구를 말한다.

다. 행정기관·공공기관 등에 의한 구제

국가 및 지방자치단체 등의 행정기관이나 공공기관 등이 「소비자기본법」이나 관계법률 등에 의해 소비자의 불만 및 피해구제를 위한 전담기구를 설치하여 동 기구에서 소비자피해를 처리하고 있다. 지방자치단체의 경우에는 현재 다수의 광역 또는 기초지방자치단체가 소비자보호과나 지역경제과 등을 설치하여 소비자피해를 구제하고 있으나 행정기관에서는 분쟁조정의 객관적인 심사절차나 판정권한이 없기 때문에 간접적인 공권력행사에 그치고 있다. 따라서 분쟁해결에 시험검사가 필요한 경우나 합의권고에 대해 양 당사자의 수락이 이루어지지 않는 경우 등에는 한국소비자원에 처리를 이첩하게 된다.

또한 소비자가 전문적인 피해구제나 상담을 원하는 경우에는 「소비자기본법」 제28조 제1항 제1호 및 제39조 내지 제46조, 동법 시행령 제36조 내지 제39조에 의거하여 직접 한국소비자원에 소비자불만 및 피해구제를 청구하여 구제받을 수 있다.

그러나 의료 관련 종사자가 의학상 인정되는 수단을 통해 환자의 질병예방, 의학적 처치행위를 수행하는 과정에서 발생하는 불상사 등과 관련하여 의료기관과 환자인 의료소비자 사이에서 발생하는 의료분쟁의 경우에는, 광역지방자치단체의 지방의료심사조정위원회와 보건복지부의 중앙의료심사조정위원회에서 분쟁을 해결하고 있으나 현재까지 그 처리실적은 잘 알려져 있지 않을 뿐만 아니라 매우 미미한 것으로 보인다.

또한, 상수도, 우편, 철도운송 등 국가나 지방자치단체가 제공하는 공공 서비스의 경우에는, 해당 행정관청이 설치 · 운영하는 민원창구 등에서 해당 서비스에 대한 소비자 불만이나 피해구제를 처리하고 있으며, 국가나 지방자치단체가 제공하는 공공서비스 전반에 대한 피해구제기구로서 법무부의 국가배상심의위원회가 설치 운영되고 있다.

그리고 금융업이나 보험업 그리고 증권업의 경우에는 각 업종에서 발생한 소비자 불만 및 피해구제를 현재 금융감독원의 금융분쟁조정위원회에서 처리하고 있으며, 그 업무절차 및 법적 효력은 대체로 한국소비자원 소비자분쟁조정위원회의 경우와 유사하다.

한편 변호사가 소송의뢰인으로부터 민사, 형사 관련 소송사건이나 비송사건, 행정심판사건 및 일반법률사무 등을 수임받아 처리하는 과정에서 발생하는 사건의뢰인과의 분쟁인 법률서비스 피해의 경우에는, 해당 지방변호사회 내에 설치된 분쟁조정위원회에서 피해구제를 처리하고 있다.

그 밖에 국민고충처리위원회와 법률구조공단 등에서도 소비자피해를 구제하고 있으며, 건축 공사와 관련한 소비자피해에 대해 건설교통부와 각 지방자치단체의 건축분쟁조정위원회, 여행소비자의 피해구제를 위해 관광협회 등에 설치된 관광불편신고처리 위원회, 부동산중개와 관련한 소비자피해구제기구로서 각 지방자치단체 내에 설치된 부동산중개업분쟁조정위원회 등이 있다.

라. 한국소비자원에 의한 구제

(1) 피해구제범위

소비자는 물품 등의 사용으로 인한 피해의 구제를 한국소비자원에 신청할 수 있다. 국가·지방자치단체 또는 소비자단체는 소비자로부터 피해구제의 신청을 받은 때에는 한국소비자원에 그 처리를 의뢰할 수 있다. 또한 사업자는 소비자로부터 피해구제의 신청을 받은 때에는 ① 소비자로부터 피해구제의 신청을 받은 날부터 30일이 경과하여도 합의에 이르지 못하는 경우, ② 한국소비자원에 피해구제의 처리를 의뢰하기로 소비자와 합의한 경우 및 ③ 그 밖에 한국소비자원의 피해구제의 처리가 필요한 경우로서 대통령령이 정하는 사유에 해당하는 경우의 어느 하나에 해당하는 경우에 한하여 한국소비자원에 그 처리를 의뢰할 수 있다(소비자기본법 제55조).

한국소비자원은 소비자의 직접적인 피해구제청구뿐만 아니라 국가 및 지방자치단체 또는 사업자가 소비자로부터 피해구제청구를 받고 의뢰한 것까지도 처리하도록 함으로써 소비자피해구제 전담기구로서의 기능을 담당하고 있다.

한국소비자원이 업무를 수행함에 있어서 ① 국가 또는 지방자치단체가 제공한 물품 등으로 인하여 발생한 피해구제(다만, 대통령령으로 정하는 물품 등에 관하여는 그러하지 아니하다), ② 그 밖에 다른 법률의 규정에 따라 설치된 전문성이 요구되는 분야의 분쟁조정기구에 신청된 피해구제 등으로서 대통령령이 정하는 피해구제는 그 처리대상에서 제외한다(소비자기본법 제35조 제2항).

(2) 피해구제방법

한국소비자원에서 하는 피해구제방법은 합의권고와 분쟁조정이 있다. 합의권고는 한국소비자원이 제3자로서 당사자 사이에서 양측의 주장이나 다툼을 듣고 합리적인 안을 제시하거나 원만한 합의를 종용함으로써 민법상 화해계약에 이르도록 하는 것이다. 분쟁조정은 전문적이고 독립적인 분쟁해결기구인 소비자분쟁조정위원회가 시험검사나 전문가자문을 거쳐 임의적인 분쟁합의나 강제적인 조정결정을 통해서 당사자의 수락을 이끌어 내어 확정판결과 같은 화해조서를 만들어 냄으로써 준사법적인 해결을 이끌어 내는 제도이다.

(가) 합의권고

원장은 피해구제청구의 당사자에 대하여 피해보상에 대한 합의를 권고할 수 있다(소비자기본법 제57조). 합의권고는 당사자와의 상담을 통하여 행한다. 상담 결과 당사자가 피해보상에 대하여 합의한 경우에는 합의서를 작성하여 당사자가 기명날인을 하고 원장이 확인하여야 한다. 소비자피해의 구제는 당사자 간의 원만한 합의에 의한 해결을 기본으로 하고 있으므로 조정위원회의 조정결정에 앞서 합의권고를 하도록 함으로써 대부분의 분쟁이 합의에 의하여 해결되도록 유도하고자 하는 것이다.

원장은 피해구제의 청구를 받은 날로부터 30일 이내에 합의가 이루어지지 아니할 때에는 지체 없이 분쟁조정위원회에 조정을 요청하고 그 결정에 따라 처리하여야 한다(소비자기본법 제58조). 다만, 피해의 원인규명 등에 상당한 시일이 요구되는 피해구제신청사건으로서 대통령령이 정하는 사건에 대하여는 60일 이내의 범위에서 처리기간을 연장할 수 있다.

30일(예외적으로 60일 이내의 기간연장 가능)이라는 합의권고기간을 확정적으로 명시하고 있는 것은 청구된 피해구제를 정해진 기간 안에 신속하게 처리하도록 유도함으로써 이해 당사자의 편리를 도모하고자 하는 것과 또한 30일 이내에 합의가 이루어지지 않을 경우에는 보다 전문적이고 독립적인 분쟁해결기구인 소비자분쟁조정위원회의 조정에 넘기도록 함으로써 합의권고 과정의 경직성 완화 및 이해 당사자의 자율적이고 원만한 합의 도출을 유도하고자 하는 것이다.

(나) 분쟁조정

소비자와 사업자 사이에 발생한 분쟁에 관하여 소비자분쟁이 해결되지 아니하거나 한국소비자원의 합의권고에 따른 합의가 이루어지지 아니한 경우 당사자나 그 기구 또는 단체의 장은 조정위원회에 분쟁조정을 신청할 수 있다. 조정위원회는 분쟁조정을 신청받은 경우에는 지체 없이 분쟁조정절차를 개시하여야 한다. 조정위원회는 분쟁조정을 위하여 필요한 경우에는 전문위원회에 자문할 수 있다. 조정위원회는 분쟁조정절차에 앞서 이해관계인·소비자단체 또는 관계기관의 의견을 들을 수 있다(소비자기본법 제65조 제1항 내지 제4항).

조정위원회는 당사자의 일방이 의견진술 통지를 받고도 출석하지 아니한 경우에는 일방당사자만의 출석으로 조정절차를 진행시킬 수 있다. 의견진술 요청에 응하고자 하는 당사자는 소비자단체, 사업자단체 등을 대리인으로 정하여 출석하게 할 수 있다. 조정결정 시에 지리적으로 멀리 떨어져 있는 당사자의 시간을 절약하고 당사자 권익을 효과적으로 대변할 수 있도록 하기 위해서, 자신의 권익을 대표할 수 있는 단체를 대리로 출석시킬 수 있도록 함으로써 소비자피해구제의 실효성을 더욱 높이고자 하는 것이다.

조정위원회는 분쟁조정을 신청받은 때에는 그 신청을 받은 날부터 30일 이내에 그 분쟁조정을 마쳐야 한다. 조정위원회는 정당한 사유가 있는 경우로서 30일 이내에 그 분쟁조정을 마칠 수 없는 때에는 그 기간을 연장할 수 있다. 이 경우 그 사유와 기한을 명시하여 당사자 및 그 대리인에게 통지하여야 한다(소비자기본법 제66조 제1항·제2항).

조정위원회의 위원장이 분쟁조정을 마친 때에는 지체 없이 당사자에게 그 분쟁조정의 내용을 통지하여야 한다. 이 통지를 받은 당사자는 그 통지를 받은 날부터 15일 이내에 분쟁조정의 내용에 대한 수락 여부를 조정위원회에 통보하여야 한다. 이 경우 15일 이내에 의사표시가 없는 때에는 수락한 것으로 본다. 당사자가 분쟁조정의 내용을 수락하거나 수락한 것으로 보는 경우 조정위원회는 조정조서를 작성하고, 조정위원회의 위원장 및 각 당사자가 기명날인하거나 서명하여야 한다. 다만, 수락한 것으로 보는 경우에는 각 당사자의 기명날인 또는 서명을 생략할 수 있다. 당사자가 분쟁조정의 내용을 수락하거나 수락한 것으로 보는 때에는 그 분쟁조정의 내용은 재판상 화해와 동일한 효력을 갖는다(소비자기본법 제67조 제1항 내지 제4항).

당사자 간의 자율적인 합의를 유도할 수 없을 때에는 한국소비자원이 개입하여 조정결정을 함으로써 신속한 피해구제를 기하고자 하는 것이며, 조정결정은 원장의 요청에 따라 조정위원회가 독자적으로 하되 대외적으로는 원장의 명의로 통보함으로써 업무의 일관성을 유지하도록 하고 있다. 조정 결정에 따르는 경우에는 재판상의 화해와 같은 효력을 인정함으로써 재심에 준하는 사유가 없는 한 조정결정 사항이 확정판결과 같은 기속력을 갖도록 하고 있다.

제8장
민사소송과 법

제1절 민사소송절차

1. 민사소송의 의의[10]

개인과 개인 사이에 이해관계가 충돌하여 분쟁이 생기면 원시시대에는 스스로의 힘에 의하여 이를 해결할 수밖에 없었다. 그러나 문명사회에서는 힘으로 분쟁을 해결하는 것은 금지되고(사력구제의 금지), 국가기관인 법원이 분쟁당사자 사이에 개입하여 분쟁을 조정, 해결해 주도록 되었는데 그 절차를 민사소송이라 한다. (국가구제의 원칙)

예부터 "송사가 많은 집안과는 혼인을 하지 않는다."라는 말이 있다. 송사에 모든 정력을 빼앗겨 생산적인 활동을 할 수 없고 자연히 주변 사람들의 인심도 잃게 되어 집안이 기우는 수가 많았기 때문이다.

그러나 복잡한 현대생활에 있어서 본의 아니게 소송에 관여하게 될 수도 있고, 경우에 따라서는 적절히 소송을 이용할 줄 아는 지혜가 필요하다. 이를 위하여는 일상생활에서의 모든 거래관계를 문서화하여 정확을 기하고 후일의 증거로 삼음으로써 분쟁가능성을 미리 막는 것이 절대적으로 필요하다.

부득이 소송을 하지 않으면 안 될 상황이 생기면 변호사 등 전문가의 도움을 받아 정당한 방법으로 신속한 해결을 모색하여야 할 것이며, 사건 브로커의 농간에 넘어가지 않도록 조심하여야 한다.

2. 소송의 당사자(원고와 피고)

민사소송을 제기하는 사람을 원고, 소를 제기당하는 사람을 피고라고 한다. 개인이나 법인은 물론 종중, 동창회, 학교육영회 같은 사실상의 단체도 민사소송의 원고, 피고가 될 수 있다. 다만, 미성년자 같은 제한능력자는 법정대리인이 소송을 대리하여야 한다.

3. 소송 관할 법원 및 담당 재판부

원칙적으로 피고의 주소지를 관할하는 법원에 소송을 제기하여야 하지만 원고

---

10) https://pro-se.scourt.go.kr/wsh/wsh000/WSHMain.jsp

의 편의 등을 위하여 여러 가지 예외가 인정되고 있다. 예컨대, 대여금, 물품대금, 손해배상 등 청구의 경우 그 채무이행지인 원고의 주소지를 관할하는 법원에도 소송을 제기할 수 있도록 한 것(의무이행지의 특별재판적), 교통사고를 당한 피해자가 사고 장소를 관할하는 법원에도 소송을 제기할 수 있도록 한 것(불법행위지의 특별재판적) 등이다.

일반 민사사건의 경우, 소액사건은 3,000만 원 이하의 금전 기타 대체물이나 유가증권의 일정한 수량의 지급을 목적으로 하는 사건(시·군법원이 있을 시 시·군법원이 관할)을 말한다.

단독판사는 3,000만 원 초과 2억 원 이하의 사건을 담당하고, 판사 3인으로 구성되는 합의부 재판부가 관할하는 사건은 2억 원 초과부터이다. 다만, 약속어음, 수표금 사건, 금융기관 대여금등 사건, 자동차손해배상보장법상 손해배상 또는 채무부존재사건 등은 2억 원을 초과하더라도 단독판사 사건이다. 소가를 산출할 수 없는 재산권상의 소, 비재산권의 소는 50,000,000원으로 한다.

4. 민사소송제기 방법(소장 작성)

민사소송은 소장을 작성하고 인지를 붙여서 관할 법원에 제출하면 되는 것이다. 다만 소송위임장과 같은 부속서류를 첨부하여야 할 때도 있다.

가. 소장의 기재사항

첫째, 원고, 피고의 주소(특히, 집 전화번호 이외에도 일과 중 전화가 가능한 사무실 전화번호 또는 휴대폰번호, 팩스번호, E-mail 주소)

둘째, 성명이 명확히 기재되어야 한다. 피고가 있는 곳을 알 수 없을 때에는 소명자료를 첨부하여 공시송달을 신청할 수 있다.

셋째, 청구취지를 특정하여 기재하여야 한다. "피고는 원고에게 돈 일천만 원을 지급하라."는 식으로, 원고가 판결을 통하여 얻어내려는 결론을 기재하여야 한다.

넷째, 청구원인을 기재하여야 한다. "원고는 2003. 1. 1. 피고에게 돈 일천 만 원을 빌려주었으나, 피고는 이를 갚지 않고 있다."는 식으로, 판결을 구하게 되는 법률상 근거나 원인이 무엇인가를 구체적으로 기재한다.

나. 인지의 첨부 또는 현금납부

소장에는 소송금액에 따라 다음 금액상당의 인지를 붙이거나 현금을 납부하여야 한다.

```
소가에 따른 인지대
 ㅇ 소가 1천만원 미만              소가×(50÷10,000)
 ㅇ 소가 1천만원 이상 1억원 미만      소가×(45÷10,000) +   5,000
 ㅇ 소가 1억원 이상 10억원 미만      소가×(40÷10,000) +  55,000
 ㅇ 소가 10억원 이상              소가×(35÷10,000) + 555,000
```

다. 송달료의 예납

원·피고가 각각 1명인 경우를 기준으로 하여 소액사건은 43,200원(1회분 2,700×8회분×2인), 단독사건은 64,800원(1회분 2,700원×12회분×2인), 합의사건은 64,800원(1회분 2,700원×12회분×2인)의 송달료를 송달료 수납은행에 미리 납부하여야 한다.

5. 민사소송의 진행

가. 피고에게 송달(알림)

민사소송이 제기되면 재판장은 소장 부본 및 소송절차안내서를 피고에게 송달하여 피고를 상대로 어떠한 소송이 제기되었는가를 미리 알려주고, 아울러 자세한 소송절차에 대해서도 알려주고 있다.

나. 무변론 판결

원고의 소장을 받은(공시송달 제외) 피고가 원고의 청구를 다투고자 하는 경우에는 반드시 소장을 받은 날부터 30일 이내에 답변서를 제출하여야 하고, 만약 그 기간 내에 아무런 답변을 하지 않은 경우, 또는 원고의 청구원인 사실을 전부 인정하는 취지의 답변서 외에 따로 항변을 제출하지 않는 경우에는 변론 없이 원고 승소판결이 선고될 수 있다(민사소송법 제257조).

다. 변론기일의 지정 및 소환

그 후 재판장은 주장과 증거의 정리가 완료되는 순서에 따라 변론기일을 정하여 원·피고를 소환한다.

라. 주장·답변 및 항변

변론기일에 원고는 먼저 "돈 일천만 원을 빌려주었다."는 사실을 주장하고, 피고는 이에 대하여 '빌린 사실이 있다(자백)' 또는 '없다(부인)'는 답변을 한다. 주의할 점은 대답을 하지 않으면(침묵) 자백하는 것과 같이 취급되고, 모르겠다(부지)고 하는 것은 부인하는 것으로 취급된다는 것이다.

그 외에 피고는 "돈 빌린 사실이 있으나(자백) 그 후에 갚았다 또는 빚으로 상계하였다"는 새로운 사실을 내놓을 수도 있는데 이를 항변이라 하고, 그 항변에 대하여 원고는 자백, 부인 등의 답변을 하여 소송이 진행되는 것이다.

이러한 주장, 답변 등은 원·피고가 변론기일에 출석하여 구두로 하는 것이 원칙이나 서면으로 제출할 수도 있는데 이를 준비서면 또는 답변서(피고의 최초 준비서면)라고 부른다. 실제로는 소송상의 주장, 답변 등은 간단한 것을 제외하고는 미리 서면으로 준비하여 이를 제출하는 것이 좋다.

마. 증명

주장 또는 항변사실에 대하여 상대방이 부인(또는 부지)하면 주장 또는 항변을 한 자가 이를 증명하여야 한다. 누가 증명할 책임이 있느냐 하는 것은 중요할 뿐만 아니라 매우 어렵고 복잡한 문제이다.

증명을 하는 방법은 제한이 없으나 서증, 증인신문, 검증, 감정, 당사자 본인신문 등이 특히 많이 쓰이는 방법이다.

바. 증거조사 및 변론의 집중

피고의 답변서를 받은 원고는 이를 반박하는 내용의 준비서면 등을 제출하는 등 변론기일 이전에 미리 서면공방을 벌여 쟁점이 정리되면 변론기일이 지정된다. 이러한 서면공방과정에서는 자신의 주장을 정리한 준비서면뿐만 아니라 주장을 뒷받침하는 증거들을 미리 제출하거나 증거신청을 하여야 한다.

변론기일에는 증인신문을 위주로 진행되며 가능한 모든 증인을 일괄하여 신문하고 변론을 종결하게 된다.

사. 변론기일 불출석에 따른 불이익

(1) 자백간주

원·피고 중 어느 한쪽이 기일출석요구서(공시송달 제외)를 송달받고도 불출석하면 출석한 쪽이 주장하는 사실을 자백한 것으로 간주되기 때문에(다만, 불출석하더라도 준비서면으로 써낸 답변은 인정된다) 불리한 판결을 받을 가능성이 매우 크다.

(2) 쌍불취하(雙不取下)

쌍방이 모두 2회에 걸쳐서 적법한 소환을 받고도 불출석하거나 변론을 하지 아니한 때에는 그 후 1개월 내에 기일지정신청을 하지 아니하면 소가 취하된 것으로 간주된다.

당사자는 소송의 정도에 따라 적절한 시기에 공격 또는 방어의 방법을 제출하여야 하고, 법원은 당사자가 고의 또는 중대한 과실로 공격 또는 방어방법을 뒤늦게 제출하여 소송이 지연된다고 인정하는 때에는 결정으로 이를 각하할 수 있다.

아. 증인의 불출석에 대한 제재

증인이 정당한 사유 없이 변론기일에 출석하지 아니하는 경우에는 500만 원 이하의 과태료에 처하게 되고 소송비용을 부담하게 되며, 과태료의 재판을 받고도 정당한 사유 없이 다시 변론기일에 출석하지 아니하는 때에는 7일 이내의 감치에 처하게 된다(2002. 7. 1.부터 시행).

6. 소송절차의 종료

가. 종국판결

법원이 심리를 완료한 때에는 변론을 종결하고 보통 2주 후 판결을 선고한다.

나. 소의 취하 기타

원고가 판결확정 전에 소를 취하하는 때에는 소송은 종결된다. 다만 피고가 준비서면을 제출하거나 변론을 한 후에는 피고의 동의를 얻어야만 소를 취하할 수 있다.

그 밖에 원고가 스스로 청구를 포기하는 청구의 포기나 피고가 상대방의 청구를 인정하는 인낙, 그리고 서로 양보하여 합의하는 화해 등으로 종료되기도 한다.

7. 상소

가. 항소

제1심에서 패소판결을 받았으나 불복이 있는 사람은 판결을 송달받은 날로부터 2주 이내에 항소장을 제1심 법원에 제출하면 판결이 확정되지 않고 항소심에서 다시 재판을 받게 된다. 항소장에 붙이는 인지액은 제1심의 1.5배이다.

나. 상고

항소심의 판결에 대하여 불복이 있으면 판결 송달일로부터 2주 이내에 상고장을 항소심 법원에 제출하여야 한다. 상고장에 붙이는 인지액은 제1심의 2배이다.

8. 확정과 강제집행

당사자는 판결이 확정된 경우에는 소송기록이 있는 법원에서 판결확정증명을, 확정 전 판결 중 가집행선고가 붙은 판결인 경우에는 판결정본 송달증명을 받고, 판결에 집행문을 부여받아 이를 집행권원으로 하여 강제집행을 함으로써 소송의 목적을 달성하게 된다.

제2절 소액심판제도

1. 제도의 취지

민사소송은 절차가 번거롭고 복잡하여 변호사나 법무사의 도움 없이는 스스로 하기가 어렵고, 비용이 많이 들고 시일도 오래 걸리기 때문에 재판을 꺼리는 경우가 많다.

소송목적의 값이 3,000만 원을 초과하지 아니하는 금전 기타 대체물이나 유가증권의 일정한 수량의 지급을 목적으로 하는 청구(대여금, 물품대금, 손해배상청구)와 같이 비교적 단순한 사건에 대하여 보통재판보다 훨씬 신속하고 간편하며 경제적으로 재판을 받을 수 있도록 만든 것이 이 제도이다.

2. 간편한 소송제기

법원의 종합접수실 또는 민사과에 가면 인쇄된 소장서식 용지를 무료로 얻어서 해당 사항을 써넣으면 소장이 되도록 마련되어 있고, 그것마저 쓸 수 없는 사람은 법원 직원에게 부탁하여 무료로 대서를 받을 수 있다.

원고와 피고 쌍방이 임의로 법원에 출석하여 진술하는 방법으로도 소를 제기하는 것이 가능하다.

3. 신속한 재판

재판도 단 1회로 끝내는 것을 원칙으로 하므로 당사자는 모든 증거를 첫 변론기일에 제출할 수 있도록 준비하여야 한다.

재판에 불출석하면 즉시 불리한 결과가 나오는데, 피고가 불출석하고 답변서도 내지 않으면 즉석에서 원고에게 승소 판결이 선고되고, 원고가 두 번 불출석하고 그 후 1월 내에 기일지정의 신청을 하지 아니하면 소송은 취하된 것으로 간주될 수 있다.

1995. 9. 1.부터는 시 · 군법원이 설치되어, 시 · 군 법원 관할 소액사건에 대하여는 소장을 지방법원이나 지원에 제출하여서는 안 되고, 시 · 군법원에 제출하여야 한다.

4. 소송대리의 특칙

보통 재판과 달리 변호사가 아니라도 원 · 피고의 배우자, 부모, 자식, 형제자매, 호주 등이 법원의 허가 없이 대리하여 소송을 할 수 있다. 이때는 위임장과 호적등본 또는 주민등록등본을 제출하여야 한다.

5. 이행권고제도

법원은 소액사건의 소가 제기된 경우에는 결정으로 피고에게 원고의 청구취지대로 이행할 것을 권고할 수 있다.

종래에는 피고가 원고의 청구를 다투지 아니하는 사건에 있어서도 원고가 변론기일에 출석하여야 했으나, 이행권고결정제도가 도입되면서 피고가 다투지 아니하는 사건에 대하여는 원고가 법정에 출석할 필요가 없게 되었다.

피고는 이행권고결정 등본을 송달받은 날부터 2주 내에 이의신청을 할 수 있고, 이행권고결정 등본을 송달받은 피고가 이의신청을 하지 않거나 이의신청이 취하 또는 각하된 때에는 이행권고결정이 확정판결과 동일한 효력을 가지게 된다.

이행권고결정에 기한 강제집행은 원칙적으로 집행문 부여를 받을 필요없이 이행권고결정 정본에 의하여 실시한다.

제3절 금전채권에 관한 강제집행절차

1. 제도의 취지

빌려준 돈이나 상품대금 등 금전채권을 가지고 있으나 채무자가 임의로 변제를 하지 않는다고 하여 함부로 채무자의 금품을 훔치거나 빼앗는 것은 허용될 수 없다. 국가가 정해진 법절차에 따라 채권자를 대신하여 강제로 돈을 받아 주는 것이 강제집행절차이며, 이를 규정한 법률이 「민사집행법」이다.

2. 집행권원의 확보

강제집행을 할 수 있는 권리를 인정해 주는 공적인 문서가 집행권원(예전에는 채무명의라고 하였다)이다. 대표적인 것이 "피고는 원고에게 돈 일천만 원을 지급하라."는 이행명령이 기재된 확정된 승소판결이다. 그 외에 가집행선고가 붙은 미확정판결, 인낙조서, 화해조서, 조정조서, 지급명령, 공정증서 등이 있다.

3. 집행문 부여

위와 같은 집행권원에 "위 정본은 피고 ○○○에 대한 강제집행을 실시하기 위하여 원고 ○○○에게 부여한다."는 취지를 기재하고 법원직원이나 공증인이 기명날인하는 것이 집행문 부여이다. 다만, 공증인은 공정증서에 대하여만 집행문을 부여할 수 있다.

집행문은 집행권원을 가지고 제1심 법원이나 공증인 사무소에 가서 신청하면 간단히 처리해 준다. 이때 법원의 경우는 500원 상당의 인지를 붙여야 하고 공증인의 경우는 1만 원의 수수료를 납부하여야 한다.

본래의 원고나 피고가 사망하여 그 상속인이 집행을 하거나 상속인에 대하여 집행을 하려면 판결문에 표시된 원·피고와 실제 집행하려는 사람이 다르기 때문에 상속인임을 알 수 있는 호적등본과 주민등록등본(주민등록번호가 없는 사람은 여권번호 또는 등록번호, 법인 아닌 사단이나 재단은 사업자등록번호·납세번호 또는 고유번호를 알 수 있는 자료)을 첨부하여 신청함으로써 승계집행문을 부여받아야 한다.

4. 유체동산에 대한 강제집행

가. 집행관에의 위임

위와 같은 관계서류를 갖추어 관할 법원에 속하는 집행관 사무실에 찾아가서 집행을 위임하여야 한다. 위임장은 인쇄된 용지를 쓰는데 보통 그곳에서 대서까지 해준다. 집행비용은 예납하여야 한다.

나. 압류

동산이 있는 현장에 가서 압류를 해야 하므로 사전에 집행관과 협의하여 시간을 정해 현장까지 안내하고, 채무자가 일부러 피한다든지 하여 현장에 없는 경우도 많으므로 참여인이 될 성인 2명을 미리 확보하는 것이 좋다.

다. 경매

압류물이 현금이면 직접 채권에 충당할 수 있으나 다른 것이면 경매하여 현금화해야 한다. 압류 후 보통 1개월 쯤 지나 매각기일이 지정되는데 채무자가 자진변제하면 강제집행의 위임을 취하할 수 있고 따로 타협이 되면 매각기일을 연기할 수도 있다. 매각기일에는 채권자가 나가지 않아도 되지만 채권자도 매수인이 될 수 있으므로 매각기일에 나가보는 것도 좋은 방법이다.

라. 배당

채권자가 여러 명이고 매각대금으로 모든 채권을 충족시키지 못하면 먼저 채권자들 사이에 협의를 하여 협의가 성립되면 집행관이 이에 따라 분배·지급하고, 협의가 안 되면 법원이 법에 의하여 우선변제를 받을 수 있는 채권자에게 우선적으로 지급하고, 그 후 일반 채권자들의 채권액에 비례하여 분배·지급하게 된다.

강제집행을 한 채권자라도 우선변제권이 있는 것이 아니므로 뒤에 배당신청을 해온 채권자와 동등하게 취급된다.

5. 채권에 대한 강제집행

가. 압류명령신청

채무자가 은행에 예금이 있다든지 제3자에게 돈을 받을 것이 있다든지(대여금 채권)하는 경우에는 관할 법원에 압류명령을 신청한다.

나. 압류명령

법원은 압류명령을 발하여 "제3채무자인 은행 등은 채무자에게 지급해서는 아니 된다."는 지급금지명령을 내리게 된다.

다. 추심명령 또는 전부명령

채권자는 추심명령을 신청하여 채무자 대신 은행 또는 제3자로부터 돈을 받을 수 있거나(이때는 다른 채권자가 배당요구 가능) 또는 전부명령을 받아 채권 자체를 이전받을 수 있다. 압류명령과 추심명령, 압류명령과 전부명령을 같이 신청하는 것이 보통이다.

6. 부동산에 대한 강제집행

가. 강제경매신청

채무자가 부동산을 소유하고 있으면 관할 법원에 부동산 강제경매신청서를 제출한다.

나. 경매개시결정

법원은 경매개시결정을 하고 이 사실을 부동산등기부에 기재함으로써 부동산을 압류한 효과가 생긴다.

다. 입찰

입찰기일공고를 거쳐 입찰기일이 지정되고 입찰기일에 매수신청인이 서면으로 매수가격을 신청하면 집행관은 그중 최고가격을 신청한 사람을 매수인으로 정한다.

라. 배당

동산의 경우와 같으나, 채권자들 사이에 협의를 하는 절차가 없고, 바로 법원이 배당을 한다.

7. 재산명시신청제도

채권자가 채무자를 상대로 확정판결, 화해조서, 확정된 지급명령, 공증증서 등의 집행권원을 가지고 강제집행을 하려고 하나 채무자의 재산을 찾을 수 없을 때 채무자의 재산을 명시해 줄 것을 관할법원에 신청하는 절차이다(민사집행법 제61조 이하).

법원은 채권자의 재산명시신청이 이유 있다고 인정되면 채무자에게 재산 상황 및 일정 기간 동안의 재산이전 상황을 명시한 재산목록을 제출하게 하여 채권자가 이를 열람·복사하게 할 수 있다.

채무자가 확정판결, 화해조서·조정조서, 확정된 지급명령, 공정증서 등에 의한 금전채무를 임의로 이행하지 아니하는 때에는 채권자는 집행력 있는 정본과 강제집행을 개시함에 필요한 서류를 첨부하여 법원에 채무자의 재산명시를 요구하는 신청을 할 수 있다.

재산명시신청을 하려면 집행권원이 있는 확정판결, 화해조서, 인낙조서, 확정된 이행권고결정, 확정된 화해권고결정, 확정된 지급명령, 조정조서, 조정에 갈음하는 결정, 공증증서 등이 있어야 한다. 재산명시신청서에는 1,000원의 인지를 첨부하며, 송달료 5회분을 납부하고 집행권원이 있는 판결정본 원본과 사본을 준비하여 같이 제출한다.

재산조회신청서에는 재산명시를 신청한 채권자의 신청에 따라 법원의 결정으로 공공기관, 금융기관, 단체 등에 채무자 명의의 재산을 조회할 수 있다.

채무자는 재산명시기일에 강제집행의 대상이 되는 재산과 다음의 사항을 명시한 재산목록을 제출하여야 한다. 즉, 첫째, 재산명시명령이 송달되기 전 1년 이내에 채무자가 한 부동산의 유상양도(有償讓渡), 둘째, 재산명시명령이 송달되기 전

1년 이내에 채무자가 배우자, 직계혈족 및 4촌 이내의 방계혈족과 그 배우자, 배우자의 직계혈족과 형제자매에게 한 부동산 외의 재산의 유상양도, 셋째, 재산명시명령이 송달되기 전 2년 이내에 채무자가 한 재산상 무상처분(無償處分)이다. 다만, 의례적인 선물은 제외한다(민사집행법 제64조 제2항).

재산명시기일에 출석한 채무자가 3월 이내에 변제할 수 있음을 소명한 때에는 법원은 그 기일을 3월의 범위 내에서 연기할 수 있으며, 채무자가 새 기일에 채무액의 3분의 2 이상을 변제하였음을 증명하는 서류를 제출한 때에는 다시 1월의 범위 내에서 연기할 수 있다(민사집행법 제64조 제4항).

채무자는 재산명시기일에 재산목록이 진실하다는 것을 선서하여야 한다. 채무자가 정당한 사유 없이 명시기일 불출석, 재산목록 제출 거부, 선서 거부 가운데 어느 하나에 해당하는 행위를 한 경우에는 법원은 결정으로 20일 이내의 감치(監置)에 처한다. 또한 채무자가 거짓의 재산목록을 낸 때에는 3년 이하의 징역 또는 500만원 이하의 벌금에 처한다(민사집행법 제65조 및 제68조).

8. 재산조회제도

재산명시절차의 관할 법원은 다음의 어느 하나에 해당하는 경우에는 그 재산명시를 신청한 채권자의 신청에 따라 개인의 재산 및 신용에 관한 전산망을 관리하는 공공기관·금융기관·단체 등에 채무자명의의 재산에 관하여 조회할 수 있다.

첫째, 재산명시절차에서 채권자가 민사집행법 제62조 제6항의 규정에 의한 주소보정명령을 받고도 「민사소송법」 제194조 제1항의 규정에 의한 사유로 인하여 채권자가 이를 이행할 수 없었던 것으로 인정되는 경우, 둘째, 재산명시절차에서 채무자가 제출한 재산목록의 재산만으로는 집행채권의 만족을 얻기에 부족한 경우, 셋째, 재산명시절차에서 「민사집행법」 제68조 제1항 각 호의 사유 또는 동조 제9항의 사유가 있는 경우이다.

채권자가 재산조회신청을 할 경우에는 조회할 기관·단체를 특정하여야 하며 조회에 드는 비용을 미리 내야 한다. 법원이 조회할 경우에는 채무자의 인적사항을 적은 문서에 의하여 해당 기관·단체의 장에게 채무자의 재산 및 신용에 관하여 그 기관·단체가 보유하고 있는 자료를 한꺼번에 모아 제출하도록 요구할 수 있다. 공공기관·금융기관·단체 등은 정당한 사유 없이 재산조회를 거부하지 못한다.

법원은 재산조회한 결과를 채무자의 재산목록에 준하여 관리하여야 한다. 재산조회를 받은 기관·단체의 장이 정당한 사유 없이 거짓 자료를 제출하거나 자료를 제출할 것을 거부한 때에는 결정으로 500만 원 이하의 과태료에 처한다.

9. 채무불이행자 명부제도

채무자가 금전의 지급을 명한 판결 또는 지급명령이 확정되거나 화해·조정조서 등이 작성된 후 6개월 이내에 채무를 이행하지 아니하거나 법원의 명령에도 불구하고 재산목록의 제출을 거부 또는 허위의 목록을 제출하는 등의 사유가 있는 때에는 채권자는 채무자를 채무불이행자 명부에 등재하도록 법원에 신청할 수 있다. 그 신청에 따라 법원이 채무불이행자 명부에 등재하는 결정을 한 때에는 등재 후 그 명부를 법원에 비치함은 물론 그 부본을 채무자의 주소지(법인인 경우에는 주된 사무소의 소재지) 시·구·읍·면의 장에게 보내야 한다.

법원은 채무불이행자 명부의 부본을 일정한 금융기관의 장이나 금융기관 관련 단체의 장에게 보내어 채무자에 대한 신용정보로 활용하게 할 수 있다. 채무불이행자 명부는 인쇄물로 공표하지 아니하는 한 누구든지 열람·등사가 가능하며 채무가 모두 소멸된 것이 증명되어 법원의 말소결정이 있기까지 비치·공개된다.

제4절 가압류(假押留)·가처분(假處分)

1. 보전(保全)절차의 필요성

채무자가 빚을 갚을 능력이 있으면서도 재산을 전부 처분한 후 빚을 갚지 않으려고 하거나 주택을 매수하여 잔금까지 지불했는데도 집을 판 사람이 다시 그 집을 다른 사람에게 판 후 도망가려고 하는 경우가 있다.

이러한 경우 채권자가 소송을 제기하여 승소한 뒤에 그 판결의 확정을 기다려 강제집행을 하기까지 많은 시간이 걸리게 되고 그 사이에 채무자가 그가 가진 재산을 모두 처분하는 경우에는 채권자가 재판에 이기고도 강제집행을 하지 못하여 많은 손해를 입게 된다.

이와 같이 채권자의 권리를 확보하기 위하여 재판확정 전에 채무자가 그의 재산을 처분하지 못하도록 임시로 채무자의 재산을 묶어두는 절차가 가압류·가처분이다.

2. 가압류·가처분의 의의

가압류란 금전채권이나 장차 금전채권으로 될 수 있는 청구권에 관하여 후일의 강제집행을 보전하기 위한 임시조치이고, 가처분이란 분쟁의 대상이 되고 있는 물건에 대하여 후일의 강제집행을 보전하기 위하여 임시로 행하는 가처분을 말한다(그 외에 임시의 지위를 정하는 가처분도 있다).

가압류·가처분은 종국적인 판결, 즉 승패가 날 때까지의 임시조치이므로 앞에 임사 '가(假)'자를 붙인 것이고, 채권자의 신청만을 가지고 법원이 단시일 내에 결정을 내리는 것이 보통이다.

대부분의 경우 가압류, 가처분에 앞서 담보를 제공하게 하는데, 신청인은 법원의 허가를 받아 보증보험회사와 지급보증위탁계약을 체결한 문서를 담보로 제공할 수 있다.

3. 가압류·가처분의 종류

가. 부동산 가압류

채무자의 특정부동산(토지, 건물)을 함부로 처분할 수 없도록 가압류한다.

나. 유체동산 가압류

채무자의 유체동산(냉장고, 텔레비전 등)을 함부로 처분할 수 없도록 가압류한다.

다. 채권 가압류

채무자가 다른 사람으로부터 받을 돈을 받지 못하도록 채권을 가압류한다.

라. 부동산점유이전금지 가처분

채무자가 분쟁의 대상이 된 부동산의 점유를 다른 사람에게 이전하지 못하도록 한다.

마. 부동산처분금지 가처분

채무자가 분쟁의 대상이 된 부동산을 매매, 양도하는 등의 처분을 못하도록 한다.

5. 공무상표시무효죄

형법은 공무원이 그 직무에 관하여 실시한 강제처분을 보호하기 위하여 이를 침해하는 행위를 처벌하고 있다.

예를 들면 집행관이 가압류한 물건을 처분한 경우 또는 물건에 붙여놓은 가압류표시가 기재된 종이쪽지를 찢어버린 경우, 출입이 금지된 압류표지를 무시하고 토지에 들어가서 경작을 한 경우 등이 이에 해당된다. 또한 당구장을 압류하되 채무자로 하여금 현상을 유지하는 것을 조건으로 그 사용이 허용되었는데 채무자가 이를 무시하고 음식점으로 개조하여 사용하는 경우 등도 처벌을 받는다.

제5절 민사조정제도

1. 민사조정제도의 의의

민사조정이란 민사에 관한 분쟁을 법관 또는 법원에 설치된 조정위원회가 간이한 절차에 따라 분쟁의 당사자로부터 각자의 주장을 듣고 관계자료를 검토한 후, 여러 사정을 참작하여 당사자들이 서로 양보하고 타협하여 합의를 하도록 주선, 권고함으로써 종국적으로 화해에 이르게 하는 법적 절차이다.

이 제도는 다른 민사분쟁 해결방법에 비하여 비용이 적게 들고, 간이·신속한 절차에 의하여 진행되므로, 누구나 쉽게 이용할 수 있는 제도라 할 수 있다.

2. 민사조정제도의 장점

첫째, 민사조정절차는 통상의 소송절차와는 달리 엄격한 제한이 없으므로 융통성이 많고, 법률지식이 없는 사람도 쉽게 이용할 수 있다.

둘째, 조정을 신청하면 즉시 조정기일이 정하여지고, 단 한 번의 출석으로 절차가 끝나는 것이 보통이므로 분쟁이 단기간 내에 해결된다.

셋째, 신청수수료가 소송사건의 5분의 1밖에 되지 아니한다.

넷째, 자유로운 분위기의 조정실에서 당사자는 자기가 하고 싶은 말을 충분히 할 수 있고, 절차는 비공개로 진행될 수 있으므로 비밀유지가 가능하다.

다섯째, 사회 각계의 전문가가 조정위원으로 참여함으로써, 그들의 경험과 전문적 지식이 분쟁해결에 큰 도움을 준다.

여섯째, 무조건 이행을 명하는 판결에 비하여, 채무자의 경제적 사정 등을 고려한 원만하고 융통성 있는 조정을 함으로써 당사자 사이의 날카로운 감정의 대립을 방지할 수 있다.

3. 민사조정신청

가. 민사조정의 시작

민사조정은 분쟁의 당사자 일방 또는 쌍방이 조정신청을 하거나, 소송사건을 심리하고 있는 판사가 직권으로 그 사건을 조정에 회부함으로써 시작된다.

나. 관할법원

조정은 피신청인(상대방)의 주소지, 사무소 또는 영업소의 소재지, 근무지, 분쟁의 목적물 소재지 또는 손해발생지를 관할하는 지방법원, 지방법원지원, 시·군법원에 신청할 수 있다.

당사자는 합의에 의하여 관할 법원을 정할 수도 있다. 따라서 당사자 쌍방이 합의한 경우에는 어느 곳이든 편리한 법원에 조정을 신청할 수 있다.

다. 조정신청방법

조정신청은 본인 스스로 또는 변호사나 법무사에게 의뢰하여 작성한 조정신청서를 관할 법원에 제출하면 된다.

조정신청은 구술로도 할 수 있다. 이는 신청인이 직접 관할 법원에 가서 담당직원에게 신청내용을 진술하고, 법원직원이 그 내용을 무료로 조정신청조서에 기재하는 방법이다.

라. 조정신청 시 유의할 점

조정신청을 할 때에는 당사자의 성명, 신청의 취지 및 분쟁의 내용을 명확히 하여야 한다.

조정절차가 진행되려면 당사자 쌍방에게 소환장 등이 송달되어야 하므로, 신청인 본인과 상대방의 주소 또는 송달장소를 정확히 기재하고, 우편번호와 전화번호도 함께 기재하는 것이 좋다.

조정을 서면으로 신청하는 경우에는 상대방 인원수만큼의 신청서부본을 함께 제출하여야 한다. 예컨대 상대방이 두 사람이면 신청서는 3통(원본용 1통과 부본용 2통)을 제출하여야 한다.

조정절차가 신속히 처리되게 하려면, 분쟁에 관련된 증거서류를 조정신청을 할 때 함께 제출하는 것이 좋다.

마. 조정수수료 및 송달료

조정신청을 할 때에는 조정수수료를 수입인지로 납부하여야 한다. 그 금액은 민사소송을 제기할 때 내는 금액의 5분의 1로서 매우 경제적이다.

그 밖에 대법원 예규가 정한 일정 금액의 송달료를 예납하여야 한다. 예납한 송달료 중 사용하고 남은 금액은 절차가 종료된 뒤 신청인에게 반환된다.

4. 민사조정절차

가. 조정기관

조정사건은 조정담당판사가 처리한다. 다만, 조정담당판사가 직권으로 조정위원회로 하여금 조정하게 하거나, 당사자가 특별히 조정위원회에 의한 조정을 신청한 때에는 조정위원회에서 처리한다.

조정위원회는 판사 중에서 지정된 조정장 1인과 학식과 덕망이 있는 인사 중에서 위촉된 2인 이상의 조정위원으로 구성된다. 다만, 당사자는 합의하여 조정위원을 따로 선정할 수도 있다.

나. 조정기일

조정신청이 있으면 즉시 조정기일이 정하여지고, 신청인과 상대방에게 그 일시·장소가 통지된다.

당사자 쌍방이 법원에 출석하여 조정신청을 한 때에는 특별한 사정이 없는 한 그 신청당일이 조정기일이 된다.

다. 당사자 및 이해관계인의 출석과 대리

당사자는 지정된 일시·장소에 본인이 직접 출석하여야 한다. 다만, 조정담당판사의 허가가 있으면 당사자의 친족이나 피용자 등을 보조인으로 동반하거나 대리인으로 출석하게 할 수 있다.

조정의 결과에 관하여 이해관계가 있는 사람도 조정담당판사의 허가를 얻어 조정에 참가할 수 있다.

신청인이 두 번 조정기일에 출석하지 아니하면 조정신청은 취하된 것으로 처리된다. 반대로 피신청인이 출석하지 아니하면 조정담당판사는 상당한 이유가 없는 한 피신청인의 진술을 듣지 아니하고 직권으로 '조정에 갈음하는 결정'을 한다.

라. 진술청취와 증거조사

당사자들이 조정기일에 출석하면 조정담당판사나 조정장이 이끄는 바에 따라 신청인이 먼저 자기의 주장을 진술하고, 다음에 피신청인이 신청인 주장에 대한 답변을 한다.

조정담당판사나 조정위원회는 당사자 쌍방의 의견을 고루 듣고 당사자가 제시하는 자료를 검토하고 필요한 경우 적당한 방법으로 여러 가지 사실과 증거를 조사하여 쌍방이 납득할 수 있는 선에서 합의를 권고하는 등 조정절차를 진행한다.

5. 조정의 성립과 불성립

가. 조정의 성립

조정기일에 당사자 사이에 합의가 이루어지면 그 내용이 조서에 기재됨으로써 조정이 성립된다. 다만 예외적으로 당사자의 합의내용이 상당하지 아니한 경우에는 조정담당판사(또는 조정위원회)가 합의를 무시하고 조정이 성립되지 아니한 것으로 하여 사건을 종결시키거나 합의내용과 다른 내용으로 조정에 갈음하는 결정을 할 수도 있다.

나. 조정에 갈음하는 결정

조정기일에 피신청인이 출석하지 아니한 경우 또는 당사자 쌍방이 출석하였더라도 합의가 성립되지 아니한 경우에는, 조정담당판사(또는 조정위원회)는 상당한 이유가 없는 한 직권으로 '조정에 갈음하는 결정'을 하게 된다. 이는 당사자의 이익 기타 모든 사정을 참작하여 사건의 공평한 해결을 위하여 이른바 강제조정을 할 수 있도록 한 것이다.

이 결정에 대하여 당사자는 그 내용이 기재된 조서정본 또는 결정서 정본을 송달받은 날로부터 2주일 내에 이의신청을 할 수 있고, 이의신청이 있으면 그 결정은 효력을 상실하고, 사건은 자동적으로 소송으로 이행된다.

당사자 쌍방이 2주일 내에 이의신청을 하지 아니하면 그 결정내용대로 조정이 성립된 것과 동일한 효력이 생기게 된다.

다. 조정을 하지 아니하는 결정

사건의 성질상 조정을 함에 적당하지 아니하다고 인정되거나, 당사자가 부당한 목적으로 조정을 신청하였다고 인정되는 경우에는 조정담당판사는 '조정을 하지 아니하는 결정'으로 사건을 종결시킬 수 있다.

라. 조정의 불성립

당사자 사이에 합의가 이루어지지 아니하고, 직권으로 '조정에 갈음하는 결정'을 하기에도 적절치 못한 사건으로 인정되면 조정담당판사(조정위원회)는 조정이 성립되지 아니한 것으로 사건을 종결시킨다.

6. 소송으로의 이행

조정신청을 하였으나 '조정을 하지 아니하는 결정'이 있거나, 조정이 성립되지 아니한 경우 또는 '조정에 갈음하는 결정'에 대하여 당사자가 이의신청을 한 경우에는 당사자가 별도의 신청을 하지 않더라도 그 사건은 자동으로 소송으로 이행되어 소송절차에 의하여 심리 판단된다.

그러나 이처럼 조정이 성사되지 못한 경우라도 신청인에게는 아무런 불이익이 없다. 즉, 조정신청 시에 소가 제기된 것으로 처리되므로 그때를 기준으로 소멸시효 중단 등의 효력이 생기고, 한편 소송으로 이행됨에 따라 추가로 인지를 붙여야 하지만 이때는 처음부터 소를 제기하였다면 소장에 붙였어야 할 금액에서 조정신청을 할 때 이미 납부한 수수료만큼을 공제한 차액만을 붙이면 되므로, 결과적으로 신청인에게는 아무런 손해도 없는 것이다.

7. 조정의 효력과 집행

조정이 성립한 경우 또는 조정에 갈음하는 결정에 대하여 이의신청이 없거나 이의신청이 취하된 경우 및 이의신청의 각하 결정이 확정된 경우에는 그 조정 또는 결정은 모두 재판상 화해와 같은 효력이 있다. 따라서 당사자 사이의 분쟁은 판결이 확정된 경우와 마찬가지로 최종적으로 매듭지어지게 된다.

조정이 성립되었거나 조정에 갈음하는 결정이 확정되었는데도 상대방이 그 의무를 이행하지 아니하는 때에는, 확정판결과 마찬가지로 위 조정 또는 결정을 가지고 강제집행을 할 수 있다. 또한 채무의 내용이 금전채무인 경우에는 법원에 채무자의 재산관계의 명시를 요구하는 신청을 하거나 일정한 경우 채무자를 채무불이행자명부에 등재하여 줄 것을 요구하는 신청을 할 수 있다.

참고문헌

김효진, 법학입문, 박영사, 2016년

옥필훈, 생활법률, 박영사, 2020년

이연갑 외, 법학입문, 박영사, 2021년

전경근, 생활법률(제5판), 박영사, 2018년

최병록, 개정 제조물책임법(증판), 박영사, 2019년

최병록, 소비자와 권리, 박영사, 2019년

https://pro-se.scourt.go.kr/wsh/wsh000/WSHMain.jsp

최병록

경북대학교 법과대학 법학과 및 동 대학원 졸업(법학박사)

경북대학교 법과대학 강사 역임

한국소비자원 법제연구팀장 역임

사법시험(경제법, 민법), 변호사시험(민법), 입법고시(상황판단영역), 세무사시험, 공인중개사
시험(민법 및 민사특별법), 변리사시험(민법), 공인노무사시험(민법), 주택관리사 자격시험(민
법총칙) 출제위원 역임

한국표준협회, 한국능률협회, 한국중공업 등 각 기업체 PL법 강사

산업통상자원부 품질경영대상(대통령상) 고객만족경영 부문 심사위원

미국 University of Missouri-Columbia, School of Law, Visiting Scholar

현재) 충북지방노동위원회 심판담당 공익위원

　　　충청북도 행정심판위원회 위원

　　　공정거래위원회 · 한국소비자원 소비자중심경영(CCM) 평가위원

　　　서원대학교 공공서비스대학 경찰학부 교수(민사법 담당)

저서

소비자와 권리(2019)

지식재산권의 이해(2019)

개정제조물책임법(2019)

협동조합기본법(2013)

민법총칙(2007)

제조물책임(PL)법과 업종별 대응방안(2007)

최신 소비자법과 정책(2002)(공저)

소비자법과 정책(2000)(공저)

제조물책임법과 결함방지대책(2000)(하종선 · 최병록 공저)

PL법과 기업의 대응방안(1997)(하종선 · 최병록 공저)

생활 속의 법의 이해

초판발행	2022년 3월 15일
지은이	최병록
펴낸이	안종만·안상준
편 집	정수정
기획/마케팅	김한유
표지디자인	이현지
제 작	고철민·조영환

펴낸곳   (주)**박영시**
           서울특별시 금천구 가산디지털2로 53, 210호(가산동, 한라시그마밸리)
           등록 1959. 3. 11. 제300-1959-1호(倫)

전 화	02)733-6771
f a x	02)736-4818
e-mail	pys@pybook.co.kr
homepage	www.pybook.co.kr
ISBN	979-11-303-4103-3 93360

정 가   17,000원